Bertrand Lisbach

Linguistisches Identity Matching

Profikurs Microsoft Dynamics NAV
von P. M. Diffenderfer und S. El-Assal

Unternehmensweites Datenmanagement
von R. Dippold, A. Meier, W. Schnider und K. Schwinn

Daten- und Informationsqualität
herausgegeben von K. Hildebrand, M. Gebauer, H. Hinrichs und M. Mielke

Der IT Security Manager
von H. Kersten und G. Klett

Empfehlungssysteme
von A. Klahold

IT für Manager
von K.-R. Müller und G. Neidhöfer

Grundkurs Datenbankentwurf
von H. Jarosch

Praxis des IT-Rechts
von H. Speichert

Optimiertes IT-Management mit ITIL
von F. Victor und H. Günther

www.viewegteubner.de

Bertrand Lisbach

Linguistisches Identity Matching

Paradigmenwechsel in der Suche
und im Abgleich von Personendaten

Mit 9 Abbildungen und 20 Tabellen

PRAXIS

VIEWEG+
TEUBNER

Bibliografische Information der Deutschen Nationalbibliothek
Die Deutsche Nationalbibliothek verzeichnet diese Publikation in der
Deutschen Nationalbibliografie; detaillierte bibliografische Daten sind im Internet über
<http://dnb.d-nb.de> abrufbar.

1. Auflage 2011

Alle Rechte vorbehalten
© Vieweg+Teubner Verlag | Springer Fachmedien Wiesbaden GmbH 2011

Lektorat: Christel Roß | Walburga Himmel

Vieweg+Teubner Verlag ist eine Marke von Springer Fachmedien.
Springer Fachmedien ist Teil der Fachverlagsgruppe Springer Science+Business Media.
www.viewegteubner.de

Umschlaggestaltung: KünkelLopka Medienentwicklung, Heidelberg
Umschlagmotiv: artbeat graphic design, Bern (Schweiz)
Druck und buchbinderische Verarbeitung: STRAUSS GmbH, Mörlenbach
Gedruckt auf säurefreiem und chlorfrei gebleichtem Papier.

ISBN 978-3-8348-1371-8

Geleitwort

Von Dr. Klaus Frick

Seit über 15 Jahren unterstütze ich weltweit agierende Firmen darin, ihre global verteilten Datenbestände effektiv zu nutzen. Die Herausforderungen – organisatorische, technische, fachliche – sind über diesen Zeitraum grundsätzlich dieselben geblieben und übrigens auch die konzeptionellen Lösungsansätze. Die Datenvolumina nehmen kontinuierlich zu und noch mehr tut dies die Geschwindigkeit, mit der diese prozessiert werden können. Aber grundlegend hat sich meine Arbeit in den letzten 15 Jahren nicht geändert und ich denke auch nicht, dass sich daran in Kürze etwas ändern wird. Allerdings wird in Zukunft die Notwendigkeit des aktiven Datenmanagements der global verteilten Datenbestände u.a. aus wirtschaftlichen und regulatorischen Gründen weiter an Bedeutung gewinnen.

Es gehört sicher zu den anspruchsvollsten Aufgaben, heterogene und verteilte Datenbestände in einem global agierenden Unternehmen zu konsolidieren und einer unternehmensweiten Nutzung zuzuführen. Dabei erweisen sich in der Regel zwei Themenbereiche unter fachlichen und organisatorischen Gesichtspunkten als besonders schwierig: ein für das Unternehmen einheitlich gültiger Produktekatalog sowie eine zentralisierte Kundendatenbank, bzw. zumindest die Darstellung einer global gültigen und standardisierten Sicht auf die jeweilig zulässigen lokalen Ausprägungen. Während für die angestrebte Standardisierung des Produktekatalogs sich zwischenzeitlich für die meisten Industrien de-facto-Standards etabliert haben, ist dies in Bezug auf die Kunden- und Personendaten nicht der Fall.

Damit werden Personendaten nun häufig zum Dreh- und Angelpunkt bei meiner Arbeit. Grundsätzliche Anforderung an die Informationssysteme ist, dass diese erkennen, welche Datensätze in den global verteilten Datenbanken dieselben und welche unterschiedliche Personen repräsentieren. Die Rede ist also vom Dublettenerkennen, einer klassischen Aufgabenstellung des Identity Matching. Automatisiertes Dublettenerkennen ist deshalb so schwierig, weil Daten in unterschiedlichen Ländern unterschiedlich eingegeben werden. Insbesondere die Verarbeitung von Namensbestandteilen erweist sich oft als verhängnisvoll: Der Name derselben Person kann aus unterschiedlich vielen Bestandteilen bestehen, die teilweise zusammen oder getrennt geschrieben sind. Die Reihenfolge der Bestandteile kann variieren und auch die Namensdatenstruktur. Mit der Globalisierung der Unternehmen kommt es zwischenzeitlich zunehmend häufiger vor, dass Namen in unterschiedlichen Alphabeten repräsentiert sind und selbst bei der Darstellung im selben Alphabet auf unterschiedliche Art transkribiert werden. Von Spitznamen, Abkürzungen und Schreibfehlern im Namen ganz zu schweigen.

Inzwischen habe ich gelernt, dass das zuverlässige und präzise Matchen von Namensdaten kein triviales Unterfangen ist und sich bis heute auch noch keine allgemein gültigen Standards etabliert haben. Auf der anderen Seite ist es erstaunlich, wie relativ leicht es jedem Laien fällt, anhand von Beispielnamen korrekt zu bestimmen, ob zwei Namen dieselbe Person referenzieren oder nicht und wie schwer es gleichzeitig den allermeisten Informatiksystemen fällt, diese Aufgabe ebenso zuverlässig zu lösen.

Die Sache ist leicht zu erklären: Wie Bertrand Lisbach in diesem Buch ausführt, war man bisher im falschen Paradigma befangen: Man hat mit technischen Mitteln versucht, das eigentlich linguistische Thema des Identity Matchings in den Griff zu bekommen. Dementsprechend unbefriedigend waren die damit erzielten Ergebnisse.

Aber das ist schon nahezu Vergangenheit. Der Einsatz neu entwickelter Informatiksysteme, die entsprechend dem Paradigma des linguistischen Identity Matching entwickelt wurden, zeigt eine signifikant bessere Trefferquote unter gleichzeitiger Reduktion der unerwünschten Fehltreffer. Nicht nur bei der Dublettenerkennung auch im Compliance-Umfeld von Banken, im Customer Relationenship Management oder bei der Personensuche in Melderegistern oder Telefonverzeichnissen erfahren linguistisch basierte Lösungsvarianten einen zunehmend verbreiteten Einsatz.

Dieses Buch ist das erste, welches sich umfassend mit dem vielseitigen Thema des linguistischen Identity Matching befasst. Bertrand Lisbach hat ein hochinteressantes Buch zu einem Thema mit rapide wachsender Bedeutung verfasst. Für Entscheidungsträger und Experten, aber auch als zeitgemäße Referenz für engagierte Anwender in diesem sehr dynamischen Themenbereich geschrieben, liefert "Linguistisches Identity Matching" ein fundiertes Nachschlagewerk und gleichsam Entscheidungshilfe für den Einsatz von Identity Matching-Methoden für das eigene Unternehmen.

Ich wünsche Ihnen eine spannende Lektüre mit viel Anregung für die Praxis.

Dr. Klaus Frick

Global Datawarehouses Expert

Inhaltsverzeichnis

Einleitung: Paradigmenwechsel im Identity Matching

Ein Elementarprozess in Wirtschaft und Gesellschaft

Die Suche nach Personendaten ist uns allen gut vertraut. Wenn wir uns im Internet Kontaktdaten von Freunden, Arbeitskollegen oder Geschäftspartnern besorgen, starten wir eine *Personensuche*. Dasselbe tun wir, wenn wir aus privatem oder wissenschaftlichem Interesse über eine öffentliche Person recherchieren wollen. Natürlich sind wir selbst auch – und vielleicht weit häufiger als uns lieb ist – Gegenstand einer Personensuche.

Sobald wir uns an einen Bankschalter begeben, um ein Konto zu eröffnen, wird anhand unserer Ausweispapiere festgestellt, ob wir uns auf Listen von bekannten Geldwäschern, sanktionierten Parteien, Terroristen oder politisch exponierten Personen befinden. Geben wir als Neukunden eine Bestellung beim Versandhandel auf oder wollen wir eine neue Wohnung anmieten, ist es heute üblich, dass die Gegenpartei zur Prüfung unserer Bonität eine Personensuche über uns bei einer sogenannten Auskunftei absetzt. Auch die Personalabteilung der Firma, für die wir arbeiten, mag eine Personensuche starten oder der Relationship Manager eines Unternehmens, dessen Kunde wir sind oder – aus Sicht des Unternehmens – werden sollen. Es wird auch jeder zum Zielobjekt einer Personensuche, der auf den Radar von Sozialämtern, Strafverfolgungsbehörden oder gar Geheimdiensten geraten ist.

Solchen Personensuchen strukturell sehr ähnlich ist der *Personendatenabgleich*. Bei der Personensuche werden Personendaten in der Suchanfrage mit jenen des Datenpools verglichen, in welchem gesucht wird. Beim Personendatenabgleich wird aufgrund verschiedener Merkmale, z.B. Name und Geburtsdatum, überprüft, ob zwei im Vergleich stehende Datenprofile in einer Datenbank dieselbe oder zwei verschiedene Personen repräsentieren. In den meisten größeren Organisationen werden Personendaten permanent abgeglichen, z.B. zur Sicherstellung der Datenqualität oder zur Gewährleistung einer ganzheitlichen Kundensicht. Heutzutage beruhen etliche und oft sehr zentrale Geschäftsprozesse auf einem zuverlässigen und präzisen Abgleich von Personendaten. Dieser Abgleich hat inzwischen eine so hohe strategische Bedeutung, dass sich zahlreiche Anbieter von Software und Beratungsdienstleistungen ausschließlich darauf spezialisiert haben. Projekte, welche sich *Master Data Management*, *Customer Data Integration* oder *Daten-Deduplizierung* auf die Fahnen geschrieben haben, sind ohne solche Produkte und Leistungen zum Scheitern verurteilt.

Personensuche und Personendatenabgleich sind also zwei enorm weit verbreitete Funktionen, die das heutige gesellschaftliche und wirtschaftliche Leben prägen.

Und beide basieren auf demselben Elementarprozess, dem *Identity Matching*. *Identity Matching* vergleicht Personendaten und ermittelt den Grad der Übereinstimmung, üblicherweise mittels eines *Matchscores*. Je höher der *Matchscore* ist, desto wahrscheinlicher handelt es sich bei den verglichenen Personendaten um dieselbe Person – zumindest in der Theorie.

Die linguistische Herausforderung

In der Praxis hat sich Identity Matching als wesentlich anspruchsvoller herausgestellt, als ursprünglich angenommen. Dafür gibt es zahlreiche Gründe, die in diesem Buch ausführlich behandelt werden. Auf den Hauptgrund sei aber schon an dieser Stelle eingegangen: Die Crux beim Identity Matching liegt im (Personen-) Namen, der nicht nur das mit Abstand wichtigste, sondern auch das mit Abstand herausforderndste Personenmerkmal darstellt.

Warum herausfordernd? Weil der Name ein und derselben Person in einer Suchabfrage, in einem Datensatz, in einem Pass oder in einem Zeitungsartikel, oftmals ganz unterschiedlich repräsentiert werden kann. Dies ist keine neue Erkenntnis. Es liegen für einige der Variationsquellen von Personennamen sogar schon seit geraumer Zeit überzeugende Matchmethoden vor. Diese Matchmethoden können z.B. mit Variationen im Gebrauch von Initialen, in der Reihenfolge der einzelnen Namensbestandteile oder in der Datenstruktur umgehen. Die Rede ist hier von einfachen, nicht-linguistischen Verfahren und Algorithmen für einfache Variationsquellen.

Hier sind drei Beispiele für nicht-linguistische Variationsquellen von Namen:

➢ Gebrauch von Initialen:
  John Fitzgerald Kennedy im Gegensatz zu *John F. Kennedy*

➢ Reihenfolge:
  John Fitzgerald Kennedy im Gegensatz zu *Kennedy John Fitzgerald*

➢ Datenstruktur:
  Vorname *John Fitzgerald* im Gegensatz zu Vorname *John* und Zwischenname *Fitzgerald*.

Es sind allerdings nicht diese eher trivialen Variationsquellen, die das *Name Matching* als Teil des Identity Matching so schwierig gestalten. Die wahre Herausforderung stellen *linguistische Namensvariationen* dar. *Linguistische Namensvariationen* kommen durch linguistische Phänomene zustande, die oftmals komplex sind und in verschiedenen Sprachräumen ganz unterschiedliche Ausprägungen haben können. *Linguistische Namensvariationen* zuverlässig und präzise zu matchen bedarf innovativer linguistischer Methoden.

Ein einfaches Beispiel soll dies veranschaulichen. Der erste Präsident Russlands ist in der englischsprachigen Presse vor allem als *Boris Nikolayevich Yeltsin*, in der französischsprachigen als *Boris Nikolaïevitch Eltsine*, in der portugiesischsprachigen als *Boris Nicoláievitch Ieltsin* und in der deutschsprachigen als *Boris Nikolajewitsch Jelzin* bekannt. Eine einheitliche Schreibweise in lateinischer Schrift existiert also nicht. Stattdessen kommen in den einzelnen Ländern (und übrigens auch innerhalb eines Landes) unterschiedliche Transkriptionsstandards zur Anwendung, die auf je unterschiedliche Weise denselben kyrillischen Namen (hier: Борис Николаевич Ельцин) in das lateinische Alphabet überführen.

Sucht z.B. ein Engländer oder Amerikaner mit dem Namen *Yeltsin* in einer Datenbank, in welcher ein Deutscher den Namen *Jelzin* erfasst hat, sollte das Identity-Matching-Tool einen Treffer produzieren, denn die Suchabfrage und das Datenprofil mögen dieselbe Person referenzieren. Um aber *Jelzin* mit *Yeltsin*, *Eltsine* und mit *Ieltsin* zuverlässig und präzise matchen zu können, müssen vorher die verschiedenen Transkriptionsstandards analysiert und als Regeln oder Algorithmen in die Matchmethode implementiert worden sein – eine typisch (computer-) linguistische Herangehensweise. Mit solchen Matchmethoden wird also nicht *exakt* gesucht, sondern *unscharf* oder englisch: *fuzzy*. Das Ziel einer solchen *unscharfen Suche* ist es, dass der Suchende jede Transkriptionsvariante eines Namens verwenden kann und damit jede andere mögliche Transkriptionsvariante des Namens finden kann. Egal also, ob mit *Jelzin*, *Yeltsin*, *Eltsine* oder *Ieltsin* gesucht wird, die Resultatelisten sollten die gleichen sind.

Neben den hier aufgezeigten unterschiedlichen Transkriptionsstandards existieren viele weitere linguistische Quellen von Namensvariationen. Diese bedürfen spezieller (computer-)linguistischer Methoden. Man denke z.B. an das Phänomen der *Homophonie* (gleichlautende Namensvarianten, z.B. *Meier* und *Mayr*), an die Ableitung von Nicknames aus einer Grundform (z.B. *Bill* und *William*) oder an sprachraumübergreifende Verwandtschaftsbeziehungen von Namen (z.B. *Stefan*, *Stéphane*, *Steven*, *Stefano*, *Estêvão* und *Esteban*).

Den nicht-linguistischen, eher trivialen Variationsquellen kann mit relativ einfachen technischen, nicht-linguistischen Mitteln begegnet werden. Für die viel komplexeren linguistischen Variationsquellen sind hingegen spezielle linguistische Methoden unerlässlich. Genau dies ist der Hintergrund für den gegenwärtig zu beobachtenden *Paradigmenwechsel*, der sich im Identity Matching vollzieht: die Abkehr von einfachen, nicht-linguistischen Matchmethoden und die Hinwendung zu einem *linguistischen Identity Matching*. Natürlich kommen auch beim linguistischen Identity Matching verschiedene nicht-linguistische, z.B. algebraische und probabilistische (an der Wahrscheinlichkeitstheorie orientierte) Verfahren und Algorithmen zur Anwendung. In erster Linie basiert linguistisches Identity Matching jedoch auf der Analyse linguistischer Phänomene, für welche Matchmethoden erst noch erfunden werden mussten – ein innovativer Akt, der sich aber bereits sehr rasch ausbezahlt hat. Überall dort, wo heute Personensuche und Personendatenabgleich auf linguistischem Identity Matching aufsetzen, zeigt sich dies in einer spürbar gesteigerten Qualität. Dies betrifft sowohl die Präzision des Matching als auch dessen Zuverlässigkeit.

Für wen wurde dieses Buch geschrieben?

Dieses Buch eignet sich sowohl für Berufspraktiker, die bei ihrer Arbeit auf ein effektives Identity Matching angewiesen sind, als auch für Studierende und Lehrende diverser informatiknaher und sprachwissenschaftlicher Fächer.

Falls Ihr Interesse an dem Thema Ihrer beruflichen Tätigkeit entstammt, werden Sie in dem Buch viele Fakten, Konzepte, Ideen und Hilfsmittel finden, welche Sie für Ihre Arbeit direkt gebrauchen können. Dies gilt unabhängig davon, ob Sie ein technisch orientierter Software-Entwickler sind, als Power-User einer operative Tätigkeit nachgehen, als Produkt-Manager oder Business-Analyst einen eher konzeptionellen Zugang haben oder als Führungskraft Identity Matching aus einer strategischen Perspektive betrachten. Das Buch hat keinen besonderen Branchen-Fokus. Viele Anwendungsbeispiele entstammen jedoch der Finanzdienstleistungs-branche, welche traditionell dem Thema Identity Matching besonders viel Be-achtung entgegenbringt.

Es sind vor allem Angehörige der hier aufgelisteten Berufsgruppen, die in den folgenden Kapiteln relevante Einsichten für ihre Berufspraxis erwarten dürfen:

➢ Personen mit Führungs-, Fach- oder Umsetzungsverantwortung in den Compliance-Abteilungen von Banken und Versicherungen.

➢ Beauftragte für Datenqualität, Daten-Deduplizierung und Master Data Management.

➢ Produkt-Manager und Business-Analysten, die an der Erstellung und Ein-führung von Software-Lösungen mitwirken, welche Such- und Abgleichs-funktionen aufweisen. Zu diesen Lösungen zählen z.B. Compliance- und CRM-Suites, Enterprise Search Platforms oder Internet Search Solutions.

➢ Produkt-Manager und Business-Analysten für Datenprodukte (z.B. Adress-daten, Watchlists, News) und Informationsdienste (z.B. Abfragedienste von Bibliotheken, Archiven oder Auskunfteien).

➢ Investigativ arbeitende Berufsgruppen, z.B. Wirtschaftsprüfer, Journalisten und Detektive sowie Mitarbeiter von Polizei- und Sozialbehörden, in deren Verantwortungsbereich die informatikgestützte Kriminalitäts- und Miss-brauchsbekämpfung fällt.

Diesen Berufsgruppen stand bisher nur Fachliteratur zur Verfügung, in welcher das Thema des Identity Matching als rein technisches und nicht als linguistisches Problem dargestellt wurde. Das vorliegende Buch versucht, den in letzter Zeit mit soviel Erfolg entwickelten linguistischen Ansätzen erstmalig den Platz einzuräumen, welcher ihnen gebührt. Dies tut es durch eine praktische Ausrichtung, die sich konsequent durch alle Kapitel zieht. Nach der Lektüre sollen Sie zu Folgendem fähig sein:

➢ Sie können ermitteln, mit welcher Zuverlässigkeit und Präzision die von Ihnen entwickelte, eingeführte oder benutzte Identity-Matching-Lösung globale Namensdaten matchen kann (*Ist-Analyse*).

➢ Sie können genaue Anforderungen an eine Identity-Matching-Lösung stellen, die entweder neu zu erstellen, neu zu erwerben oder weiterzuentwickeln ist (*Soll-Analyse*).

➢ Sie können sachkundig Evaluationen, Benchmark-Studien und Proof of Concepts von Identity-Matching-Lösungen planen und durchführen. Sie sind besser in der Lage, Behauptungen von Software-Anbietern in ihrer Relevanz einzuschätzen und in ihrer Richtigkeit zu überprüfen.

Das Buch eignet sich darüber hinaus als Lehr- und Studienbuch. Es spricht Lehrende und Studierende der Informatik und Wirtschaftsinformatik, der Informationswissenschaften, der Computerlinguistik, der Sprachwissenschaften und der *Onomastik* (Lehre von Eigennamen) an.

Zum Schluss dieser Einleitung noch ein Hinweis darauf, welche Erwartungen das Buch *nicht* erfüllen kann: Es behandelt nicht die Missbrauchsgefahren, die mit Identity Matching verbunden sind. Juristische, ethische und gesellschaftliche Aspekte bleiben also ausgespart. Sie verdienen eine separate Abhandlung.

Dass wir uns hier ausschließlich auf die Aspekte Linguistik, Technologie und Ökonomie des Identity Matching konzentrieren, bestreitet keineswegs die Relevanz einer Diskussion um Missbrauchsgefahren. Diese ist umso wichtiger, als qualitativ hochstehende Identity-Matching-Lösungen dem, der sie beherrscht, ein effizientes Machtmittel zur Hand geben. Und während diese Technologien ihre Legitimität aus Anwendungen wie der Bekämpfung der organisierten Kriminalität oder der Geldwäsche gewinnen, so dürfen doch die damit einhergehenden Gefahren nicht ignoriert werden. Allem Anschein nach stellt eine missbräuchliche und widerrechtliche Nutzung von privater und staatlicher Seite keine Seltenheit dar.

Teil I: Grundlagen des linguistischen Identity Matching

In der Einleitung haben Sie erfahren, was Identity Matching genau bedeutet, worin der Hauptgrund für die Qualitätsprobleme liegt und was Identity Matching heute zu leisten vermag. Sie haben gelesen, dass Identity Matching lange Zeit als eine technische Herausforderung (miss-)verstanden wurde, der folgerichtig, aber bedauerlicherweise mit rein mathematisch-technischen Lösungen zu begegnen versucht wurde. Es wurde auch deutlich, dass Identity Matching zum wesentlichen Teil Name Matching ist und dass, um globale Personennamen mit all ihren Schreibvariationen zuverlässig und präzise matchen zu können, allen voran linguistische Verfahren aufzubieten sind.

Genau dies ist der *Paradigmenwechsel,* der zurzeit zu beobachten ist und der zu einer sprunghaften Qualitätssteigerung im Identity Matching geführt hat. Die Grundideen und Verfahren, welche sich hinter dem neuen Paradigma verbergen, machen den roten Faden aus, der sich durch dieses Buch zieht. Die Kapitel dieses ersten Teils liefern dafür das fachliche und terminologische Grundgerüst.

Das erste Kapitel gibt eine kurze und allgemein verständliche Einführung in die Grundkonzepte des Identity Matching und in seine wichtigste Komponente, dem Name Matching. Dabei bedient es sich einer dem Information Retrieval entnommenen Terminologie. So wird es möglich, die Zielsetzung von Identity Matching auf die einfache Formel zu bringen: Maximale Trefferquote (Recall) und maximale Genauigkeit (Precision) bei der Personensuche und beim Abgleich von Personendaten. Als Reaktion auf die oft zu lesende Behauptung, dass sich die Trefferquote nur auf Kosten der Präzision, und die Präzision nur auf Kosten der Trefferquote erhöhen ließe, wird aufgezeigt, dass linguistische Methoden einen Ausweg aus dem Dilemma bieten.

Das zweite Kapitel steckt die zahlreichen und vielfältigen Anwendungsfelder von Identity Matching ab. Identity Matching ist ein Elementarprozess, der allein in der Finanzdienstleistungsindustrie Dutzende verschiedener Geschäftsprozesse unterstützt – von der Geldwäsche-, Missbrauchs- und Terrorbekämpfung bis hin zum Customer Relationship Management. Sozialämter dämmen mit Identity Matching Betrügereien ein. Polizeibehörden hilft es im Kampf gegen Kriminalität und bei der Strafverfolgung. Investigativ arbeitende Berufsgruppen, wie Journalisten, Detektive und einige Wirtschaftsprüfer, sind ebenso auf ein qualitativ hochwertiges Identity Matching angewiesen wie Verlage, Nachrichtenagenturen und andere Informationsdienstleister. Nicht zuletzt müssen sich auch IT-Abteilungen von Unternehmen auf die Qualität des Identity Matching verlassen können, wenn sie den Verkaufs-, Marketing- und Controlling-Einheiten ihres Unternehmen be-

reinigte und konsolidierte Daten über Kunden, Mitarbeiter oder Partner bereitstellen wollen.

Die Kapitel 3 bis 6 behandeln die wichtigsten linguistischen Variations- und
Fehlerquellen von Namen. Denn nur wenn diese in ihrer Verbreitung und Ausprägung bekannt sind, können sinnvollerweise Anforderungen an das Identity
Matching formuliert werden. Ohne linguistische oder namenskundliche Kenntnisse vorauszusetzen, werden in diesen Kapiteln Besonderheiten in der Struktur
und der Schreibung von Personennamen geschildert. Dabei nehmen wir eine
globale Perspektive ein, denn die Struktur von Namen, die Verwendung der
einzelnen Namenselemente, die Aussprache, die originale Schreibweise wie auch
die Schreibweise, die resultiert, wenn Namen in das lateinische Alphabet überführt
werden, variieren stark zwischen den verschiedenen Sprach- und Kulturräumen.
Daher werden Sie nicht nur vieles über westliche Namenssysteme und Sprachen
erfahren, sondern auch über Namen z.B. des russischen, arabischen und
chinesischen Sprachraums.

Neben den linguistischen Quellen von Schreibvariationen in Namensdaten gibt es
auch nicht-linguistische. Diese werden unter dem Stichwort "Tippfehler" in
Kapitel 7 behandelt. Es wird aufgezeigt, wie durch die Analyse der verschiedenen
Ursachen von Tippfehlern, weit präzisere und zuverlässige Matching- und Suchergebnisse möglich werden als mit herkömmlichen Methoden.

Wenn Sie den ersten Teil gelesen haben, sind Sie terminologisch und fachlich beim
Thema des linguistischen Identity Matching auf der Höhe. Sie wissen nicht nur, wo
Identity Matching Anwendung findet und was dessen Hauptaufgabe ist, nämlich
das zuverlässige und präzise Matchen von Namensvariationen. Sie können
darüber hinaus Arten von Variationen und Fehlern in der Schreibung von Namen
unterscheiden und kennen deren Ursachen. Damit sind die Grundlagen für Teil II
geschaffen, in welchem die gängigen Name-Matching-Verfahren unter die Lupe
genommen und verglichen werden.

1 Grundkonzepte

1.1 Identity Matching und Name Matching

Identity Matching ist ein Vorgehen zur Beantwortung der Frage, ob zwei unterschiedliche Datenobjekte dieselbe oder verschiedene Personen repräsentieren. Dies geschieht, indem die Übereinstimmung der Merkmale beider Datenobjekte ermittelt wird. Bei den Datenobjekten handelt es sich typischerweise um Suchabfragen oder um Datenprofile (in Form von Datensätzen oder Indexstrukturen). Bei den Personen, die durch die Datenobjekte repräsentiert werden, kann es sich um natürliche Personen oder um juristische Personen handeln. Juristische Personen sind z.B. Stiftungen, Vereine oder Firmen.

Wenn zwei Datenobjekte dieselben Vornamen *Barack* und *Hussein*, sowie denselben Familiennamen *Obama* aufweisen, ist die Wahrscheinlichkeit hoch, dass beide dieselbe Person repräsentieren. Die Namensübereinstimmung ist ein zentrales Kriterium für die Beurteilung der Identität der durch die verschiedenen Datenobjekte repräsentierten Person(en). Selbst eine perfekte Übereinstimmung ist aber keine Garantie dafür, das dieselbe Person gemeint ist. Dies kann man sich leicht bei gängigen Namen klar machen: Zehntausende von Personen heißen *John Smith, Muhammad Hussein, Hu Wong* oder *Hong Nguyen* – um nur ein paar wenige Beispiele häufiger Namen zu nennen.

Name Matching ist der Teil des Identity Matching, der sich mit der Übereinstimmung des Personennamens befasst. Personennamen sind im Identity Matching so zentral, dass gelegentlich sogar irreführenderweise Name Matching und Identity Matching synonym gebraucht werden. Doch werden im Identity Matching neben Personennamen noch weitere Merkmale zur Bestimmung der Übereinstimmung zweier Personendatenobjekte herangezogen, z.B. Geburtsdatum, Gründungsdatum, Geschlecht, Nationalität, Gründungsland, ID-Nummer, Steuernummer, Adresse.

Im Zusammenhang mit Identity Matching wird gelegentlich auch von *Identity Resolution* gesprochen. Beide Begriffe sind in weiten Teilen deckungsgleich und das meiste, was in diesem Buch über Identity Matching geschrieben steht, gilt auch für Identity Resolution. Der Unterschied beider Konzepte liegt darin, dass normalerweise Identity Resolution nicht für die Personensuche, sondern ausschließlich für den Personendatenabgleich verwendet wird. In diesem Sinne ist Identity Matching der allgemeinere Begriff.

1.2   Datenprofile und Suchabfragen

In unserem Zusammenhang sind zwei Arten von Datenobjekten von besonderem Interesse: *Datenprofile* und *Suchabfragen*. Ohne auf technische Feinheiten einzugehen, sei ein Datenprofil als die strukturierte Menge jener Daten definiert, die über eine bestimmte Person in einer Datenbank oder Indexstruktur abgelegt sind. Man kann auch von einem *Personendatensatz* sprechen. Der Begriff Suchabfrage steht für die strukturierte Menge von Personendaten, mit deren Hilfe gesucht wird. Die Personendaten einer Suchabfrage werden gelegentlich auch als *Suchkriterien* oder *Suchattribute* bezeichnet.

Identity Matching vergleicht in der Regel entweder Suchabfragen mit Datenprofilen. Dann handelt es sich um eine *Personensuche*. Oder es werden Datenprofile untereinander verglichen. Wir sprechen dann von einem *Personendatenabgleich*.

Im Fall der Personensuche unterstützt Identity Matching die Beantwortung der Frage, ob sich von der Person, nach der gesucht wird, in einem bestimmten Datenpool ein Eintrag befindet. Im Fall des Personendatenabgleichs, also dem Vergleich von Datenprofilen untereinander, sollten zwei Anwendungsfälle unterschieden werden:

➢   Werden Datenprofile verglichen, die aus derselben inhaltlichen Klasse von Datenobjekten stammen, hat der Vergleich typischerweise die Funktion, Duplikate oder Dubletten zu erkennen und zu eliminieren. Das Ziel ist also die *Daten-Deduplizierung* (englisch: *Data Deduplication*).

➢   Werden hingegen Datenprofile aus Quellen unterschiedlicher inhaltlicher Klassen verglichen (z.B. Kundendaten mit Daten sanktionierter Parteien), dann hat der Datenabgleich die Funktion, Zusatzinformationen zu Personen, hier zu den Kunden, zu gewinnen. Konkret soll also für jeden Kunden ermittelt werden, ob er eine sanktionierte Partei darstellt, mit der Geschäftsbeziehungen zu unterhalten untersagt ist.

Abb. 1-1 zeigt einen typischen Anwendungsfall des Identity Matching in starker Vereinfachung zu dem Zwecke, die eben eingeführten Begriffe zu veranschaulichen:

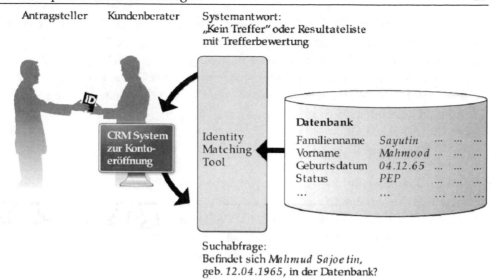

Abbildung 1-1: Typischer Anwendungsfall für das Identity Matching. Erläuterungen im Text.

In dem dargestellten Anwendungsfall beantragt eine Person die Eröffnung eines Bankkontos. Sie weist sich gegenüber dem Kundenberater mit ihrem Pass aus. Bevor der Kundenberater das Konto eröffnen darf, muss er prüfen, ob der Antragsteller als Kunde unerwünscht ist und ob er als *politisch exponierte Person (PEP)* geführt wird. Im ersten Fall würde der Antrag zurückgewiesen und ggf. der Vorfall einer Meldestelle mitgeteilt werden. Im zweiten Fall, wenn es sich um eine politisch exponierte Person handelt, gelten besondere Sorgfaltspflichten bei der Überprüfung der Herkunft einbezahlter Gelder. Dies soll Aktivitäten im Rahmen der Geldwäsche, in welche politisch exponierte Personen überdurchschnittlich häufig involviert sind, verhindern.

Der Kundenberater gibt die Identitätsdaten des Antragstellers aus dem Pass in ein CRM-System ein, welches über Funktionen zur Kontoeröffnung verfügt. Integriert in dieses CRM-System ist eine Identity-Matching-Komponente. Diese generiert aus den eingegebenen Personendaten eine Suchabfrage und schickt sie gegen eine Datenbank, in welcher sich die Datenprofile von Personen befinden, die politisch exponiert oder als Kunden unerwünscht sind.

Die Identity-Matching-Komponente ermittelt den Übereinstimmungsgrad der Daten in der Suchabfrage mit jenen der Datenprofile. Konnte mit keinem Datenprofil eine hinreichende Übereinstimmung festgestellt werden, wird dem Kundenberater via CRM-System zurückgemeldet, dass er mit der Kontoeröffnung fortfahren kann. Andernfalls wird dem Kundenberater eine Resultateliste von Datenprofilen angezeigt, welche mit der Suchabfrage in einem hohen Maß übereinstimmen. Ein Datenprofil auf einer Resultateliste ist ein *Treffer*. Die *Trefferbewertung* ist durch den Übereinstimmungsgrad von Datenprofil und Suchabfrage gegeben, also z.B. durch einen *Matchscore*. Der Kundenberater muss überprüfen, ob ein auf der Resultateliste als Treffer gelistetes Datenprofil tatsächlich den Antragsteller repräsentiert oder von einer anderen Person stammt, welche zufällig ähnliche Identitätsdaten aufweist.

1.3   True und False Positives, True und False Negatives

Wenn in wissenschaftlicher oder theoretischer Weise über Identity Matching gesprochen wird, geschieht dies zumeist unter Verwendung der Terminologie, die sich im *Information Retrieval* bewährt hat. Information Retrieval, zu deutsch etwa *Informationsgewinnung* oder *Informationsbeschaffung*, ist jene Fachdisziplin der Informatik, welche sich mit dem Auffinden und der Gewinnung von Information aus umfangreichen Datenbeständen beschäftigt.

In Bezug auf eine konkrete Suchabfrage kann jedes Datenprofil zweifach klassifiziert werden, nämlich erstens nach seiner *Relevanz* und zweitens danach, ob es auf der Resultateliste erscheint oder nicht:

Die Relevanz gibt an, ob ein Datenprofil als Treffer erwünscht ist (dann ist es relevant) oder nicht (dann ist es irrelevant). Für eine Suchabfrage mit *Boris Jelzin* mag z.B. ein Datenprofil von *B. Yeltsin* als relevant und eines von *B. Jelzina* oder von *Boris Jelinek* als irrelevant eingestuft werden.

Datenprofile, die auf der Resultateliste erscheinen, werden als *Treffer*, *Hits*, *Matches*, oder *Positives* bezeichnet. Datenprofile, die es nicht auf die Resultateliste schaffen, etwa weil der Grad der Übereinstimmung mit der Suchabfrage unterhalb eines Schwellenwertes liegt, werden als *Mismatches* oder *Negatives* bezeichnet.

Werden diese beiden Klassifikationskriterien kombiniert, ergeben sich vier denkbare Fälle:

➢ *True Positive (TP):*   Das Profil ist relevant und wird angezeigt.

➢ *False Positive (FP):*   Das Profil ist nicht relevant, wird aber dennoch angezeigt.

➢ *True Negative (TN):* Das Profil ist nicht relevant und wird auch nicht angezeigt.

➢ *False Negative (FN):* Das Profil ist relevant, wird aber nicht angezeigt.

Im Idealfall produziert eine Suchabfrage nur True Positives und True Negatives. Dann befinden sich alle relevanten Datenprofile und nur diese auf der Resultateliste. Sich diesem Idealziel zu nähern, ist die Ambition eines jeden Identity Matching Tools. Bei dem Weg dorthin sind indes neben technischen und linguistischen auch konzeptionelle Herausforderungen zu meistern, denn in der Praxis ist es keinesfalls immer offenkundig, welches Datenprofil in Bezug auf eine konkrete Suchabfrage als relevant, und welches als irrelevant anzusehen ist.

1.4   Trefferquote und Genauigkeit (Recall und Precision)

Zwei Metriken haben sich im Information Retrieval für die Bewertung von Resultatelisten etabliert, nämlich die *Trefferquote* (engl. *Recall*) und die *Genauigkeit* oder *Präzision* (engl. *Precision*). Beide Metriken werden üblicherweise mit Werten zwischen 0% und 100% angegeben.

Die *Trefferquote* ist der Anteil relevanter Treffer (True Positives) an allen relevanten Profilen (True Positives + False Negatives). Eine Trefferquote von 100% bedeutet also, dass alle für eine Suchabfrage relevanten Datenprofile in der Resultateliste aufgeführt sind. Beträgt die Trefferquote nur 50%, konnte die Identity-Matching-Komponente nur die Hälfte der relevanten Datenprofile identifizieren. Die andere Hälfte (False Negatives) ist nicht in der Resultateliste enthalten. Matchverfahren mit maximaler Trefferquote bezeichnen wir als *zuverlässig*.

Die *Genauigkeit* ist der Anteil relevanter Treffer (True Positives) an allen Treffern (True Positives + False Positives). Bei einer Genauigkeit von 100% sind also alle Datenprofile auf der Resultateliste relevant. Bei einer Genauigkeit von 50% besteht die Resultateliste zu gleichen Teilen aus True und False Positives. Ist die Genauigkeit maximal, so handelt es sich um ein *präzises* Matchverfahren.

Die Kosten einer unzureichenden Trefferquote bestehen im oben skizzierten Anwendungsfall der Kontoeröffnung in dem Risiko, eine Beziehung mit einem unerwünschten, möglicherweise sanktionierten Kunden einzugehen und aufsichtsbehördliche Vorschriften zur Behandlung von politisch exponierten Personen zu verletzen. Im Extremfall können solche Vorkommnisse zum Entzug der Banklizenz führen. Die Kosten einer unzureichenden Genauigkeit hingegen bestehen in den erhöhten Aufwänden, die der Kundenberater zu leisten hat, um auf Basis einer Resultateliste mit zahlreichen Treffern zu entscheiden, ob sich ein Profil des Antragstellers darunter befindet oder nicht. Neben den Personalkosten können Überprüfungsprozesse, die viel Zeit beanspruchen, auch zur Verärgerung beim Antragsteller und zum Rückzug des Antrags führen.

1.5   Linguistisches Identity Matching

Das gleichzeitige Optimieren von Trefferquote und Genauigkeit ist ein Thema, auf das wir immer wieder stoßen werden. In der Information-Retrieval-Literatur wird oft behauptet, dass sich die Genauigkeit nur auf Kosten der Trefferquote und die Trefferquote nur auf Kosten der Genauigkeit optimieren ließe. Diese Behauptung ist es wert, unter die Lupe genommen zu werden. Sie führt uns direkt zu einer wesentlichen Stärke des linguistischen Identity Matching.

Nehmen wir das Extrembeispiel einer 100%igen Trefferquote, die man zuverlässig erreichen könnte, wenn bei jeder Suchabfrage grundsätzlich alle Datenbankprofile als Treffer zurückgegeben würden. Bei diesem Verfahren ist die Anzahl der False

Negatives 0. Der vielen False Positives wegen strebt aber ebenfalls die Genauigkeit gegen 0. Im umgekehrten Fall einer vollkommen exakten Suche erzielt man eine maximale Genauigkeit. Dies erkauft man sich jedoch mit einem hohen Risiko von False Negatives, oder anders formuliert: mit einer schlechten Trefferquote. Diese beiden Extrembeispiele scheinen also die These zu bestätigen, dass sich Trefferquote und Genauigkeit nie gemeinsam optimieren lassen, sondern immer nur die eine auf Kosten der anderen.

Mit vielen traditionellen Verfahren lässt sich die Trefferquote in der Tat nur auf Kosten der Genauigkeit optimieren und umgekehrt. Dies gilt etwa für die weit verbreiteten Verfahren, die auf *Edit-Distance-Maßen* basieren, etwa auf der *Levenshtein-Distance* (s. Abschnitt 8.2 für eine genauere Beschreibung). Mit steigender *Levenshtein-Distance* erhöht sich die Trefferquote und sinkt die Präzision. Dabei handelt es sich um eine mathematische Notwendigkeit.

Die gute Nachricht ist aber: Aus dieser Zwickmühle kann das *linguistische Identity Matching* herausführen. Linguistisches Identity Matching stützt sich primär auf Kenntnissen ab, die aus den Bereichen der *Linguistik* (Sprachwissenschaft) und dem linguistischen Spezialgebiet der *Onomastik* (Namensforschung) stammen. Mathematische und probabilistische Algorithmen nehmen dabei eine neue Rolle ein: Sie stellen nicht mehr das Matching-Konzept selbst dar, sondern unterstützen lediglich die Formalisierung linguistischer Konzepte und Phänomene, welche den Kern des linguistischen Identity Matching ausmachen.

Kennzeichnend für jede linguistische Matching-Regel ist, dass sie aus zwei Komponenten besteht, einer *Matching-Komponente* und einer *Analyse-Komponente*.

➤ Durch die *Matching-Komponente* ist sichergestellt, dass die gesamte Variationsbreite des betreffenden linguistischen Phänomens abgedeckt ist. Geht es beispielsweise um die Transkription kyrillischer Namen in lateinischer Schrift, sorgt die Matching-Komponente dafür, dass alle gebräuchlichen Transkriptionsvarianten miteinander matchen, also z.B. mindestens alle vier in der Einleitung genannten Ельцин-Varianten (*Jelzin, Yeltsin, Eltsine* und *Ieltsin*). Die Matching-Komponente stellt die Trefferquote sicher, sorgt mit anderen Worten für ein zuverlässiges Matching.

➤ Durch die *Analyse-Komponente* wird gewährleistet, dass die Regeln für die Transkription kyrillischer Namen nur auf solche und nicht etwa auf westliche, arabische oder chinesische Namen angewendet werden. Obwohl *Jelzin* also mit *Eltsine* matcht, würde *Jaze* nicht mit *Atsee* matchen, ungeachtet der Tatsache, dass die Editier-Operationen, die die eine Form in die andere überführen, bei beiden Namespaaren dieselben sind: Entfernen des initialen *J*, Ersetzen des mittständigen *Z* durch *TS* und Hinzufügen eines finalen *E*). Die Analyse-Komponente stellt also die Präzision sicher; sie sorgt für ein genaues Matching.

Durch diese beiden Komponenten trägt jede linguistische Regel dazu bei, dass sich sowohl die Trefferquote als auch die Genauigkeit erhöht. Für die Praxis bedeutet dies: Wenn Sie ein traditionelles Identity-Matching-Tool durch ein linguistisches Identity-Matching-Tool ablösen, erhalten Sie zuverlässigere *und* präzisere Resultate. Zuverlässigkeit und Präzision erhöhen sich noch mit jeder weiteren Sprachregel. Die Unvereinbarkeit von Trefferquote und Genauigkeit ist damit aufgehoben.

2   Anwendungsfelder

Identity Matching ist nicht auf bestimmte Branchen beschränkt und auch nicht auf einzelne Geschäftsbereiche innerhalb eines Unternehmens. Identity Matching ist ein Elementarprozess, Teil vieler und vielfältiger übergeordneter Geschäftsprozesse. Schon in kleinen Unternehmen lassen sich in der Regel eine Handvoll Geschäftsprozesse ausmachen, in welchen Identity Matching eine bedeutende Rolle spielt. Bei größeren Unternehmen erreicht die Anzahl der Identity-Matching-nahen Geschäftsprozesse schnell einige Dutzend. Breite und Anzahl der Anwendungsfelder erklären das enorme Potenzial, das in der unternehmensweiten Standardisierung des Identity Matching steckt. Wird dieses Potenzial ausgeschöpft, ergeben sich erwartungstreue Suchergebnisse, eine erhöhte Zufriedenheit bei Kunden und Mitarbeitern und beachtliche Kostenvorteile in Entwicklung, Betrieb und Lizenzgebühren. Mehr dazu in Kap. 14.

Den wichtigsten Anwendungsfeldern des Identity Matching widmen sich die folgenden Abschnitte.

2.1   Know Your Customer (KYC) und Enhanced Due Diligence (EDD)

Bei keiner anderen Branche ist der Bedarf an einem qualitativ hochwertigen Identity Matching so groß wie in der Finanzdienstleistungsbranche. Banken haben eine bestimmte Mindestgröße, bedienen üblicherweise eine stattliche Anzahl von Kunden und dies nicht selten über mehrere Interaktionskanäle, z.B. über ein Filialnetz, über Online-Banking oder über eine Telefon-Hotline.

Know your Customer (*KYC*, zu deutsch: Kenne deinen Kunden) steht für die Pflicht von Finanzinstituten, bestimmte Informationen über ihre Kunden und deren Geschäfte zu erheben, zu überprüfen und abzulegen. Damit soll verhindert werden, dass Finanzinstitute unwissentlich zu Helfern krimineller Machenschaften, insbesondere im Bereich der Geldwäsche und der Terrorfinanzierung, werden. *KYC* ist auch eine Voraussetzung dafür, dass Sanktionsbestimmungen eingehalten werden.

Aufsichtsbehörden schreiben Banken eine erhöhte Sorgfaltspflicht (englisch: *Enhanced Due Diligence*, *EDD*) bei bestimmten Kundengruppen vor. Setzt ein Finanzinstitut diese Pflichten nicht konsequent um, drohen Geld- und Gefängnisstrafen sowie der Entzug der Geschäftslizenz. Auch der reputatorische Schaden ist zu beachten, der entsteht, wenn publik wird, dass eine Bank in kriminelle Machenschaften verwickelt ist.

Zwar unterscheiden sich die jeweiligen Bestimmungen in den verschiedenen Ländern. Die Grundsätze sind aber fast überall die gleichen:

➢ Das Finanzinstitut muss die Identität des Kunden zweifelsfrei feststellen können. Falls der Kunde über einen Vermögensverwalter seine Geschäfte abwickelt, muss auch dessen Identität eindeutig bestimmt werden.

➢ Neben der rein identifizierenden Information ist auch die Geschäftstätigkeit zu erfassen, unabhängig davon, ob der Kunde eine natürliche oder eine juristische Person ist.

➢ Das Finanzinstitut muss sich Sicherheit über die Rechtmäßigkeit des eingebrachten Vermögens verschaffen. Zudem muss dargelegt werden können, wer am Vermögen wirtschaftlich berechtigt ist und welchem Verwendungszweck es im Rahmen der Geschäftsbeziehung zugeführt werden soll.

➢ Falls es sich beim Kunden um eine politisch exponierte Person, also z.B. um eine bedeutende Führungskraft im politischen, militärischen oder religiösen Sektor eines Landes handelt, muss dessen genaue Funktion sowie das Land, in dem oder für das er tätig ist, festgehalten werden.

An verschiedenen Stellen der KYC-Umsetzung kommt Identity Matching ins Spiel. So werden bei der Einholung und Überprüfung von Kundeninformationen sowohl unternehmensinterne als auch -externe Quellen hinzugezogen. Die Quellen unterscheiden sich in ihrem Strukturierungsgrad: Die Informationen von Kunden- und Wirtschaftsdatenbanken sowie von Melderegistern liegen überwiegend in strukturierter Form vor. Demgegenüber sind Personeninformationen in Medienarchiven sowie aus den diversen Quellen des World Wide Webs meistens unstrukturiert. Dem Namen einer juristischen oder natürlichen Person kommt praktisch bei jeder Quelle eine zentrale Bedeutung zu. Nicht-Namensattribute, wie z.B. das Geburtsdatum, sind hingegen allenfalls bei einigen strukturierten Quellen vorhanden. In einem Zeitungsartikel wird dieses Identitätsattribut z.B. typischerweise nicht genannt.

2.2 Bekämpfung von Geldwäsche (AML) und Terrorismusfinanzierung (CFT)

Der Begriff der *Geldwäsche* bezeichnet die Einbringung illegal erwirtschafteter Vermögenswerte in den legalen Finanzkreislauf. Die Vermögenswerte entstammen vorrangig dem Drogen-, Waffen- und Menschenhandel, darüber hinaus Einbruchs-, Erpressungs-, Bestechungs- und Steuerdelikten sowie aus Schutzgeldforderungen. Der Umfang der Geldwäsche weltweit wird auf ca. 2-5% des globalen Bruttoinlandsprodukts geschätzt. Der wirtschaftliche und gesellschaftliche Schaden ist beträchtlich: Geldwäsche begünstigt die Ablösung legaler wirtschaftlicher Strukturen durch solche der organisierten Kriminalität.

Der erste Schritt der Geldwäsche, *Platzierung* genannt (auch *Einspeisung* oder englisch: *Placement*), besteht in der möglichst unauffälligen Einbringung von hohen Bargeldsummen in den Wirtschaftskreislauf, in der Regel über eine Bank. Zu diesem Zwecke werden z.B. Kasinos aufgesucht, um anschließend einer Bank Gewinne vorzutäuschen. Hat die Bank diese Bargelder erst einmal akzeptiert, werden sie durch eine Reihe von Transaktionen so lange bewegt, bis die Spuren am Ende nicht mehr vollständig nachvollziehbar sind. Diesen Schritt bezeichnet man als *Schichtung* (englisch: *Layering*). Wenn es keine nachweisbare Spur der geschichteten Gelder zu der ursprünglichen Quelle gibt, werden in einem dritten Schritt (*Integration*) reguläre Geschäfte mit den Geldern abgewickelt.

Der Bekämpfung der Geldwäsche (englisch: *Anti-Money Laundering, AML*) wird seit den 90er Jahren hohe Priorität eingeräumt. Unter den damit befassten Institutionen ist vor allem die *Financial Action Task Force (FATF)* hervorzuheben, denn deren Richtlinien zur Geldwäschebekämpfung fanden Niederschlag in den meisten nationalen Gesetzgebungen.

Ein wichtiges Element zur Geldwäschebekämpfung ist das oben beschrieben KYC-Prinzip (s. Abschnitt 2.1). So muss eine Bank regelmäßig überprüfen, ob sich Personen im Kundenstamm befinden, die auf Listen von der Geldwäsche verdächtigten oder verurteilten Personen stehen.

Finanzinstitute sind darüber hinaus verpflichtet, wertbewegende Transaktionen wie z.B. Überweisungen zu überwachen und Verdachtsfälle von Geldwäsche an die zuständigen Behörden zu melden. Dabei wird die *Realtime-Überwachung* von der *Post hoc*-Überwachung unterschieden. Die *Realtime-Überwachung* hat das Ziel, verbotene Transaktionen noch vor der Ausführung zu stoppen. Dabei geht es übrigens nicht nur um die Bekämpfung von Geldwäsche, sondern auch die Einhaltung von Sanktions- und Embargo-Bestimmungen sowie um die *Bekämpfung von Terrorismusfinanzierung* (englisch: *Combatting the Financing of Terror, CFT*[1]). Dies geschieht durch den Abgleich der Transaktionsdaten mit entsprechenden Personenlisten. Die Überwachung der Transaktionen *post hoc* (also nach der Ausführung) dient vor allem der Identifizierung auffälliger Transaktionsmuster, z.B. solcher, die wirtschaftlich betrachtet sinnwidrig sind. Was auffällig ist, bemisst sich

---

[1] Geldwäschebekämpfung wird oft in einem Atemzug mit der Bekämpfung der Finanzierung von Terrorismus genannt. Beide haben nicht besonders viel miteinander zu tun. Zwar werden gelegentlich illegal erworbene Gelder für die Finanzierung von Terrorismus verwendet, aber weder ist das zwangsläufig so, noch muss dabei unbedingt Geldwäsche im Spiel sein. Dem Geldwäscher geht es ja gerade darum, Geld in den legalen Wirtschaftskreislauf zu integrieren, wozu die Terrorismusfinanzierung – wie auch immer Terrorismus definiert werden mag – nicht gehört.

dabei manchmal erst im Zusammenhang mit Kundeninformationen. Deswegen müssen auch post hoc-Systeme fähig sein, unterschiedliche Datenprofile derselben Person, z.B. aus der Kundendatei, aus dem Senderteil oder aus dem Empfängerteil einer Transaktions-Order, als zusammengehörig zu erkennen, ein typischer Anwendungsfall von Identity Matching.

2.3   Customer Data Integration (CDI) und Daten-Deduplizierung

Seit in den 80er Jahre Information als strategische Unternehmensressource von jedermann erkannt wurde, wurden zahlreiche Ansätze formuliert, um diese Ressource effizient zu managen und zu nutzen. Als Folge wurden Prozesse und Technologien zur Datenbewirtschaftung, Datenqualitätssicherung, Datenkonsolidierung und Datenbereitstellung entwickelt und optimiert. Das Bestreben, die im Unternehmen befindlichen Daten zu integrieren und zu konsolidieren, wird *Master Data Management (MDM)* genannt. Sehr viele Unternehmen legen dabei den Schwerpunkt auf die Integration der Kundendaten. Das Fachwort hierzu: *Customer Data Integration (CDI)*.

Erst durch CDI wird es möglich, dass z.B. ein Kundenbetreuer im Rahmen einer Beratung am Bankschalter auf Daten zurückgreifen kann, die der Kunde im Kontakt mit dem Call Center oder dem Online-Angebot der Bank hinterlassen hat. CDI ist zudem eine Voraussetzung zur Konsolidierung all der verschiedenen vertraglich fixierten Geschäftsbeziehungen, die eine Person zu einem Unternehmen wie einer Bank unterhält.

Das Zusammenführen von Kundendaten ist keineswegs trivial. Eine wichtige Ursache hierfür ist der Umstand, dass die zur Datenbewirtschaftung eingesetzten Applikationen oft mit unterschiedlichen Datenstrukturen operieren.

Ein Beispiel: Eine Firma tritt über zwei Interaktionskanäle mit dem Markt in Kontakt, dem Call Center und einem Filialnetz mit Kundenschaltern. Für die Erfassung und Bewirtschaftung der Kundendaten kommen unterschiedliche Applikationen zum Einsatz, eine Call-Center- und eine Schalter-Applikation. Die Call-Center-Applikation sieht für die Ablage des Namens und der Kundenadresse jeweils ein Freitextfeld ohne jede Validierung der eingegebenen Daten, etwa in Hinblick auf die Reihenfolge, die Schreibweise oder die Interpunktion, vor. Die Schalter-Applikation fordert und unterstützt hingegen eine stark strukturierte Erfassung der Namens- und Adressinformation und stellt mittels einer automatischen Eingabevalidierung sicher, dass festgelegte Wertebereiche (z.B. für das Adressland) bei der Datenerfassung nicht überschritten werden. Im Rahmen eines CDI-Projekts müssen die in ihrer Oberflächenform teilweise ganz unterschiedlichen Angaben als demselben Kunden zugehörig erkannt werden:

Beispieldatensatz aus der Call-Center-Applikation	*Catherine Jenny Jankowiz-Brunner*				
	Frankfurt am Main (Deutschld.); 20, Max Horkheimer Strasse				
Beispieldatensatz aus der Schalter-Applikation	*Jennifer*	*Kathryn*	*Susan*	*Yankovits*	
	Max-Horkheimer-Str.	*20*	*65920*	*Frankfurt/M*	*DE*

Neben unterschiedlichen Datenstrukturen illustriert dieses Beispiel noch weitere Arten von Scheibvariationen, welche das CDI vor hohe Herausforderungen stellen. Diese Variationen haben mit der Art der Informationsübermittlung zu tun. Einem Call-Center-Agenten liegt oftmals nur das Lautbild des Namens vor, mit welchem sich der oder die Anrufende vorstellt. Hingegen hat ein Angestellter am Schalter häufiger die Möglichkeit, den Namen einem offiziellen Dokument zu entnehmen. Dadurch entstehen Variationen in der Art, wie der Name geschrieben wird, z.B. *Catherine* statt *Kathryn* oder *Jankowiz* statt *Yankovits*. Auch wird in der mündlichen Kommunikation eher eine Verniedlichungsform statt der Grundform des Vornamens verwendet (*Jenny* statt *Jennifer*). Eine weitere Variationsquelle stellt die Datenaktualität dar: Wenn eine Person durch Heirat einen Doppelnamen annimmt, wird dies i.d.R. nicht unmittelbar in den offiziellen Pass-Dokumenten nachgeführt.

Customer Data Integration kann durch linguistisches Identity Matching enorm profitieren, und zwar sowohl in Hinblick auf die Zuverlässigkeit, mit welcher Kundendaten als zusammengehörig erkannt werden, als auch in Hinblick auf die Präzision. Dies gilt in erster Linie für Namens- und Adressfelder. Der Matchprozess sollte dabei auf Vergleichen von Werten einzelner Felder und Feldgruppen basieren. Der Beitrag dieser Vergleiche für das Gesamtübereinstimmungsmaß (z.B. dem Matchscore) muss gewichtet werden. Die Gewichtungsfunktion ist dabei für jedes Attribut separat zu optimieren. Um ein Beispiel zu nennen: Eine nicht matchende Adresse hat weniger Aussagekraft (da eine Person umgezogen sein kann), als eine matchende (da sich nie eine sehr große Anzahl von Menschen dieselbe Adresse teilen).

Was in diesem Abschnitt über CDI gesagt wurde, lässt sich weitgehend auf Daten-Deduplizierung übertragen, also der Erkennung von Duplikaten in einer Datenbank. Daten-Deduplizierung wird oft als Teil einer Datenbereinigungsinitiative umgesetzt. Unter Duplikaten sind in diesem Zusammenhang Datensätze zu verstehen, die dieselbe Person referenzieren, ohne dass dieser mehrfachen Repräsentation ein realweltlicher Sachverhalt entspricht. Wenn also eine Person zwei verschiedene Geschäftsbeziehungen zu einer Bank unterhält, so sind die beiden Datensätze, welche die Geschäftsbeziehungen repräsentieren, nicht als Duplikate zu verstehen, sondern eher als ein Fall für Customer Data Integration. Echte Duplikate entstehen durch Fehler im Umgang mit Daten. Dies ist ein relativ häufiges Phänomen, da länger am Markt agierende oder größere Unternehmen es kaum schaffen, organisationsweit und über die Zeit hinweg konsistente, vollständig aufeinander abgestimmte Datenbewirtschaftungsprozesse sicherzustellen.

2.4   Customer Relationship Management (CRM)

Customer Relationship Management (CRM, deutsch: *Kundenbeziehungsmanagement)* steht für das Bestreben von Unternehmen, ihre Geschäftsprozesse an Erfordernissen auszurichten, die sich aus der Beziehung zu bestehenden und potenziellen Kunden (*Prospects*) ergeben. Dies bedeutet im Einzelnen: Kunden und Prospects können auf einfache, flexible und ihren persönlichen Vorlieben entsprechende Weise mit der Firma in Kontakt treten. Die Interaktion einschließlich des Kaufvorgangs gestaltet sich angenehm, effizient, transparent und motivierend. Unternehmen mit gut funktionierendem CRM kommunizieren mit ihren Kunden und Prospects zielgerichtet. Insbesondere gelingt es, die Aufmerksamkeit des Kunden auf jene Angebote zu lenken, für die er oder sie eine hohe Kaufneigung aufweist. Jene Aspekte stehen im Vordergrund der Kommunikation, die für den Kunden relevant sind.

Damit CRM die gewünschten Resultate erbringt, setzen Unternehmen verschiedener Branchen und Geschäftsmodelle auf dieselben Erfolgsfaktoren: Mitarbeiter, die mit Kunden interagieren, besitzen ein hohes Maß an sozialer Kompetenz, sind gut ausgebildet, kennen oder erkennen die Kundenbedürfnisse und werden über die Zufriedenheit ihrer Kunden bewertet und motiviert. Dies alles wird durch eine effektive Nutzung der vorhandenen Kundeninformation unterstützt. Ein umfassendes KYC-Profil kann sich dabei als sehr hilfreich erweisen (s. Abschnitt 2.1).

In technischer Hinsicht wird ein CRM-System benötigt, welches maßgeschneiderte Sichten auf die im Unternehmen vorliegende Kundeninformation bereitstellt. „Maßgeschneidert" bezieht sich dabei auf den Geschäftsprozess, denn für unterschiedliche Prozesse, z.B. Support, Verkaufsberatung oder Verkaufsabwicklung, sind unterschiedliche Kundendaten relevant. Das Problem dabei: CRM-relevante Kundendaten fallen in verschiedenen Interaktionskanälen an (z.B. Internet, Telefon, Filiale) und werden von verschiedenen Abteilungen mittels spezialisierter Applikationen in unterschiedliche Datenbanken eingepflegt. Damit diese Daten zur Unterstützung von Kundenprozessen genutzt werden können, müssen sie also zunächst konsolidiert werden. Hier kommen CDI-Methoden (s. Abschnitt 2.3) zur Anwendung.

CDI wird zur Unterstützung von CRM-Initiativen aber nicht nur eingesetzt, wenn es darum geht, Daten aus verschiedenen Interaktionskanälen zu konsolidieren. Bei global agierenden Firmen unterstützt CDI die Konsolidierung multipler geschäftlicher Beziehungen zwischen einer Person und den geographisch verstreuten

Niederlassungen. Derartige multiple Geschäftsbeziehungen können leicht entstehen, z.B. dadurch, dass ein bereits bestehender Kunde in einer anderen Filiale
eine neue Geschäftsbeziehung eingeht, ohne die Mitarbeiter davon in Kenntnis zu
setzen. Ein anderer Anwendungsfall: Ein Unternehmen akquiriert ein anderes.
Personen, die Geschäftsbeziehungen zu beiden Unternehmen unterhalten haben,
haben nun multiple Geschäftsbeziehungen zum neu entstandenen.

Gelegentlich können multiple Beziehungen die Kommunikation belasten, dann
nämlich, wenn die Marketing-Maßnahmen für die verschiedenen Beziehungen
nicht aufeinander abgestimmt sind: Der Kunde bekommt dann dieselbe Broschüre
zweimal oder es wird ein Produkt auf der einen Beziehung beworben, das auf der
anderen bereits gekauft wurde. Manchmal gehen Kunden multiple Beziehungen
auch bewusst und in missbräuchlicher Absicht ein, z.B. beim Kreditbetrug.
Manchen gelingt es, einen Kredit zu beantragen und dabei zu verschleiern, dass
auf einer anderen Geschäftsbeziehung bereits eine Schuld besteht.

In der Praxis weist CRM nicht nur Überlappungen mit CDI und KYC auf, sondern
auch mit der Geldwäschebekämpfung (s. Abschnitt 2.2). Wenn ein Transaktions-
system eine Verdachtswarnung (*Alert*) auf einen bestimmten Kunden generiert, so
arbeitet der zuständige Relationship Manager mit der Compliance-Abteilung zusammen, um den Fall abzuklären. Heutzutage ist CRM ohne Identity Matching
praktisch nicht mehr möglich. Die Qualität des Identity Matching ist eine wichtige
Größe im Arbeitsumfeld des Relationship Manager. Direkt oder indirekt wirkt sie
sich auch auf die *Customer Experience* aus, also auf die Erfahrung, die ein Kunde in
seiner Beziehung zum Unternehmen macht, und seine Wahrnehmung derselben.

2.5 Kriminalitätsbekämpfung und Strafverfolgung

Die Globalisierung ist nicht nur eine Tendenz, die die reguläre Wirtschaft kenn-
zeichnet. Sie hat auch die Kriminalität sowie ihre Bekämpfung erfasst. Für Polizei-
und Zollbehörden bedeutet Globalisierung vor allem verbesserte Rahmen-
bedingungen für die länderübergreifende Zusammenarbeit. Zudem haben sich
auch die technischen Voraussetzungen für die Vernetzung von Informations-
systemen wesentlich verbessert. Dies hat zur Folge, dass das mobile und
sekundenschnelle Abrufen von personenbezogenen Daten aus heterogenen
Quellen einer Standardaktivität bei Kriminalbeamten, Zollfahndern und Mitarbeitern von Nachrichtendiensten geworden ist.

In den einschlägigen Datenbanken finden sich Informationen zu Personen,
Fahndungsobjekten und Straffällen – abgeschlossenen wie noch pendenten. Neben
polizeiinternen Quellen sind auch polizeiexterne angeschlossen, wie z.B. Ver-
kehrsinformationssysteme oder Ausländerregister. Für das Identity Matching
relevant ist vor allem, dass Personendaten aus verschiedenen Ländern zusammengeführt werden. Damit stellt sich schon bei der vorbereitenden Daten-

konsolidierung, aber auch später bei der Suche, die Herausforderung, Personendaten zu matchen, welche in ländertypischen Namensschreibweisen vorliegen. Es
kommt häufig vor, dass unterschiedliche Transkriptionsstandards und in einigen
Fällen sogar unterschiedliche Alphabete verwendet werden.

Ein weiterer Anwendungsfall für Identity Matching im Bereich der Strafverfolgung
ist die Beweisaufnahme. Oft müssen erhebliche Mengen an Aktenmaterial nach
Hinweisen zum Verhalten einer bestimmten Person durchsucht werden. Eine
automatisierte Volltextsuche orientiert sich dabei in erster Linie an der Erwähnung
des Namens in den Akten. Schreibvarianten von Namen in Texten können von
jenen in strukturierten Datenbeständen abweichen. Man denke etwa an das
Genitiv-S im Deutschen („*Müllers Einwand...*").

2.6   Informationsdienstleistungen

Bei den meisten Anbietern von Datenprodukten und Informationsdiensten
nehmen personenbezogene Informationen eine hervorgehobene Stellung ein. Dies
gilt für Anbieter von Adressdaten zu Marketingzwecken genauso wie für Anbieter
von Compliance-Listen, auf welchen Profile krimineller Organisationen oder
politisch exponierter Personen geführt werden. Dies gilt auch für Auskunfteien,
welche ihren Geschäftspartnern Bonitätsauskünfte über natürliche und juristische
Personen erteilen. Immer mehr Dienste im World Wide Web basieren auf Identity
Matching, z.B. weiße und gelbe Seiten für Telefonauskünfte oder Anbieter von
People Search-Funktionen. Diese sind Zentralfunktionen auf *Social Network Sites*,
erstrecken sich teilweise aber auch über den Inhalt des gesamten World Wide Web.

Selbst dann, wenn das eigentlich gesuchte Informationsobjekt nicht eine Person ist,
sondern z.B. ein Buch oder ein Medienartikel, erfolgt die Suche nicht selten über
Personendaten, die mit dem Objekt in Beziehung stehen. So verwenden wir beim
Online-Buchhändler oder in einer Bibliothek den Namen der Autoren als Suchkriterien für Bücher und Fachartikel.

Die genannten Datenprodukte weisen oftmals eine Indexstruktur auf, welche die
Suche mit Personendaten und damit das Identity Matching grundsätzlich begünstigt. Dennoch besteht die Gefahr, dass der Bezüger der Daten nur begrenzten
Nutzen daraus ziehen kann. Dies deshalb, weil die Qualität der Suchergebnisse
davon abhängt, wie gut die Datenstruktur und die Suchfunktionen aufeinander
abgestimmt sind. Dieser enge Zusammenhang ist nicht allgemein bekannt, so dass
Datenkonsumenten oft fälschlicherweise in der Datenbasis die alleinige Ursache
für unzureichende Suchergebnisse sehen. Um sicherzustellen, dass die Qualität der
Daten nicht durch minderwertige oder schlecht auf die Datenbasis abgestimmte
Suchfunktionen verpufft, bieten viele Datenanbieter daher zu den Daten auch
gleich spezielle Identity-Matching-Funktionen mit an.

2.7   Fazit

In diesem Kapitel wurden die wichtigsten Anwendungsfelder des Identity Matching skizziert. Die Liste macht deutlich, dass es sich bei Identity Matching um einen hoch präsenten Elementarprozess handelt, dem eine enorme Bedeutung in unserem wirtschaftlichen und gesellschaftlichen Leben zukommt.

Wie dargestellt findet Identity Matching in ganz unterschiedlichen Anwendungszusammenhängen statt. So unterstützt es sowohl die Personensuche als auch den Personendatenabgleich und wird auf strukturierte wie auf unstrukturierte Daten angewandt. Trotzdem haben alle Anwendungsfälle eines gemeinsam: Im Vordergrund des Identity Matching steht stets das Matchen globaler Namen. Mit dem Adjektiv „global" ist hier nicht nur die breite Namensherkunft gemeint, also den Sprachräumen (mit möglicherweise jeweils eigener Schrift), dem die Namen entstammen. Es werden mit dem Begriff auch die national verschiedenen Transkriptionsstandards angesprochen, durch welche nicht-lateinisch-schriftliche Namen in das lateinische Alphabet überführt werden.

Globale Namen in diesem Sinne finden sich

➢ auf den Listen, welche zur Bekämpfung von Geldwäsche und Terrorismusfinanzierung eingesetzt werden

➢ in den vernetzten Datenbanken, auf welchen sich polizeiliche Informationssysteme abstützen

➢ in Telefon- und Adressverzeichnissen

➢ in den Kunden-, Lieferanten- und Mitarbeiterdateien von Unternehmen

➢ in den meisten Datenprodukten von Medienhäusern

➢ in den wichtigsten Informationsquellen des World Wide Web.

Echtes linguistisches Identity Matching fokussiert gerade auf die Schreibvariationen, die durch diesen globalen Kontext entstehen. Damit trägt es zu einer beträchtlichen Qualitätssteigerung gegenüber traditionellen Such- und Abgleichverfahren bei.

3 Grundlegendes zu Personennamen

Dieses Kapitel vermittelt grundlegende Kenntnisse zu Personennamen, zu ihrer Struktur und zu ihrer historischen Entwicklung. Exemplarisch geht es auf die Merkmale von vier besonders wichtigen Personennamensystemen der Welt ein: dem westlichen, dem russischen, dem arabischen und dem chinesischen. Damit ist das Fundament zum Verständnis der sich anschließenden Kapitel gelegt, welche sich mit Schreibvariationen von Namen und den daraus ableitbaren Matchmethoden befassen.

3.1 Drei Merkmale von Personennamen: Unterscheidungskraft, Konstanz, Bekanntheitsgrad

Dass Namen von juristischen oder natürlichen Personen die wichtigsten Informationsträger im Identity Matching sind, haben wir bereits weiter oben festgestellt. Die Gründe dafür liegen in den drei Merkmalen *Unterscheidungskraft*, *Konstanz* und *Bekanntheitsgrad*.

Unterscheidungskraft

Personennamen sind unterscheidungskräftig (oder auch kennzeichnungsstark), d.h., dass ein Personenname relativ eindeutig die gemeinte Person bezeichnet. Die Bezeichnung „relativ eindeutig" schließt die Möglichkeit ein, dass sich unterschiedliche Personen denselben Namen teilen. Doch ist Namensidentität weit seltener als z.B. die Identität in den Merkmalen Geschlecht oder Nationalität.

Die Unterscheidungskraft einzelner Namenselemente ist abhängig von der Sprachregion. So besitzt praktisch jede thailändische Familie einen einzigartigen Familiennamen. Im krassen Gegensatz dazu teilen sich ca. 40% aller Vietnamesen den identischen Familiennamen *Nguyễn*. Der häufigste Familienname Deutschlands ist *Müller*. Nur jeder siebzigste Deutsche heißt so. Deutsche Familiennamen sind vergleichsweise eindeutig.

Auch wenn ein Namenselement alleine nicht unterscheidungskräftig ist, so ist es meistens doch die Kombination der Namenselemente: *Klaus*, *Christian* und *Müller* mögen allesamt häufige Namenselemente sein, aber die Kombination *Klaus-Christian Müller* ist ziemlich eindeutig und wird nur von ganz wenigen Namensvettern geteilt. Eine Namensübereinstimmung ist daher im Identity Matching viel aussagekräftiger als etwa eine Übereinstimmung im Geburtsdatum: Auf jedes beliebige Datum der letzten 50 Jahre kommen Zigtausende heute noch lebende

Personen, die an diesem Tag das Licht der Welt erblickt haben. Am wenigsten kennzeichnungsstark ist freilich das Geschlecht.

Konstanz

Personennamen weisen eine hohe zeitliche Stabilität auf. Diese Konstanz ist allerdings nicht absolut, denn die meisten Staaten ermöglichen eine Namensänderung unter bestimmten Voraussetzungen. Eine Namensänderung von juristischen Personen ist sehr einfach möglich. Im Fall von natürlichen Personen sehen Behörden das Vorliegen bestimmter Gründe, z.B. Heirat oder Migration, als Voraussetzung für eine offizielle Namensänderung in festgelegten Grenzen an. Mehr Freiheit besteht in der Wahl eines Künstlernamens oder Pseudonyms, welches z.B. aus beruflichen Interessen angenommen wird.

Vom Namensgebrauch in offiziellen Dokumenten ist der Gebrauch im Alltag zu unterscheiden. Dieser kann für die Personensuche und den Personendatenabgleich durchaus relevant sein. So sind viele Personen im Internet oder in Zeitungen unter einem inoffiziellen Spitznamen bekannt. Solche Spitznamen weisen oft eine geringere Konstanz auf. In vielen Kulturen ändern sich darüber hinaus die Namen, die für eine Person verwendet werden, beim Übergang von einem Lebensabschnitt in den nächsten.

Bekanntheitsgrad

Es gibt unterscheidungskräftigere und konstantere Identitätsattribute als den Namen. Eine Sozialversicherungs- oder Steuernummer ist z.B. eindeutiger und der Geburtstag und Geburtsort einer Person verändern sich nie. (Dies gilt freilich nicht unbedingt für die jeweiligen Werte in einer Datensammlung.) Aber es gibt kein Identitätsattribut, welches so weit verbreitet ist wie der Personenname. Er findet sich in Ausweisdokumenten, Melderegistern, Telefonverzeichnissen, Kundendatenbanken und Zeitungsartikeln. Dieser hohe Bekanntheitsgrad ist der stärkste Grund dafür, dass der Personenname die zentrale Größe des Identity Matching ist und auch noch über einige Jahrzehnte bleiben wird. Zwar nehmen Bemühungen zu, mit biometrischen Merkmalen neue Identitätsattribute zu etablieren, welche eindeutiger und konstanter und schwerer zu fälschen sind als Personennamen. Doch wird noch viel Zeit verstreichen, bis biometrische Merkmale eine globale und mediale Verbreitung haben werden, die denen von Personennamen nahekommt.

3.2   Personennamensysteme in ihrer historischer Entwicklung

Die Struktur und Funktion von Personennamen unterscheiden sich in den verschiedenen Kultur- und Sprachräumen. Sie verändern sich auch im Laufe der Zeit. Unbewusst gehen wir davon aus, dass Namen weltweit dieselben grundlegenden

Eigenschaften haben, wie Namen unseres eigenen Sprach- oder Kulturraums, und dass diese Merkmale unveränderlich sind. Beides ist nicht korrekt und beides zu wissen ist relevant für das Name Matching. Denn zeitliche und geographische Unterschiede in der Struktur und Funktion von Personennamen sind eine wesentliche Ursache für Variationen in der Repräsentation von Namen.

Wer sich heute für Personenamen im globalen Kontext interessiert, wird feststellen, dass es zahlreiche verschiedene *Personennamensysteme* gibt. Ein Personennamensystem zeichnet sich durch eine einheitliche Struktur und eine einheitliche Funktion der in der Struktur enthaltenen Namenselemente aus. Es ist in einem bestimmten sprachlich definierten Kulturraum verankert und spiegelt zu einem gewissen Grade dessen Geschichte wider. Verschiedene gesetzliche und administrative Vorschriften sowie die behördliche Praxis, etwa beim Ausfüllen von Formularen, verschaffen einem Personennamensystem Geltung.

Häufig sind es dieselben geschichtlichen Prozesse, wie z.B. eine zunehmende Verstädterung, religiöse oder nationale Umwälzungen oder die zunehmende Verbreitung von Schriftlichkeit, welche Niederschlag in einem Personennamensystem finden. Trotzdem sind die Ergebnisse sehr unterschiedlich; dazu mehr in Abschnitt 3.3.

3.2.1   Rufnamen und Beinamen

Beispielhaft für viele andere europäische Sprachgruppen sei die Entwicklung des westlichen Personennamensystems bei den Germanen skizziert. Die Alten Germanen besaßen in der Regel nur einen *Rufnamen*. So lange ihre Siedlungen noch nicht die Größe von Städten hatten, war fast immer klar, wer mit dem Rufnamen gemeint war. Wo dies nicht der Fall war, also mehrere Siedlungsbewohner auf denselben Rufnamen hörten, wurden ergänzend *Beinamen* verwendet: Aus den beiden *Karls* einer Siedlung wurde *Karl der Lange* und *Karl der Kurze*. Beinamen wurden im Laufe des Mittelalters immer wichtiger, denn obwohl durch die Christianisierung Germaniens neue, nämlich biblische Namen in Mode kamen, nahm das Inventar an Rufnamen stetig ab. Der Grund liegt in der damals verbreiteten Praxis der Nachbenennung: Kinder wurden immer wieder nach Vorgängern oder Paten benannt, so dass häufige Rufnamen immer häufiger wurden und seltene langsam ausstarben.

Beinamen lassen sich nach ihrem Bezug zum Namensträger klassifizieren:

➢ Sehr beliebt waren Berufsbezeichnungen. Dies ist bis heute erkennbar: Die häufigsten deutschen Familiennamen beschreiben berufliche Tätigkeiten: *Müller*, *Schmidt* (Schmied), *Schneider*, *Fischer*, *Meyer* (Gutsverwalter), *Weber*, *Schulz* (Vorsteher), *Wagner* (Hersteller landwirtschaftlichen Geräts), *Becker* (Bäcker), *Hoffmann* (Gutsbesitzer), *Schäfer*, *Koch*, *Bauer*, *Richter*.

➢ Andere Beinamen beschreiben Merkmale der Person, z.B. Merkmale des Körperbaus (*Klein, Groß, Kurz, Lang*), die Haarfarbe (*Weiß, Schwarz, Rot*), den Charakter (*Kühn, Gut, Fromm*) oder die Lebensumstände (*Neumann* für den kürzlich Hinzugezogenen).

➢ Manche Beinamen beschreiben die Gegend, die Stadt oder das Land, aus dem jemand stammt, also z.B. *von der Vogelweide, von Altburg, Mannheimer, Hess, Bayer, Schwab, Böhm, Deutscher, Schweizer*.

➢ Eine andere Gruppe von Beinamen bezieht sich auf die konkrete Wohnstätte oder den Hofnamen: *Busch, Wegener, Wiese, Zumstein*. Beinamen, die sich aus der Herkunft und der Wohnstätte ableiten, bilden später die Grundlage für Adelsprädikate.

3.2.2   Patronyme und Metronyme

Sehr oft wurde der Rufname durch einen Beinamen ergänzt, der auf den Vater oder – seltener – die Mutter verweist. Man spricht dann von *Patronymen* bzw. von *Metronymen*. So erhielt der Sohn eines Mannes mit dem Rufnamen *Jakob* Beinamen wie *Jakobson, Jakobsen, Jakobs* oder *Jakobi*. Eine patronymische Herkunft lässt sich auch heute noch in vielen Familiennamen ausmachen. Man erkennt sie meistens an ihren typischen Endungen. Bei Namen germanischen Ursprungs sind dies oft die Endungen *son, sen, s, z, man* und *mann* (z.B. *Johnson, Robertson, Hansen, Peddersen, Peters, Friedrichs, Hinz, Kunz, Petermann*). Die Endungen *i* und *is* stammen aus dem Lateinischen (z.B. in *Pauli, Jacobi, Simonis, Casparis*). Auch im Polnischen (z.B. *Adamczyk, Łukaszewicz*) und im Spanischen (z.B. *Fernández, Rodríguez*) – um nur zwei weitere europäischen Sprachen zu nennen – sind patronymische Suffixe sehr verbreitet. Gelegentlich wird ein patronymischer Name auch ohne Endung gebildet. Dies ist einer der Gründe dafür, dass sehr viele männliche Vornamen gleichzeitig Familiennamen sind (z.B. *Paul, Alexander, Peter, Martin*).

Auch wenn man einigen heutigen Familiennamen ihre patronymische Herkunft ansieht, sind sie doch selbst keine echten Patronyme mehr. Denn sie vererben sich über Generationen und sind nicht mehr aus dem Vornamen des Vaters des Namensträgers abgeleitet. Wer heute den Namen *Jakobson* trägt, ist nicht mehr Sohn eines Jakobs. Übrigens ist auch *Bin Laden* (arabisch für "Sohn des Laden") im Namen *Osama Bin Laden* kein echtes Patronym mehr, da sich schon Osamas Vater *Muhammad Bin Laden* nannte. Das echte Patronym von Osama Bin Laden ist *Bin Muhammad*. Dies ist ein Beispiel dafür, dass Personennamensysteme unterschiedlicher Sprachräume ähnliche Entwicklungen durchmachen – wenn auch teilweise zeitlich versetzt.

Vereinzelt finden wir auch heute noch in Europa echte Patronyme, die als Nachnamen verwendet werden, etwa in Island. Bekommen ein Isländer namens *Olaf Stefansson* und seine Frau eine Tochter, die sie *Björk*, und einen Sohn, den sie *Erik* nennen, so lautet Björks Nachname *Olafsdottir* und Eriks Nachname *Olafsson*. Es gibt in Island also keinen über mehrere Generationen vererbbaren und der ganzen Familie gemeinsamen Familiennamen. Diese Namenskonvention war früher in den nordeuropäischen Ländern üblich, konnte sich aber nur im sehr kleinen Gemeinwesen von Island bis heute behaupten. Denn in dichter besiedelten Gebieten würde dies wegen des relativ geringen Vornamensvorrats dazu führen, dass etliche Personen auf engem Raum denselben Vor- und patronymisch gebildeten Nachnamen tragen würden. Das Kriterium der Unterscheidungskraft wäre dann nicht mehr in ausreichendem Maße erfüllt.

3.2.3   Vornamen und Familiennamen

Viele der aufgeführten Beispiele lassen bereits erahnen, dass unsere heutigen *Familiennamen* zum Großteil Abkömmlinge von Beinamen und Patronymen sind. Diese Entwicklung wurde vor allem von den städtischen Verwaltungen getrieben. Da immer mehr Menschen in immer größeren urbanen Zentren wohnten, zielten die Verwaltungen auf eine eindeutige Bezeichnung der Bürger. Der Rufname wurde nun zum *Vornamen*, dem noch ein *Nachname*, eben der Familienname, folgte, und dieser war nicht selten der früher gebräuchliche Beiname oder ein Abkömmling davon. Aus *Karl der Lange* wurde *Karl Lang*. Der wesentliche Unterschied zwischen Familiennamen und Beinamen: Familiennamen vererben sich über die Generationen und werden von allen Familienmitgliedern geteilt. Karl Langs Kinder hießen auch *Lang*, selbst wenn sie dieses Körpermerkmal gar nicht aufwiesen.

Bei der Verschriftlichung von Namen, etwa im Zuge von Beurkundungen oder zum Zwecke der Führung eines Namenregisters, zeigte sich der Einfluss lokaler Dialekte. Die Schreibung folgte der Aussprache, und da diese lokal variierte, finden wir heute viele Familiennamen, die zwar für denselben Beruf, dasselbe Körpermerkmal oder dieselbe Herkunft stehen, sich aber doch in der Schreibweise unterscheiden. So stehen neben *Schmied* auch *Schmidt*, *Schmitt* und *Schmid* für das metallverarbeitende Handwerk. *Meyer*, eine Bezeichnung für den Pächter oder Verwalter eines Landguts, existiert in noch weit mehr Schreibvariationen, z.B. *Maier, Meier, Mayer, Majer, Mejer, Maijer, Meijer, Maiyer, Meiyer, Mair, Meir, Mayr, Meyr*. Heute werden diese Variationen alle unterschiedslos ausgesprochen, aber früher war dies anders.

Bei der Schreibung mehrgliedriger Namen stellte sich zudem die Frage der Zusammen- oder Getrenntschreibung der Namenselemente. Präpositionen und Artikel in Herkunftsnamen kommen verbunden und getrennt vor: *Vonderburg* und *Von der Burg*. Da sich auch heute noch Unterschiede in der Zusammen- und Getrenntschreibung kaum auf die Aussprache auswirken, sind entsprechende Schreibvarianten recht häufig.

Das Vorliegen ähnlicher historischer Ausgangsbedingungen führt zu bemerkenswerten Übereinstimmungen in den Namensstatistiken verschiedener Länder. Dass

berufsbezeichnende Beinamen nicht nur im deutschen Sprachraum zu Familiennamen fixiert wurden, lässt sich am Beispiel des Namens *Schmied* illustrieren: Ihm
entspricht der englische *Smith*, der französische *Lefèbvre* und der italienische *Ferrari* –
allesamt häufige Familiennamen in den jeweiligen Sprachräumen. Interessanter-
weise erstrecken sich solche Übereinstimmungen sogar auf nicht-westliche
Personennamensysteme. Die slowakische Entsprechung von *Schmied* ist *Kováč*, die
russische liest sich in einer geläufigen deutschen Transkription als *Kusnezow*
(Кузнецов) und die arabische als *Haddad* (حداد). Alle Formen rangieren in den
Häufigkeitsstatistiken weit oben.

3.3   Personennamensysteme der Welt

3.3.1   Westliche Personennamen

Das in seiner Entwicklung beschriebene *westliche Personennamensystem* mit Vornamen und erbbaren Familiennamen, beide in behördlich fixierter Schreibung und
Reihenfolge und nur unter ganz bestimmten Bedingungen veränderbar, ist das
Ergebnis eines historischen Prozesses, der mehrere Jahrhunderte in Anspruch genommen hat. Er kann heute als weitgehend abgeschlossen betrachtet werden. In
einigen anderen Sprach- und Kulturräumen sind ähnliche Prozesse noch in vollem
Gange.

In unserem Zusammenhang ist es wichtig zu betonen, dass das westliche
Personennamensystem selbst viele Untervarianten aufweist. Z.B. kann der Vorname mehrgliedrig sein (*Hanspeter, Hans-Peter* oder *Hans Peter*) und eine Person
kann mehrere Vornamen besitzen (*Angela Dorothea*). Auch der Familiennamen
kann aus mehreren Bestandteilen bestehen (*von Bismarck, Müller-Lüdenscheidt*). In
der spanischen und portugiesischen Untervariante ist es üblich, zwei Familiennamen anzugeben, nämlich den des Vaters und den der Mutter. In spanischen
Namen steht der Name des Vaters an erster Stelle, bei portugiesischen der der
Mutter. Der Spanier *Juan Lopez-Sanchez* ist also aus einer Verbindung eines Herrn
Lopez mit einer Frau *Sanchez* hervorgegangen (die freilich ihrerseits auch jeweils
zwei Familiennamen verwenden). Zum Vergleich: Die Mutter der Portugiesin *Ana
Silva Correia* heißt *Silva*, ihr Vater *Correia*. Von der feststehenden Reihenfolge abgesehen, unterscheiden sich die beiden Glieder der Familiennamen auch darin,
dass im Gegensatz zum ersten Glied das zweite oft abgekürzt wird oder sogar
ganz wegfällt. *Juan Lopez-Sanchez* kann also auch als *Juan Lopez* oder *Juan Lopez-S.*
in einer Datenbank stehen, aber nicht als *Juan Sanchez* oder *Juan L.-Sanchez*.

Der *Geburtsname* (früher: *Mädchenname*) wird gelegentlich wie ein alternativer
Nachname behandelt, gelegentlich aber auch dem neuen Familiennamen nach-
gestellt: *Angela Merkel (-Kasner)*. Erwartungsgemäß existieren viele ländertypische
Untervarianten, welche sich aus innen- oder außenpolitischen, aus religiösen und

gesellschaftlichen, zuweilen auch aus administrativen und nicht zuletzt aus linguistischen Besonderheiten erklären lassen.

In der Praxis ist die Unterscheidung einer europäischen von einer US-amerikanischen Untervariante wichtig. Viele US-Amerikaner haben zwischen dem Vor- und dem Familiennamen noch einen *Zwischennamen* stehen (englisch: *Middle name*). Dieser kann sehr unterschiedliche Formen annehmen. Gelegentlich fungiert er als zweiter Vorname, gelegentlich handelt es sich aber auch um den Geburtsnamen der Mutter, ein klassisches Metronym also. Typisch ist auch die Neigung, ihn abzukürzen: Das *D* in *Franklin D. Roosevelt* steht für den Geburtsnamen der Mutter des Präsidenten: *Delano*. Zuweilen ist der Zwischenname auch der Nachname einer bewunderten Person, wie beim protestantischen Bürgerrechtler Martin Luther King.

Zwei weitere Unterschiede bestehen zwischen dem westlichen Personennamensystem europäischer und US-amerikanischer Prägung: Erstens ist in den USA die Verwendung standardisierter *Spitznamen* (englisch: *Nicknames*) weit üblicher als in Mitteleuropa. Der *Nickname* findet auch im offiziellen Rahmen Gebrauch, z.B. *Bill Clinton* für *William Clinton* oder *Dick Cheney* für *Richard Cheney*. Zweitens ist für US-Amerikaner die Gewohnheit typisch, bei Namensgleichheit innerhalb der Familie die Namenszusätze *Junior* und *Senior* oder sogar römische Ziffern zu verwenden. Letzteres bleibt in Europa dem Hochadel vorbehalten.

Die im Westen vorherrschenden Personensysteme weisen nur relativ geringe Abweichungen auf. In anderen Sprach- und Kulturräumen der Welt haben sich jedoch ganz unterschiedliche Systeme entwickelt. Dies gilt z.B. für Russland und für andere slawisch-sprachige Länder, für Japan, Korea und China, für die Länder Indochinas und Indonesien, für zahlreiche Sprachpopulationen des indischen Subkontinents, für Nordafrika und für den Mittleren Osten, in welchem vor allem die arabisch-muslimische Kultur beheimatet ist, sowie für Schwarzafrika – und damit wären nur die größten Kulturräume aufgelistet.

Die Struktur der wichtigsten Personennamensysteme und ihr Wandlungsprozess zu kennen, ist für das Name Matching von unmittelbarer Relevanz. Der Grund: Wenn heute Datensammlungen von Personen bewirtschaftet werden, so geschieht dies fast ausschließlich mit Datenstrukturen, die dem westlichen Modell entsprechen. Häufig anzutreffen sind eine *zweigliedrige Datenstruktur* (Vorname, Familienname) und eine *dreigliedrige* (Vorname, Zwischenname, Familienname). Wenn in solche Strukturen nicht-westliche Namen eingepasst werden, kommt es fast zwangsläufig zu datenseitigen Inkonsistenzen und Ambiguitäten, für die das Name Matching spezialisierte Lösungen bereithalten muss. Im Folgenden soll diese Problematik exemplarisch an drei weltweit bedeutenden Personennamensystemen erläutert werden, dem russischen, dem arabischen und dem chinesischen.

3.3.2 Russische Personennamen

Der russische Personenname besteht aus den drei Namensteilen Vornamen, Patronym und Familiennamen, also z.B. Борис Николаевич Ельцин oder (in typisch deutscher Transkription) *Boris Nikolajewitsch Jelzin*.

Vornamen können zahlreiche Koseformen aufweisen. Mit ihnen sprechen sich gut bekannte oder befreundete Russen an. Teilweise sind sie der Grundform kaum mehr ähnlich. Koseformen von *Vladimir* sind z.B. *Vova* und *Volodymyr*, von *Alexander* sind es u.a. *Sasha, Sanya, Shurik* und *Alik*.

Die Verwendung des Patronyms gilt als ehrerweisend. Das Patronym wird nach festen Konventionen aus dem Vornamen des Vaters und der Hinzufügung eines Suffixes gebildet, unterscheidet sich aber je nach Geschlecht des Trägers. Alle Söhne von Männern mit Vornamen *Nikolai* heißen – in deutscher Transkription – *Nikolajewitsch* und alle Töchter *Nikolajewna*.

Es war Peter der Große, der im 18. Jahrhundert einen Familiennamen nach westlichem Vorbild zunächst für den Adel verbindlich gemacht hat. Heute ist der Familienname fester und vererbbarer Bestandteil des russischen Personennamens. Wie das Patronym weist auch der Familienname geschlechtsspezifische Endungen auf, z.B. Herr *Jelzin* (Ельцин) und Frau *Jelzina* (Ельцина). Bis in die heutige Zeit wirken sich übrigens westliche Namenskonventionen auf die Praxis in Russland aus. So sieht man gelegentlich in den Zeitungen, dass zweigliedrige Kombinationen (Борис Ельцин) dreigliedrige abzulösen beginnen (Борис Николаевич Ельцин).

Im Zuge der enormen Ausdehnung des Russischen Reiches und später der Sowjetunion, wurde das russische Personennamensystem in Kulturräume eingeführt, die nicht russisch, teilweise noch nicht einmal slawisch geprägt waren. Mit der Auflösung der Sowjetunion haben viele ehemalige Sowjet-Republiken Schritte unternommen, zu dem ursprünglichen Personennamensystem zurückzukehren. Dieser Prozess ist vor allem in den zentralasiatischen Ländern noch im Gange. Für die Namen der dort lebenden Menschen gibt es oft mehr als eine etablierte Repräsentationsform.

Russische Vor- und Familiennamen haben eine direkte Entsprechung in westlichen Personennamen, aber russische Patronyme nicht. Wenn daher ein russischer Name in einer zweigliedrigen Namensdatenstruktur westlicher Prägung abgebildet wurde, ist es schwer vorhersagbar, ob sich das Patronym im Vornamensfeld oder im Nachnamensfeld befindet. Im dreigliedrigen System westlicher Prägung überwiegt die Nutzung des Zwischennamensfeldes für das Patronym. Dies ist nachvollziehbar, doch keineswegs ideal. Denn das russische Patronym weist andere Eigenschaften auf als ein westlicher Zwischenname. Es kann z.B. nie ohne den Vornamen verwendet werden, der Zwischenname westlicher Prägung aber durchaus. Man denke an den Beatle *James Paul McCartney*.

3.3.3   Arabische Personennamen

Die Situation in arabischen Ländern in Hinblick auf Personennamensysteme ist ähnlich komplex wie die in subsaharischen Ländern oder den Ländern Süd- und Südostasiens. In vielen Ländern dieser Regionen ist die Etablierung eines einheitlichen Personennamensystems noch nicht abgeschlossen. Hier haben bis in die Mitte des 20. Jahrhunderts europäisch geprägte Kolonialverwaltungen versucht, einheimische Personennamensysteme durch ein westliches zu ersetzen. Nach Erlangung der Unabhängigkeit haben viele Staaten danach gestrebt, ein System einzuführen, welches der einheimischen Namenspraxis entspricht. Diese Bemühungen werden allerdings heutzutage durch die Dominanz des westlichen Namenssystems, z.B. im Internet oder in der Abwicklung des internationalen Personenverkehrs, behindert.

Am traditionellen, arabisch-muslimischen Personennamensystem lässt sich das Nebeneinander lokaler und globaler Wirkkräfte gut erkennen. Einerseits ist das arabische Namensystem in den meisten Staaten des Mittleren Ostens und Nordafrikas kulturell fest verankert. Andererseits unterlag es früher den Einflüssen der, vor allem englischen und französischen, Kolonialisierung und heute jenen der Globalisierung. Der Ausgang dieser Entwicklung lässt sich zurzeit noch nicht voraussagen.

Wenn im Folgenden von arabischen Namen die Rede ist, sind arabische Namen muslimischer Prägung gemeint. Christliche Araber neigen dazu, sich gemäß dem westlichen Personennamensystem zu benennen. Der typische arabische Name muslimischer Prägung besteht aus bis zu fünf Bestandteilen:

➢ Den *Ism* könnte man auch als Vornamen bezeichnen. Er wird von den Eltern vergeben. Kinder und Jugendliche werden mit dem *Ism* adressiert, Erwachsene typischerweise nicht mehr – auch nicht innerhalb der eigenen Familie.

➢ Erwachsene werden dagegen oft mit ihrer *Kunya* benannt. Die *Kunya* bezeichnet eine Person als Vater (أبو bzw. transkribiert: *Abu, Abou*) oder Mutter (أم bzw. *Umm, Oum, Oumm*) des erstgeborenen Sohnes, also z.B. *Abu Mahmud*: Vater von Mahmud. Üblicherweise wird die *Kunya* verwendet, sobald den Betreffenden ein Sohn geboren wurde. Wenn Erwachsenen fortgeschrittenen Alters (noch) kein Sohn geboren wurde, wird oftmals irgendein beliebiger Jungenname in die *Kunya* eingesetzt.

➢ Die *Nasab* gibt die Abstammung wieder und kann mehrere Glieder enthalten. Sie wird oft eingeleitet mit den arabischen Begriffen für Sohn (إبن , بن bzw. *Bin, Ben, Ibn*) oder Tochter (بنت bzw. *Bint, Bent, Ibnat*). *Mahmud Bin Faisal Bin Muhammad* ist der Sohn von *Faisal*, dessen Vater *Muhammad* hieß.

➢ Viele Personen tragen zusätzlich einen Beinamen, arabisch: *Laqab*. Dieser bezeichnet meist eine positive Eigenschaft des Trägers und folgt nicht selten der

Konstruktion "Diener von Gott". „Diener von" heißt auf Arabisch *Abd al-* (عبد ال) und für Gott können die 99 Namen Gottes stehen, die der Koran aufführt. *Abd al-Rahman, Abd al-Aziz* und *Abdullah* sind Beispiele für solche Konstruktionen. Die *Laqab* wird sehr oft auch als Rufname verwendet.

Die *Abd al*-Konstruktion ist indes nicht auf die *Laqab* beschränkt, sondern kann auch als *Ism* vorkommen. Sie besitzt übrigens auch eine weiblichen Form, wobei *Abd* durch *Amat* ersetzt wird: *Amat al-Rahman, Amat al-Aziz* und *Amatullah* sind Beispiele. Auch christliche Varianten sind hin und wieder anzutreffen, z.B. in den Formen *Abdul Isa* oder *Abdul Masih*, was sich mit „Diener Jesu" bzw. „Diener des Messias" übersetzen lässt.

➢ Die *Nisba* schließlich ähnelt unserem Familiennamen. Es handelt sich dabei zumeist um Bezeichnungen des Herkunftsortes, gelegentlich auch um Berufsbezeichnungen. Zuweilen ist die *Nisba* auch mehrgliedrig und gibt dann oft die Zugehörigkeit zu der Familie und zum Clan wieder.

In diesem fünfgliedrigen System beginnt ein kompletter arabischer Name typischerweise mit der Kunya, gefolgt von Ism, Nasab, Laqab und Nisba, also z.B. *Abu Murad Faisal Ibn Muhammad Ibn Salim Abd al-Rahman al-Husseini*. Darüber hinaus kennt das Arabische zwei Ehrentitel, die gelegentlich wie Namensbestandteile verwendet werden, nämlich *Scheich* (شيخ, oft transkribiert zu *Sheikh, Sheik Shaykh, Shaikh, Cheikh*) und *Hadj* (حج, oft transkribiert zu *Hadsch, Hajj, Hadj, Hagg* u.a.). *Scheich* steht für eine ältere oder gelehrte Person, gelegentlich auch für den Inhaber eines Regierungsamtes. Der Titel kommt seltener auch in weiblicher Form vor (شيخة, transkribiert z.B. zu *Sheikha*). *Hadj* bezeichnet einen Muslim, der nach Mekka gepilgert ist. Beide Titel können in der Refrenzierung einer Person die Funktion eines Isms oder einer Kunya annehmen.

Oft werden nur einige Namensteile oder Titel öffentlich gebraucht, wobei es keine Standards für die Auswahl gibt. Höchstens zwei der fünf Namensbestandteile lassen sich zweifelsfrei in das westliche System überführen: Der Ism als Vorname und die Nisba als Familienname. In den Medien finden sich allerdings auch ganz andere Kombinationen. So ist der frühere irakische Diktator im Westen als *Saddam Hussein* bekannt. Passender wäre *Saddam Al-Tikriti*, denn *Al-Tikriti* und nicht *Hussein* ist seine Nisba. *Hussein* ist der Name von Saddams Vater, doch fehlt hier das eine solche Kunya bezeichnende *Ibn* oder *Bin*. Analoges gilt für den Gebrauch des Namens des ehemaligen ägyptischen Staatspräsidenten Gamal Abdel Nasser. *Gamal* und *Abdel* werden nicht selten als der erste und zweite Vorname verstanden, mit *Nasser* als dem Familiennamen. Tatsächlich aber handelt es sich bei *Abdel Nasser* um den Namen von Gamals Vater und darüber hinaus um eine Form der oben erwähnten *Abd al*-Konstruktion. Diese Konstruktion in zwei unterschiedliche Namenstypen aufzuspalten ist unzulässig.

Wie oben erwähnt, unterliegt bis heute das arabische Personensystem fremden Einflüssen. Vor allem aufgrund des besonderen Status, den Arabisch als die heilige Sprache des Koran hat, gingen und gehen aber vom arabischen Sprach- und Kulturraum auch Einflüsse auf nicht-arabisch-sprachige Völker aus, z.B. in Afrika, im Iran und Afghanistan, auf dem indischen Subkontinent und in Malaysia und Indonesien. Arabische Namen weisen dort oftmals landesspezifische Eigenheiten auf. In Malaysia und Indonesien wird z.B. oft die Kurzform *Mohd* für *Muhammad* benutzt, was in arabischen Ländern eher unüblich ist.

3.3.4   Chinesische Personennamen

Das chinesische Personennamensystem kennt drei Namensteile: einen *Familiennamen*, einen *Generationennamen* und einen *persönlichen Namen*. Die Namensteile sind häufig einsilbig. Ihnen entspricht genau ein chinesisches Zeichen. Als Beispiel soll der Name des früheren chinesischen Führers Mao Zedong (毛澤東, gelegentlich auch mit *Mao Tse-tung* transkribiert) dienen.

Der vererbbare Familienname 毛 oder *Mao* steht an erster Stelle; er sollte daher nicht als Nachname bezeichnet werden. Es gibt nur einige wenig Hundert Familiennamen, was in Anbetracht der großen Zahl von Chinesen bedeutet, dass sich sehr viele Menschen denselben Familiennamen teilen. Den häufigsten Familienname (王 bzw. *Wang*) tragen über 90 Millionen Chinesen. Er ist damit grob gerechnet 100 Mal so häufig wie der verbreitetste deutsche Familienname *Müller*.

Dem Familiennamen folgt üblicherweise ein Generationenname, den sich alle Geschwister teilen. Der Generationenname in *Mao Zedong* ist 澤 bzw. *Ze*. Brüder von Mao Zedong hießen *Mao Zetan* und *Mao Zemin*. Der Generationenname wird nie isoliert verwendet, sondern immer nur in Verbindung mit dem persönlichen Namen.

Der persönliche Name (東 bzw. *Dong* im Beispiel) kann alleine oder zusammen mit dem Generationennamen verwendet werden. Seine Funktion ähnelt der des westlichen Vornamens, doch wäre diese Bezeichnung irreführend, da er nicht an erster, sondern an letzter Stelle steht.

Im Prinzip lässt sich der Familienname und der persönliche Name recht gut in ein westlich geprägtes Namensmodell abbilden. Der Generationenname bereitet dagegen Zuordnungsprobleme, denn er ist weder Vor- noch Zwischenname im westlichen Sinne. In manchen Fällen lässt sich am transkribierten Namen nicht erkennen, ob es sich um einen persönlichen Namen oder um eine Kombination aus Generationennamen und persönlichen Namen handelt. Dies hat damit zu tun, dass die beiden Namen in der lateinischen Transkription nicht immer getrennt werden. Der Zeichenkette *Huang* kann beispielsweise nicht angesehen werden, ob es sich um den persönlichen Namen *Huang* oder um eine Komposition des Generationennamens *Hu* mit dem persönlichen Namen *Ang* handelt. Gelegentlich gibt aber der Kontext, in welchem das Namenselement steht, Aufschluss.

Weitere Ambiguitäten können dadurch entstehen, dass Chinesen im Kontakt mit westlichen Ausländern dazu neigen, die Reihenfolge ihrer Namen umzudrehen, um so den westlichen Namenskonventionen zu genügen. Sie stellen dann den Familiennamen ans Ende. Dies kann bewirken, dass der Familienname und der persönliche Namen verwechselt werden.

Vom chinesischen Verwaltungs- und Schriftsystem ging über viele Jahrhunderte eine starke Vorbildfunktion auf die Nachbarregionen aus. Dies sowie zahlreiche wirtschaftliche und politische Verflechtungen sind die Hintergründe für den starken Einfluss, den das chinesische Personennamensystem vor allem auf Japan, Korea und Vietnam ausübte. Bis heute werden sehr viele Namen in Japan und Korea in chinesischer, und nicht in japanischer oder koreanischer Schrift geschrieben. Die Aussprache und Bedeutung kann dabei vollkommen von jener in China abweichen. In Vietnam hat die intensive Kolonialisierung durch Frankreich dazu geführt, dass Namen überwiegend in lateinischer Schrift geschrieben werden. Wie chinesische und auch koreanische Namen besitzen aber die meisten vietnamesischen Namen eine dreigliedrige Struktur. Der Familienname steht an erster Stelle.

3.4   Implikationen für das Name Matching

Wer sich für Name Matching im globalen Kontext interessiert, kommt nicht umhin, sich mit der Existenz verschiedener Personennamensysteme auseinanderzusetzen. Dazu ist es nicht erforderlich, die Geschichte eines jeden Systems zu kennen. Aber ihre Gesetzmäßigkeiten und ihre Wandelbarkeit, ihre Besonderheiten und vor allem die Grenzen ihrer Kompatibilität mit dem westlichen Personennamensystem sollten in Grundzügen bekannt sein. Denn diese Aspekte stellen praxisrelevante Quellen von Variationen in der digitalen Repräsentation von Namen dar – sei es in der Form von Suchabfragen oder in der Form von Datenprofilen. Mit diesen Variationsquellen umgehen zu können, ist eine unverzichtbare Anforderung an jedes Name-Matching- oder Identity-Matching-Tool.

In der obigen Übersicht wurden exemplarisch vier Personennamensysteme skizziert, einige wenige weitere wurden genannt. Verschiedene große Sprachräume, z.B. jene des indischen Subkontinents oder Zentralafrikas, fanden allerdings überhaupt keine Erwähnung. Die Übersicht ist also weit davon entfernt, den Anspruch auf Vollständigkeit erheben zu können. Sie sollte lediglich dazu verhelfen, einige grundlegende Phänomene zu erkennen, die für das Name Matching von unmittelbarer Bedeutung sind. Diese sind im Folgenden zusammengefasst:

> Die Namensstruktur nicht-westlicher Personennamensysteme kann sich von der westlichen Namensstruktur erheblich unterscheiden. Bei der Überführung von nicht-westlichen Namen in eine westliche Namensstruktur, die den

meisten Datenbanken zugrunde liegt, kann dies zu Inkonsistenzen und zu Informationsverlust führen. Entsprechendes gilt, wenn Datensammlungen aus verschiedenen Ländern zusammengeführt werden.

➢ In vielen Ländern sind verschiedene Personennamensysteme verbreitet; teilweise existieren auch Mischformen. Dadurch kann der Name derselben Person in den Datenbanken eines Landes ganz unterschiedlich repräsentiert sein, ohne dass die Person selbst ihren Namen geändert hätte.

➢ Einige Namensysteme befinden sich noch im Wandel. Namensdaten derselben Person, welche zu unterschiedlichen Zeiten erfasst wurden, können daher variieren.

➢ Zudem sehen einige Personennamensysteme vor, dass sich Namen ändern, wenn ihre Träger bestimmte Lebensphasen abschließen. Allerdings unterscheiden sich Personennamensysteme darin, welche Ereignisse solche Änderungen auslösen können und auf welche Namenselemente sich diese auswirken.

➢ Die Grenze zwischen Namen und (Ehren-)Titeln ist in vielen Kulturen nicht scharf gezogen.

➢ Die Reihenfolge einiger Namenselemente ist festgelegt, anderer nicht.

Was folgt aus diesen Punkten für Entwickler und Designer von Personendatensystemen? Wann immer möglich, sollten diese nicht auf dem westlichen Personennamensystem basieren, sondern auf einer generischen, also allgemein gültigen Namensdatenstruktur. In einer solchen generischen Datenstruktur lassen sich Namen aller relevanten Systeme nach einer eindeutigen Vorschrift und ohne Informationsverlust abbilden. Insbesondere soll die Struktur verhindern, dass Namenselemente mit unterschiedlichen Eigenschaften auf dieselbe, ununterscheidbare Weise abgelegt werden. Wenn dies gegeben ist, können Matching-Regeln mit maximaler Zuverlässigkeit und Präzision definiert werden.

Obwohl es bislang um strukturelle Aspekte von Namen ging, haben verschiedene Beispiele dieses Kapitels bereits eine weitere wichtige Quelle von Schreibvariationen erkennen lassen: Die Verwendung unterschiedlicher Transkriptionsstandards. Dies soll im folgenden Kapitel näher beleuchtet werden.

4   Transkription

Dies ist der Alptraum eines jeden Compliance-Verantwortlichen einer Bank: Ein international gesuchter Geldwäscher, dessen Name auf öffentlich zugänglichen Listen firmiert, eröffnet ein Konto und wäscht in den darauf folgenden Tagen erhebliche Geldmengen, welche aus dem Waffen- und Drogenhandel stammen. Der Fall wird aufgedeckt und geht durch die Presse. Daraufhin wenden sich empörte Kunden von der Bank ab und kündigen die Geschäftsbeziehung. Sie wollen mit einer Bank nichts zu tun haben, welche in Waffen- und Drogengeschäfte verstrickt ist. Zudem schalten sich die zuständigen Aufsichtsbehörden ein. Es drohen schmerzhafte Geldbußen und sogar der Entzug der Banklizenz. Die Untersuchung des Falls zeigt, dass der Bankangestellte, der dem Geldwäscher das Konto eröffnet hat, allen Anweisungen zur Sorgfaltspflicht nachgekommen ist: Er hat sich pflichtgemäß die Ausweispapiere zeigen lassen und den Namen in der Form, in der er im Pass steht, zum Screening gegen verschiedene Listen eingegeben. Doch war das Name Matching Tool nicht in der Lage zu erkennen, dass der Name im Pass eine Transkriptionsvariante eines Namens auf der Liste gesuchter Geldwäscher ist.

Dieses Beispiel zeigt, wie wichtig das linguistische Thema Transkription für das Name Matching ist. Wenn das Name Matching Tool nicht erkennt, dass *Chruschtschow* und *Khrouchtchev*, *Qathafi* und *Khadafy* oder *Huang* und *Wong* jeweils für denselben Namen stehen können (nämlich – in Originalschreibweise – für Хрущёв, قذافي bzw. für 黃), ist eine zuverlässige Personensuche nicht möglich. Für Bankinstitute wird die Sorgfaltspflicht mit nicht-linguistischen Identity Matching Tools zur Farce.

4.1   Transkription, Transliteration und Translation

Das vorangegangene Kapitel hat dargelegt, wie Variationen in der Repräsentation von Namen entstehen können, wenn sie von einem bestimmten Personennamensystem in ein anderes überführt werden. Solche Inkonsistenzen treten sehr häufig dann auf, wenn nicht-westliche Namen in Datenstrukturen abgelegt werden, die dem westlichen Personennamensystem entsprechen. In diesem Kapitel geht es um eine verwandte, aber doch unterschiedliche Quelle von Inkonsistenzen. Diese treten zu Tage, wenn ein Namenselement von einem Alphabet in ein anderes überführt wird, also z.B. von dem russisch-kyrillischen Alphabet in das lateinische. Eine solche Überführung wird *Transkription* oder *Transliteration* genannt.

Das Alphabet, aus welchem transkribiert oder transliteriert wird, nennen wir *Ausgangsalphabet*; das Alphabet, in welches transkribiert oder transliteriert wird, entsprechend das *Zielalphabet*. Üblicherweise wird ein Alphabet von mehreren Sprachen benutzt, wobei es minimale Abweichungen im verwendeten Zeichenvorrat gibt. Für westliche Sprachen wie Englisch, Deutsch oder Französisch wird in der Regel das lateinische Alphabet verwendet, für viele slawische Sprachen, wie Russisch, Bulgarisch oder Ukrainisch das kyrillische. Bei der Überführung eines Namens aus einem Alphabet in ein anderes spielen die beteiligten Sprachen eine Rolle. Wir sprechen hier, analog zu den Alphabeten, von einer *Ausgangssprache* und einer *Zielsprache*. Der Prozess des Transkribierens lässt sich nur vollständig beschreiben, wenn neben den beteiligten Alphabeten auch die Ausgangs- und die Zielsprache berücksichtigt werden. Die Zuordnung von kyrillischen zu lateinischen Zeichen ist bei der Transkription vom Russischen ins Italienische anders, als bei der Transkription vom Bulgarischen ins Englische.

Die Begriffe *Transkription* und *Transliteration* werden manchmal austauschbar gebraucht, doch es gibt einen Unterschied: Transkription orientiert sich in erster Linie am Lautbild, während die Transliteration am Schriftbild orientiert ist. Daher bezeichnet man die Transkription auch als *phonetische* oder *phonemische Abbildung*[2], während die Transliteration eine *graphemische* Abbildung darstellt.

Was folgt daraus? Wird die transkribierte (nicht die transliterierte) Form in der Zielsprache laut gelesen, so kommt dies dem originalen Lautbild in der Ausgangssprache zumindest nahe. Eine häufige deutsche Transkription des arabischen Namens عبد الرحمن ist *Abdurrahman*, eine häufige französische liest sich *Abdourrahmane*. Liest ein Deutscher die deutsche oder ein Franzose die französische Transkription, hört sich das so ähnlich an, wie das Aussprechen des Namens im Original durch einen Araber. Würde hingegen ein Franzose die deutsche oder ein Deutscher die französische Variante lesen, wären divergierende Lautbilder die Folge (Unkenntnis der jeweils anderen Sprache bei den Sprechern vorausgesetzt).

Werden Namen transkribiert, die zwar im Original verschieden geschrieben werden, die aber für Angehörige der Zielsprache ähnlich lauten, können identische Transkriptionsvarianten entstehen. Die Originalschreibweise ist aus der transkribierten dann nicht mehr zu erkennen. Hier liegt der Vorteil der Transliteration, denn im Gegensatz zur Transkription orientiert sich die Transliteration konsequent am Original-Schriftbild. Dadurch wird der transliterierte Name so

---

[2] Wird die Transkription als *phonetische Abbildung* durchgeführt, so wird die Aussprache eines Namens durch eine bestimmte Sprecherpopulation möglichst direkt wiedergegeben. Wird hingegen eine *phonemische Abbildung* angestrebt, so steht die konsistente Abbildung der kleinsten bedeutungstragenden Einheiten (der *Phoneme*) im Vordergrund. Aussprecheunterschiede der Phoneme (*Allophone*) bleiben dabei unberücksichtigt. Für den weiteren Fortgang dieser Abhandlung ist der Unterschied von phonetischer zu phonemischer Abbildung nicht relevant.

eindeutig, dass es möglich ist, aus ihm zweifelsfrei die Originalschreibweise zu rekonstruieren.

Die transliterierte Form eignet sich allerdings nur sehr bedingt als Aussprache-unterstützung. Alle Merkmale im Schriftbild des Originals, müssen vollständig in der Transliteration ihren Niederschlag finden, auch solche, die keine direkte Ent-sprechung in der Zielsprache haben. Dadurch enthalten Transliterationen oftmals Sonderzeichen, entbehren Aussprachehilfen, die im Originalschriftbild fehlen (z.B. kurze Vokale in semitischen Sprachen) und erlauben daher nur Experten die Rekonstruktion der Aussprache.

Der Unterschied von Transliteration und Transkription kann an einem Beispiel verdeutlicht werden: علاء und الله sind zwei häufige Bestandteile arabischer Namen. Obwohl sich ihre Schriftbilder klar unterscheiden, klingen sie für Europäer sehr ähnlich. Beide kommen daher in derselben Transkriptionsvariante vor: *Ala*. Die Transliterationsvarianten unterscheiden sich demgegenüber deutlich: `alā´` und *Allāh*.

Transliterationen werden von Akademikern und Linguisten gegenüber Transkriptionen bevorzugt. Sie spielen aber in der journalistischen und behörd-lichen Praxis der Namensschreibung nur eine untergeordnete Rolle. Journalisten, Autoren, Editoren, Redakteure sowie Angestellte in Polizei- und Passbehörden erstellen fast immer Transkriptionen und nur in Ausnahmefällen korrekte Trans-literationen. Dies vor allem aus drei Gründen:

➢ Erstens sind die Transliterationsregeln nicht allgemein bekannt, sondern müssten, z.B. im Rahmen eines Linguistikstudiums, erst erlernt werden.

➢ Selbst wenn dem Schreiber diese Regeln bekannt sein sollten, werden die meisten Leser Schwierigkeiten haben, einer Transliterationsvariante die Aus-sprache eines Namens zu entnehmen. So ist *Chruščёv* die wissenschaftliche Transkription des kyrillischen Namens Хрущёв. Erst die Transkription dieses Namens ermöglicht jedoch dem Nicht-Linguisten eine annähernd korrekte Aussprache: *Chruschtschow*.

➢ Drittens sind zur Schreibung der korrekten Transliterationsvariante *Diakritika*, also Sondermarkierungen notwendig, z.B. das *Hatscheck* (Häkchen) über s und c in *Chruščёv* oder das *Trema* (horizontaler Doppelpunkt) über dem e. Diese stören den Lesefluss und können teilweise gar nicht oder nur erschwert über die Tastatur eingegeben, in Datenbanken abgespeichert oder über Bildschirm oder Drucker ausgegeben werden.

Bevor in den folgenden Abschnitten die gängigen Transkriptionspraktiken und daraus folgende Konsequenzen für das Name Matching vertieft dargestellt werden, soll an dieser Stelle noch kurz auf den Begriff der *Übersetzung* (engl.:

Translation) eingegangen werden. Bei einer Übersetzung wird ein Begriff bzw. ein Text einer bestimmten Sprache unter Beibehaltung seiner Bedeutung in einen Begriff bzw. Text einer anderen Sprache überführt. Je nach Schriftsystem der Ausgangs- und Zielsprache kann der Übersetzungsvorgang auch die Überführung in ein anderes Alphabet umfassen.

Namen werden üblicherweise nicht übersetzt. Der deutsche *Herr Schwarz* steht in der französischen Zeitung nicht als *Monsieur Noir* und in der englischen nicht als *Mister Black*. Oder um das obige Beispiel aufzugreifen. Eine deutsche Übersetzung von علاء lautet *Erhabenheit*. Doch würde sich ein Araber mit dem Namen علاء in Deutschland nicht *Erhabenheit*, sondern *Ala* nennen und so oder ähnlich schreiben. Und dennoch sind Übersetzungsvorgänge für das Name Matching nicht vollkommen unbedeutend. Ausnahmefälle, in denen Personennamen ganz oder teilweise übersetzt werden, werden in Kapitel 5 diskutiert.

4.2   Romanisierung

Die für das Name Matching im globalen Kontext mit weitem Abstand wichtigsten Transkriptionen sind *Romanisierungen* (auch *Latinisierungen*), also Überführungen von Namen aus einem nicht-lateinischen Alphabet in das lateinische.

Weltweit werden ca. die Hälfte der Namen im Original in einer anderen als der lateinischen Schrift geschrieben. Das lateinische Alphabet dominiert in den Kontinenten, die dem Kulturraum des Westens zugeordnet werden, also in den beiden Amerikas, im größten Teil Europas sowie in Australien und Neuseeland. Außerdem wird praktisch im gesamten subsaharischen Afrika weitgehend mit lateinischen Buchstaben geschrieben. Die Verbreitung des lateinischen Alphabets sowie einiger anderer wichtiger Alphabete ist in Abb. 4-1 auf einer Weltkarte wiedergegeben.

In Asien und Nordafrika dominieren nicht-lateinische Alphabete. Im Norden Asiens überwiegt wie auch in einigen Gebieten Osteuropas die Verwendung des kyrillischen Alphabets. Im Osten Asiens finden wir chinesische, japanische und koreanische Alphabete. Die Situation in Südostasien ist gemischt: Das lateinische Alphabet ist in Malaysia, Indonesien, Vietnam und den Philippinen eingeführt, nicht aber in Myanmar, Thailand, Laos und Kambodscha. Auf dem indischen Subkontinent sind trotz der besonderen Stellung des Englischen nicht-lateinische Alphabete noch sehr verbreitet. In Pakistan und Iran, den arabischen Staaten des Mittleren Ostens und in Nordafrika dominiert das arabische Alphabet (bzw. Abkömmlinge desselben).

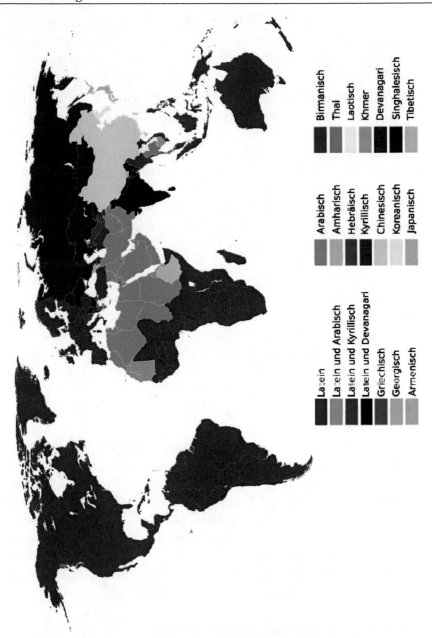

Abbildung 4-1:   Verteilung einiger wichtiger Alphabete in der Welt. Die Karte zeigt das jeweils dominante Alphabet innerhalb eines Landes. Unterschiede innerhalb einer Alphabetgruppe (z.B. russisch-kyrillisch im Vergleich zu bulgarisch-kyrillisch) sowie die in zahlreichen Ländern anzutreffende Verbreitung mehrerer Alphabete sind nicht abgebildet.

Historisch betrachtet ist diese Verteilung nicht mehr als eine Momentaufnahme. Kriege, Migrationen, Kulturrevolutionen sowie die Verbreitung religiöser Glaubensbekenntnisse können dazu führen, dass Alphabete ausgetauscht werden. Immer wenn das geschieht, sind mannigfaltige Transkriptionsprozesse die Folge.

Ein anschauliches Beispiel hierfür gibt die jüngere Geschichte Aserbaidschans. Das Land gehörte bis 1813 zu Persien und wurde dann als Folge des russisch-persischen Krieges an Russland abgetreten. Die den Turkvölkern zugehörigen Einwohner verwendeten aber noch etwa ein Jahrhundert lang das (persisch-)-arabische Alphabet. 1922 kam es zur Einführung des lateinischen Alphabets und zwar im Rahmen verschiedener Reformbemühungen, welche auf die russische Revolution von 1917 folgten. Man nannte dieses Alphabet das *Einheitliche Türkische Alphabet*. Namen wurden aus dem Arabischen romanisiert. Keine zwei Jahrzehnte später startete Stalin eine großangelegte Russifizierungskampagne. In diesem Zuge wurde das lateinische Alphabet praktisch in der gesamten damaligen Sowjetunion durch das russisch-kyrillische ersetzt. Die aus dem Arabischen romanisierten Namen Aserbaidschans wurden nun kyrillisiert. Begleitet werden solche Veränderungen meist auch mit Anpassungen des Personennamensystems, da diese eng an einen Sprachraum gekoppelt sind. So wurde durch die Russifizierung auch die Annahme des russischen Patronyms obligatorisch. 1991, nach dem Zerfall der Sowjetunion, wurde in Aserbaidschan erneut ein lateinisches Alphabet eingeführt, welches sich eng an das in der Türkei verwendete orientiert. Es wird *Neues Türkisches Alphabet* genannt. Kyrillisch geschriebene Namen werden seit dem rückromanisiert.

Name Matching findet in der Regel auf Basis des lateinischen Alphabetes statt. So werden z.B. die allermeisten Personenlisten, die im Rahmen der Geldwäsche- und Missbrauchsbekämpfung, der Sorgfaltspflicht oder der Strafverfolgung Anwendung finden, in lateinischer Schrift herausgegeben. Nicht-lateinische Namensvarianten werden auf diesen Listen selten und wenn, dann unsystematisch angegeben. Aus diesem Grund stehen romanisierte Transkriptionsvarianten (*Romanisierungsvarianten*) im Vordergrund der folgenden Darstellung. Etliches lässt sich aber ohne weiteres auf z.B. kyrillisierte, arabisierte oder sinisierte (d.h. mit dem chinesischen Zeichensatz repräsentierte) Transkriptionsvarianten anwenden.

4.3   Romanisierung kyrillischer Namen

4.3.1   Geschichte und Verbreitung des kyrillischen Alphabets

Das kyrillische Alphabet entstand im 10. Jahrhundert im Bulgarischen Reich. Es basierte auf dem griechischen Alphabet in seiner byzantinischen Ausprägung. Diese Ableitung erkärt die Nähe des kyrillischen Alphabets zum lateinischen, welches ebenfalls aus dem griechischen Alphabet abgeleitet ist. Dort, wo das griechische Alphabet nicht ausreichte, um Phoneme z.B. des Bulgarischen zu repräsentieren, wurden Buchstaben aus der heute nicht mehr gebräuchlichen *glagolitischen Schrift* in das Kyrillische aufgenommen. Diese glagolitische Schrift wurde von zwei Brüdern entworfen, die sich im 9. Jahrhundert der Missionierung der Slawenvölker zum Christentum verschrieben haben. Die Namen der beiden sogenannten Slawenapostel waren *Kyrill* und *Method*. Nach ersterem wurde das kyrillische Alphabet benannt.

Abbildung 4-2: Verbreitung der kyrillischen Schrift

Das kyrillische Alphabet wird vor allem zur Schreibung slawischer Sprachen verwendet, z.B. für das Russische, Ukrainische, Weißrussische, Serbische, Mazedonische und Bulgarische. Aber auch altaische Sprachen wie das Kasachische, das Kirgisische, das Uigurische und das Mongolische, iranische Sprachen wie das Tadschikische und sogar chinesische Sprachen wie das Dunganische werden kyrillisch verschriftlicht. In den meisten dieser Sprachräume finden sich Erweiterungen des kyrillischen Alphabets, mit denen es möglich wird, den jeweiligen phonetischen Besonderheiten der betreffenden Sprache Rechnung zu tragen. Daher ist es nicht ganz korrekt, von *dem* kyrillischen Alphabet zu sprechen. Genau genommen gibt es mehrere, z.B. ein russisch-kyrillisches, ein ukrainisch-kyrillisches oder ein kasachisch-kyrillisches Alphabet.

Die Situation wird noch dadurch verkompliziert, dass in den verschiedenen Sprachen demselben kyrillischen Buchstaben unterschiedliche Lautqualitäten zukommen können. Die Situation ist also mit der der lateinischen Schrift vergleichbar. Verschiedene Sprachen verwenden dasselbe lateinische Grundalphabet, doch variiert die Aussprache einzelner Buchstaben (z.B. des *J* im Deutschen, Englischen und Spanischen). Zudem weisen verschiedene Sprachräume Sonderzeichen auf, welche in anderen Sprachen fehlen, z.B. das *ß* im Deutschen, das *ç* im Französischen oder das *ñ* im Spanischen.

Im Folgenden konzentrieren wir uns auf die Verwendung des kyrillischen Alphabets im russischen Sprachraum.

4.3.2   Variationsquellen

Durch die enge Verwandtschaftsbeziehung zwischen dem lateinischen und dem kyrillischen Alphabet, kommt ein russisch-kyrillische Name innerhalb der Zielsprache, in die er romanisiert wird, oftmals nur in einer einzigen Variante vor. In der deutschen Presse werden *Gorbatschow*, *Jelzin*, *Putin* und *Medwedew* fast immer genau so geschrieben. Werden die Namen jedoch in eine andere Zielsprache überführt, so zeigen sich Abweichungen. Dies hat damit zu tun, dass dieselben lateinischen Buchstaben in unterschiedlichen Sprachen unterschiedliche Lautqualitäten repräsentieren. Engländer und Franzosen würden die Zeichenkette *Jelzin* z.B. ganz anders aussprechen als ein Deutscher – und auch ganz anders als ein Russe den Originalnamen ausspricht.

Die folgende Tabelle zeigt am Beispiel der sowjetischen und russischen Präsidenten seit Chruschtschow, die gängigen Transkriptionen im Deutschen, Englischen und Französischen. Unterstrichen sind im kyrillischen Original jene Stellen, an denen sich zumindest zwei der Transkriptionsvarianten aus den drei Zielsprachen unterscheiden.

Etwa ein Viertel aller kyrillischen Zeichen wird unterschiedlich transkribiert. Von den insgesamt 24 Namenselementen werden nur vier in allen drei Zielsprachen gleich dargestellt (ohne Berücksichtigung von Akzenten): *Nikita*, *Leonid*, *Konstantin* und *Boris*. Ein Extrembeispiel ist der Familenname *Chruschtschow*. Von den sechs kyrillischen Buchstaben wird nur einer einheitlich romanisiert, nämlich das kyrillische *p*, welches im Deutschen, im Englischen und im Französischen als ein *r* repräsentiert wird.

Tabelle 4-1: Typisch deutsche, englische und französische Transkriptionen der Namen sowjetischer und russischer Präsidenten

Russisch-kyril- lisches Original	Deutsche Transkription	Englische Transkription	Französische Transkription
Никита Сергеевич Хрущёв	*Nikita* *Sergejewitsch* *Chruschtschow*	*Nikita* *Sergeyevich* *Khrushchev*	*Nikita* *Sergeïevitch* *Khrouchtchev*
Леонид Ильич Брежнев	*Leonid* *Iljitsch* *Breschnew*	*Leonid* *Ilyich* *Brezhnev*	*Léonid* *Ilitch* *Brejnev*
Юрий Владимирович Андропов	*Juri* *Wladimirowitsch* *Andropow*	*Yuri* *Vladimirovich* *Andropov*	*Iouri* *Vladimirovitch* *Andropov*
Константин Устинович Черненко	*Konstantin* *Ustinowitsch* *Tschernenko*	*Konstantin* *Ustinovich* *Chernenko*	*Konstantin* *Oustinovitch* *Tchernenko*
Михаил Сергеевич Горбачёв	*Michail* *Sergejewitsch* *Gorbatschow*	*Mikhail* *Sergeyevich* *Gorbachev*	*Mikhaïl* *Sergueïevitch* *Gorbatchev*
Борис Николаевич Ельцин	*Boris* *Nikolajewitsch* *Jelzin*	*Boris* *Nikolayevich* *Yeltsin*	*Boris* *Nikolaïevitch* *Eltsine*
Владимир Владимирович Путин	*Wladimir* *Wladimirowitsch* *Putin*	*Vladimir* *Vladimirovich* *Putin*	*Vladimir* *Vladimirovitch* *Poutine*
Дми́трий Анато́льевич Медве́дев	*Dmitri* *Anatoljewitsch* *Medwedew*	*Dmitry* *Anatolyevich* *Medvedev*	*Dmitri* *Anatolievitch* *Medvedev*

Einige Variationen erklären sich durch den oben erwähnten Umstand, dass in den Zielsprachen unterschiedliche Buchstaben für denselben Laut stehen. Z.B. wird das kyrillische в wie das deutsche *w* ausgesprochen, ein Laut, für den ein Engländer den Buchstaben *v* verwendet. Die französischen Transkriptionsvarianten weisen einige stumme Buchstaben aus, welche den Charakter von Aussprachehinweisen haben. Z.B. verhindert das endständige *e* in *Poutine* und *Eltsine*, dass die Endung *in* als Nasalvokal gesprochen wird. Nasalvokale gibt es weder im Deutschen noch im Englischen und damit auch keine dem Französischen entsprechende Verwendung des Buchstabens *e*. In der Tabelle fehlt ein solches endständige *e* übrigens bei der französischen Transkription *Konstantin*. Dieser Name, den auch viele Franzosen tragen, wird also von der russischen Phonetik abweichend, französisch, d.h. mit Nasalvokal am Ende, ausgesprochen. In der frankophonen Presse finden sich allerdings auch die Varianten *Konstantine* und *Constantine*. Diese beiden Transkriptionen sind, obwohl weniger weit verbreitet, angemessener, da sie eine französische Aussprache des russischen Namens verhindern.

Die Tabelle offenbart auch Unterschiede in dem Grade, in welchem sich das kyrillische Originalschriftbild in der Romanisierung niederschlägt. Der Buchstabe *ë* wird im Englischen und Französischen fast immer mit *e* transkribiert, während man sich im Deutschen an das Lautbild orientiert: *ë* wird daher in der deutschen Transkription zu *o*. Auch die deutsche Transkription *Jelzin* orientiert sich am Lautbild. Denn der sogenannte Weichmacher am Namensanfang, welcher im Deutschen durch *J* und im Englischen durch *Y* repräsentiert wird, existiert im russischen Lautbild, nicht aber im kyrillischen Schriftbild.

4.4 Romanisierung arabischer Namen

4.4.1 Geschichte und Verbreitung des arabischen Alphabets

Das arabische Alphabet bildete sich aus dem phönizischen heraus, aus dem auch das griechische, und damit das kyrillische und das lateinische entstanden sind. Diese Verwandtschaft erklärt die Ähnlichkeit des arabischen Alphabetes mit dem lateinischen und mit dem kyrillischen. Die Optik der Schrift lässt diese Verwandtschaft allerdings nicht erkennen: Die arabische Schrift kennt keine Groß- und Kleinschreibung und auch keine klare Unterscheidung von Schreibschrift und Druckschrift. Arabische Buchstaben können bis zu vier verschiedene Formen annehmen, je nach dem, ob sie isoliert oder am Anfang, in der Mitte oder am Ende eines Wortes oder Namens stehen.

Arabisch ist die Sprache des Korans, der heiligen Schrift des Islam, welche im 7. Jahrhundert entstanden ist. Die Sprache des Korans gilt als das klassische Arabisch, das auch die Grundlage des modernen Hocharabisch ist. Dieses Hocharabisch ist die Schriftsprache und dient Arabern unterschiedlicher Dialekte dazu, sich miteinander zu verständigen. Es wird normalerweise auch in den Medien gesprochen, obwohl wegen der hervorgehobenen Stellung des ägyptischen Rundfunks und Fernsehens in der arabischen Welt auch der ägyptische Dialekt weit verbreitet ist.

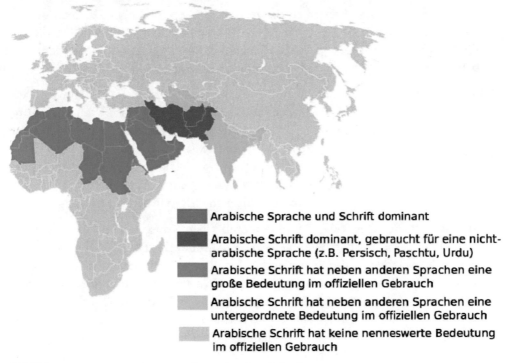

Abbildung 4-3: Verbreitung der arabischen Schrift

Das arabische Alphabet wird nicht nur für die arabische Sprache verwendet. Es wird – teilweise mit leichten Modifikationen – auch genutzt, um afrikanische Sprachen (z.B. Hausa und Ful), Turksprachen (z.B. Kasachisch und Uigurisch) und verschiedene indoiranische Sprachen (Persisch, Kurdisch, Paschtu, Urdu) zu schreiben. Selbst in Malaysia und in einigen Provinzen Chinas wird teilweise mit dem arabischen Alphabet geschrieben, vor allem im Zusammenhang mit islamischen Traditionen. Etwa 500 Millionen Menschen verwenden die arabische Schrift; nur die Hälfte davon spricht Arabisch als Muttersprache.

4.4.2 Variationsquellen

Das arabische Alphabet hat weit mehr Konsonanten als das lateinische. Einige dieser Konsonanten haben keine Entsprechung im lateinischen Alphabet. Dazu gehören

➢ der *Kehlkopfverschlusslaut*, auch *stimmloser glottaler Plosiv*, der durch den arabischen Buchstaben *Hamza* ( ) ausgedrückt wird

➢ der *stimmhafte Kehlkopfpresslaut*, auch *pharyngaler Reibelaut*, für den der arabische Buchstabe *Ain* ( ) steht.

Solche Laute, die keine Entsprechung in der Zielsprache haben, bleiben oftmals untranskribiert. Sofern sie überhaupt transkribiert werden, geschieht dies oft sehr uneinheitlich und variiert je nach Zeichenkontext. Gelegentlich werden auch Apostrophe statt Buchstaben zur Transkription eingesetzt.

Andere arabische Konsonanten haben eine Entsprechung nur in einigen westlichen Sprachen, z.B. das *Cha* (خ), welches einem Laut entspricht, der im Deutschen durch *ch* wie in *Bach* und im Spanischen durch *J* wie in *Jorge* ausgedrückt werden kann, im Englischen und Französischen aber nicht existiert. In diesen Sprachräumen wird dort, wo im Deutschen ein *Ch* und im Spanischen ein *J* zur Transkription arabischer Namen verwendet wird, bevorzugt ein *Kh* geschrieben. *Chalid, Jalid* und *Khalid* meinen in der Regel denselben arabischen Originalnamen (خالد).

Es gibt auch Paare oder sogar Tripel von arabischen Konsonanten, für welche sich derselbe lateinische Buchstabe anbietet. Dies ist dann der Fall, wenn verschiedene arabische Phoneme in der Zielsprache lediglich *Allophone* ein und desselben Phonems darstellen. *Allophone* sind Aussprachvarianten eines Phonems, welche also keine Auswirkung auf die Bedeutung haben. Die beiden Buchstaben ض und د werden zwar unterschiedlich ausgesprochen, doch würden beide Laute in westlichen Sprachen als mit einem *d* wiedergegeben werden. Zur Unterscheidung wurde die Konvention eingeführt, dass ض mit *dh* und د mit *d* ohne *h* transkribiert wird. Abgesehen davon, dass diese Konvention nicht durchgängig befolgt wird, kann *dh* auch für weitere arabische Buchstaben (z.B. ذ) oder Buchstabenkombinationen stehen (دح und دة).

Ein anderes Beispiel: In westlichen Sprachen kommen zwei Allophone des Buchstabens *R* besonders häufig vor, das das Zäpfchen-R (z.B. in den nördlichen deutschen Dialekten und im Französischen) und der „gerollte" Zungenspitzlaut (z.B. in den südlichen deutschen Dialekten und im Italienischen, Spanischen und Portugiesischen). Im Arabischen handelt es sich hierbei jedoch nicht um bedeutungsneutrale Allophone, sondern um unterschiedliche Phoneme, die den Sinn eines Wortes ändern können. Demzufolge gibt es zwei arabische Buchstaben, das ر (fast immer als *r* transkribiert) und das غ (meistens wenig eindeutig als *gh* transkribiert).

Eine weitere Variationsquelle stellt die weite Verbreitung sehr unterschiedlicher arabischer Aussprachedialekte dar. Diese Unterschiede drücken sich nicht im Schriftbild aus, denn geschrieben wird Hocharabisch und nicht der Dialekt. Unterschiedliche Ausprachedialekte können jedoch die Ursache für unterschiedliche Transkriptionen desselben arabischen Namens sein. So wird der Buchstabe *Dschim* ج von einem Ägypter wie ein *G* ausgesprochen. Die meisten nicht-ägyptischen Araber sprechen ihn hingegen wie das *J* im englischen Namen *John* aus (in Lautschrift: /dʒ/[3]). Dies ist der Grund dafür, dass ein Name wie جمال manchmal als *Gamal* und manchmal als *Jamal*, seltener auch als *Djamal* oder *Dschamal*, transkribiert wird.

Neben Konsonanten verursachen auch Vokale Transkriptionsvarianten. Das *Wau* (و) kann vokalisch, zB in *Yussuf* (يُوسُف), oder konsonantisch, z.B. in *Jawad* (جَوَاد) verwendet werden. Für die vokalische Verwendung wird im Deutschen meistens der Buchstabe *u*, für die konsonantische meistens der Buchstabe *w* verwendet. Im Französischen ist die Transkription *ou* für beide Fälle beliebt. Im Englischen wird das *Wau*, wenn es vokalisch auftritt, als *u, oo, ou* und gelegentlich auch als *o* transkribiert. In der konsonantischen Verwendung überwiegt die Transkription zu einem *w*.

Damit noch nicht genug: Es kann auch vorkommen, dass das *Wau* geschrieben wird, aber weder die konsonantische noch die vokalische Form gemeint ist, sondern das *Wau* lediglich als „Sitz" für einen anderen Buchstaben, nämlich dem oben erwähnten Buchstaben *Hamza* (ء) steht. Das kombinierte Zeichen sieht dann so aus: ؤ. Auch die beiden anderen arabischen Langvokalzeichen können die Funktion eines Hamzasitzes einnehmen, z.B. in أ und in ئ. Oftmals wird im arabischen Original das Hamza weggelassen (z.B. احمد statt أحمد), was zu Fehlern oder Varianten in der Transkription führen kann.

Eine der größten und meist diskutierten Herausforderungen in der Transkription arabischer Namen stellt der Umstand dar, dass im Arabischen wie auch in anderen semitischen Sprachen kurze Vokale nicht geschrieben werden. So hat der Name *Muhammad* im Arabischen nur vier Buchstaben: م (*Mim*), ح (*Ha*), م (*Lam*) und د (*Dal*), oder zusammengeschrieben: محمد. Zwar gibt es Vokalzeichen, mit welchen sich eine arabische vokalisierte Variante schreiben lässt (مُحَمَّد). Jedoch wird eine solche fast nur in Lehrbüchern verwendet.

Die Vokale müssen in der Transkription also ergänzt werden. Es kommt vor, dass unterschiedliche Namen sich nicht in der Grundform, sondern nur in der vokalisierten Form unterscheiden. So kann mit عبيد sowohl der Namen *Abid* (عَبِيد) als auch der Name *Obaid* (عُبَيْد) gemeint sein. Auch unterscheiden sich Dialekte darin, welche Vokale in einem Namen gesprochen werden und an welchen Stellen. Die Konsonantendopplung gehört streng genommen nicht zur Vokalisierung, aber wie diese wird sie oftmals im Original-Schriftbild nicht repräsentiert. Eine Dopplung wird im Arabischen durch ein *Shaddah* (ّ) angezeigt. محمّد und nicht محمد ist daher die korrekte (unvokalisierte) Schreibweise. Durch die Variation im

---

[3] In diesem Buch wird das Lautbild durch Zeichen kenntlich gemacht, die mit Schrägstrichen eingeklammert sind, also z. B. /o/. Die Darstellung orientiert sich nur sehr grob an das IPA (Internationales Phonetisches Alphabet). So werden z. B. fast keine Sonderzeichen des IPA verwendet. Damit soll auch für ein Publikum ohne sprachwissenschaftliche Vorbildung die Lesbarkeit gewahrt bleiben.

Originalschriftbild erklären sich Transkriptionsvarianten wie *Muhammad* und *Muhamad* oder *Mohammed* und *Mohamed*.

Eine weitere, nicht zu vernachlässigende Quelle von Transkriptionsvarianten ist gegeben, wenn sich ein Namenselement aus verschiedenen Einzelwörtern zusammensetzt. Dies ist z.B. in der bereits besprochenen *Abd al*-Konstruktion der Fall (s. Abschnitt 3.3.3), aber auch in Konstruktionen wie *Shams al-Din* (شمس الدين, „Sonne der Religion") oder *Nur al-Shams* (نور الشمس, „Licht der Sonne"). Nicht nur unterscheiden sich die Romanisierungsvarianten darin, welche Teileelemente zusammen- und welche auseinandergeschrieben werden. Auch wird das Partikel *al* aufgrund seiner phonetischen Vielgestaltigkeit oftmals ganz unterschiedlich romanisiert.

Diese und weitere Phänomene sind die Quelle für die Verschiedenheit der Transkriptionsvarianten in der folgenden Tabelle. Es handelt sich um Varianten geläufiger arabischer Namen, wie sie in deutschen, englischen oder französischen Zeitungstexten, WWW-Dokumenten, Pässen oder Urkunden zu finden sind.

Tabelle 4-2: Transkriptionsvielfalt einiger bekannter arabischer Namen

Unvokalisiert	Häufige Vokalisierung	Transkriptionsvarianten (Auswahl)
محمد	مُحَمَّد	*Muhammad, Mohamed, Muhammed, Mhamed, Mouhammad, Mukhamed*
يوسف	يوسُف	*Yusuf, Yousuf, Yousef, Youssef, Yossef, Youssif, Josef, Jossif*
سليمان	سُلَيْمَان	*Suleyman, Soliman, Souleymane, Suleiman, Soulaiman, Sulayman*
حسين	حُسَيْن	*Hussein, Houssayn, Hosain, Hoseyn, Hussen, Housain*
معمر	مُعَمَّر	*Mouammar, Muamar, Mu'ammar, Moamer, Mo'ammar, Maummar, Momar*
جمعة	جُمْعَة	*Jumaa, Joumah, Djum'a, Dschum'aa, Djomaah, Joum'aa*
عبيد	عُبَيْد, عَبيد	*Ubaid, 'Ubeid, 'Obayd, Oubeyd, Abid, Abeed, 'Abeed*
القذافي	القذَافي	*Al Qaddafi, Alkadhafi, El Gadhafi, Al Quathafi, Al-Khadafy, Al-Kazzafi, El Gheddafi, El Quathafi*
معتصم	مُعْتَصِم	*Motassem, Mutasim, Moatasem, Moatassime, Mu'tasim, Moutassim*
عز الدين	عزّ الدِّين	*Izzadin, Ezedine, Ezzedin, Izz al-Din, Ez aldeen, Izzuddine*
عبد الرحمن	عَبْد الرَّحْمٰن	*Abd al-Rahman, 'Abdurrahman, Abdurakhman, Abdourrahmane, Abdur Rahman, Abdel Rahman, Abdar-Rahman*

Allein für den Namen عبد الرحمن in der letzten Zeile lassen sich in größeren Datensammlungen ohne Weiteres über hundert verschiedene Transkriptionsvarianten
finden. Eine ausführlichere Diskussion der Variationsquellen, welche dieser für die
Diskussion der Transkription sehr ergiebigen Namen aufweist, findet sich in Abschnitt 9.4.2.

4.5   Romanisierung chinesischer Namen

4.5.1   Geschichte und Verbreitung der chinesischen Schrift

Chinesische Schriftzeichen sind keine Buchstaben. Von einigen Ausnahmen abgesehen entspricht jedem chinesischen Zeichen eine Silbe mit einer definierten
Bedeutung. Das chinesische Zeichen 王 entspricht der Silbe *Wang* und trägt die
Bedeutung *König*. Ein chinesisches Namenselement, also z.B. der Familienname,
besteht zumeist aus genau einem dieser bedeutungstragenden Zeichen. Das er-
wähnte chinesische Zeichen 王 ist solch ein Familienname. Während ein Buch-
stabenalphabet nur 20-50 Zeichen umfasst, besteht ein Silbenalphabet aus
tausenden von Zeichen. Die ausführlichsten chinesischen Lexika weisen über
80'000 Zeichen aus, doch werden in den Medien davon heutzutage nur ca. 5'000
verwendet.

Die chinesische Schrift ist weit über 3'000 Jahre alt. Bereits im sechsten vorchrist-
lichen Jahrhundert wurden in ihr philosophische Texte verfasst, denen ein hoher
literarischer Wert zugesprochen werden kann. Die Bezeichung „Chinesisch" zur
Kennzeichnung einer Sprache ist irreführend. Denn es gibt zwar die chinesische
Schrift, aber viele chinesische Sprachen. *Mandarin* ist die chinesische Hochsprache
und Muttersprache von fast einer Milliarde Menschen. Daneben existieren noch
sieben weitere bedeutende chinesische Sprachen mit eigener Grammatik und
Phonetik, z.B. *Wu*, das von 80 Millionen Chinesen, und *Kantonesisch*, das von 70
Millionen Chinesen gesprochen wird.

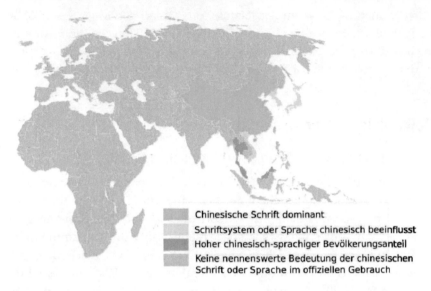

Chinesische Schrift dominant
Schriftsystem oder Sprache chinesisch beeinflusst
Hoher chinesisch-sprachiger Bevölkerungsanteil
Keine nennenswerte Bedeutung der chinesischen
Schrift oder Sprache im offiziellen Gebrauch

Abbildung 4-4:   Verbreitung der chinesischen Schrift und Sprachen

Die chinesische Schrift wurde und wird auch für nicht-chinesische Sprachen ein-
gesetzt. So war sie die erste Schrift, in der Japanisch, Koreanisch und
Vietnamesisch verschriftlicht wurde. Noch heute werden im Japanischen und
Koreanischen teilweise chinesische Schriftzeichen verwendet. Allerdings haben
sich inzwischen Aussprache, Optik und Bedeutung dieser Zeichen vom
chinesischen Original weit entfernt. Seit den 1950er Jahren hat die Volksrepublik
China mehrere Schriftreformen auf den Weg gebracht, welche unter anderem
Kurzformen für einige Tausend Zeichen einführten. Diese Reformen wurden von
Singapur, nicht aber von Taiwan und Hongkong übernommen, so dass heute
defacto zwei Schriftsysteme existieren. Die Kenntnis des einen ist nicht ausreichend, um im anderen lesen oder schreiben zu können.

4.5.2   Variationsquellen

Seit dem 16. Jahrhundert wurden Versuche unternommen, die Romanisierung chinesischer Zeichen zu systematisieren, zunächst getrieben durch westliche
Missionare, Wissenschaftler und Kolonialbeamte, seit Mitte des 20. Jahrhunderts
durch chinesische Politiker. Von den zahlreichen Systemen sind heute noch etwa
zehn in Gebrauch. Sie variieren beträchtlich, da sie sich an unterschiedlichen
Sprachen und Dialekten orientieren, welche zwar allesamt die chinesische Schrift
benutzen, aber in ihrer Phonetik wenig gemein haben. Zudem wurden sie von
Europäern unterschiedlicher Muttersprache entwickelt. Eine weitere Variationsquelle sind phonetische Besonderheiten der chinesischen Sprachen wie z.B. der
Tonverlauf einer Silbe, der keine natürliche Entsprechung in den westlichen

Sprachen hat. Die Verwendung von lateinischen Buchstaben für derartige Besonderheiten ist nahezu vollkommen beliebig.

Die bekanntesten Romanisierungssysteme für Mandarin heißen *Hanyu Pinyin, Tongyong Pinyin, Wade Giles* und *Mandarin Yale*. Aber auch für die anderen größeren chinesischen Sprachen wurden Romanisierungssysteme entwickelt, für Kantonesisch z.B. *Jyutping, Sidney Lau* und *Cantonese Yale*. Die folgende Tabelle zeigt Romanisierungen der 10 häufigsten chinesischen Familiennamen und vermittelt dabei einen Eindruck, wie unterschiedlich das Ergebnis der Romanisierung bei ein und demselben Namen ausfallen kann:

Tabelle 4-3: Ausgewählte Transkriptionsvarianten der häufigsten chinesischen Familiennamen

Original	Hanyu Pinyin	Jyutping	Varianten in China, Taiwan und Singapur	Varianten in Japan, Korea und Vietnam
李	*Li*	*Lei*	*La, Lee, Lii*	*Lee, Ly, Rhee, Ri, Yi*
王	*Wang*	*Wong*	*Heng, Ong, Vong, Wong, Yu, Yuh*	*O, Vương, Wang*
張	*Zhang*	*Zoeng*	*Chang, Cheong, Cheung, Chong, Jhang, Jang, Janq, Jeung, Teo, Teoh, Tiew, Tio, Tiu, Zêng*	*Cho, Jang, Trương*
劉	*Liu*	*Lau*	*Lao, Leo, Liou, Lou, Low, Lyou*	*Luru, Ryu, Yu*
陳	*Chen*	*Can*	*Cen, Chan, Chern, Chun, Jan, Jen, Jenn, Jhen, Tan, Ting, Zhen, Zan*	*Chin, Hin, Trân*
楊	*Yang*	*Joeng*	*Eaw, Ieong, Iu, Yêng, Yeo, Yeoh, Yeong, Yeung, Yong*	*Dương, Yang, Yo*
黃	*Huang*	*Wong*	*Hwang, Wang, Vong, Ng, Eng, Wee, Oei, Ooi, Bong, Uy, Ung*	*Hoang, Huynh, Hwang, Ko*
趙	*Zhao*	*Ziu*	*Chao, Chiu, Chio, Jiu, Tio, Teo, Teoh, Chew*	*Cho, Jo, Triệu*
周	*Zhou*	*Zau*	*Chao, Chau, Chew, Chiew, Chow, Chou, Jau, Jhou, Jou, Joe, Zeo*	*Châu, Chu, Ju, Shu*
吳	*Wu*	*Ng*	*Eng, Go, Goh, Gouw, Ngo, Ung, Woo*	*Go, Kure, Ngô, Oh*

Die zweite, dritte und vierte Spalte in obiger Tabelle zeigen die Vielfalt von Transkriptionsvarianten, die ein chinesisches Zeichen annehmen kann. Die letzte Spalte enthält noch weitere Varianten, welche vorkommen, wenn das Zeichen in einem nicht-chinesischen Sprachkontext verwendet wird. Viele chinesische Zeichen sind auch in Japan, Korea und Vietnam als Namen geläufig. Doch werden sie dort, auch wegen der abweichenden Aussprache, unterschiedlich transkribiert. Ein nicht-spezialisierter Europäer, welcher über Grundkenntnisse in einer romanischen und einer germanischen Sprache verfügt, dürfte in der Lage sein, die meisten Transkriptionsvarianten eines arabischen Namens oder eines kyrillischen

Namens als solche zu erkennen. Um hingegen die verschiedenen Transkriptionsvarianten eines chinesischen Namens als zugehörig zu erkennen, bedarf es eines
intensiven Studiums der für das Chinesische entwickelten Romanisierungsstandards.

Hanyu Pinyin ist seit Jahrzehnten offizielles Romanisierungssystem in der Volksrepublik China und damit mit Abstand am weitesten verbreitet. Singapur und seit
2009 auch Taiwan haben sich dem angeschlossen. Allerdings dürfte es noch Jahrzehnte dauern, bis Hanyu Pinyin die auf Taiwan bereits etablierten Systeme
Tongyong Pinyin und *Wade Giles* vollständig abgelöst hat. Diese Vorhersage kann
auch für Hongkong und für die große Zahl von Auslandschinesen getroffen
werden. Alleine in Indonesien, Thailand und Malaysia leben zusammen über 20
Millionen Auslandschinesen, weltweit sind es fast 40 Millionen. Deren Namen
dürften auch auf eine längere Sicht hin sehr häufig mit einem anderen System als
Hanyu Pinyin romanisiert werden bzw. bleiben.

Wie erwähnt besteht das chinesische Schriftsystem aus Zehntausenden von
Zeichen. Der Zeichenvorrat von Hanyu Pinyin ist auf ca. 400 Wörter begrenzt,
wenn man die Tonmarkierungen, Diakritika und Silbentrennzeichen außer acht
lässt, was der Romanisierungspraxis entspricht. Dies bedeutet, dass sich oft
Dutzende von chinesischen Zeichen dieselbe Hanyu-Pinyin-Romanisierung teilen.
Ist nicht bekannt, ob es sich bei einer gegebenen Transkriptionsvariante um Hanyu
Pinyin oder um eine andere Romanisierung handelt, kann die Zahl der Original-
zeichen, welche sich hinter einer einzigen Transkriptionsvariante verbergen
mögen, sogar in die Hunderte gehen.

Dieser Tendenz zu mangelnder Präzision beim Matchen chinesischer Namen kann
entgegengetreten werden, indem namenskundliche Besonderheiten bei der Verwendung chinesischer Namen konsequent berücksichtigt werden. Ein Name
Matching Tool sollte über Algorithmen verfügen, welche nicht nur Reihenfolge
und Anzahl chinesischer Namenselemente auswerten, sondern sich auch den Umstand zunutze machen, dass das Zeichenrepertoire für chinesische Familiennamen
stark limitiert ist.

4.6   Fazit: Transkription als die Achillesferse des Name Matching

Namen, die im Original in einem nicht-lateinischen Alphabet vorliegen, können
auf vielfältige Weise lateinisch-schriftlich repräsentiert werden. Trotz vielfältiger
Bemühungen, die Transkription in das lateinische Alphabet, also die Romanisierung, zu standardisieren, sind in der journalistischen und behördlichen Praxis
der Namensschreibung zahlreiche Romanisierungsstandards in Gebrauch. In
diesem Sinne ist eine Romanisierung nicht richtig oder falsch, sondern allenfalls
mehr oder weniger gebräuchlich.

Bei der unscharfen Personensuche und im Personendatenabgleich sollte das Matchen von Transkriptionsvarianten desselben Ursprungsnamens die höchste Priorität haben, denn transkriptionsbasierte Namensvariationen kommen bei ein und derselben Personen recht häufig vor. Ein Name Matching Tool muss also so zuverlässig und so präzise wie möglich Transkriptionsvarianten matchen, welche gebräuchliche Romanisierungen desselben Original-Namens darstellen. Die folgenden Aspekte sollten dabei Beachtung finden:

➢ Sprachen, die das lateinische Alphabet verwenden, weisen den einzelnen Buchstaben oftmals unterschiedliche Lautqualitäten zu. Dies erklärt, warum sich Romanisierungen in unterschiedliche Zielsprachen, z.B. in das Deutsche, das Englische und das Französische so stark unterscheiden (z.B. *Jelzin, Yeltsin, Eltsine*). Neben den drei genannten Sprachen Deutsch, Englisch und Französisch sollte ein Name Matching Tool mindestens auch die Zielsprachen Spanisch, Portugiesisch und Italienisch abdecken.

➢ Selbst innerhalb einer Zielsprache können Romanisierungen desselben Namens erheblich divergieren (im Deutschen z.B. *Abdurrahman, Abdel Rahman, Abd al-Rachman* für denselben arabischen Namen عبد الرحمن). Dafür gibt es zahlreiche Gründe. Einer ist das unterschiedliche Gewicht, welches dem Laut- und dem Schriftbild in den verschiedenen Romanisierungssystemen zukommt.

➢ Eine andere Variationsquelle: Alle bedeutenden Schriftsysteme der Welt werden von jeweils mehreren Sprach- und Dialektgemeinschaften genutzt. Dies gilt unabhängig davon, ob es sich um eine Buchstaben- oder um eine Silbenschrift handelt. Sprachen und Dialekte, welche sich dasselbe Schriftsystem teilen, können sich sehr stark in ihrer Phonetik unterscheiden. Je nach dem, welche Ausgangssprache oder welcher Ausgangsdialekt bei der Romanisierung zugrunde gelegt wird, entstehen so unterschiedliche Transkriptionsvarianten, auch innerhalb derselben Zielsprache.

➢ Transkriptionsvarianten desselben Namens können sich soweit unterscheiden, dass sie praktisch keine gemeinsamen Merkmale mehr aufweisen. Z.B. kann 張 mit *Zhang* oder mit *Tio* transkribiert werden; 吳 mit *Wu* oder mit *Ng*.

Nur die allerwenigsten traditionellen Verfahren und Tools, welche im Name Matching eingesetzt werden, haben diese Aspekte auch nur ansatzweise umgesetzt. Und nur wenige Anwender haben das Know-how, um dieses Defizit zur erkennen. Somit ist die Existenz verschiedener Transkriptionsvarianten das gegenwärtig am meisten vernachlässigte Gebiet innerhalb des Name Matching. Dadurch wird es zur Achillesferse bei der Personensuche und dem Personendatenabgleich.

Einige Anbieter von Namensdaten versuchen dem zu begegnen, indem sie die Datenprofile mit Transkriptionsvarianten anreichern. Doch geschieht dies fall-

basiert und unsystematisch. Zu jedem Namen jede mögliche Romanisierungs-
variante in jeder relevanten Zielsprache abzulegen, erscheint kaum als praktikabler
Weg. An anderer Stelle (s. Kapitel 1) werden alternative Lösungsansätze innerhalb
des Paradigmas des linguistischen Identity Matching aufgezeigt.

Zunächst soll es aber um weitere, wichtige und ebenfalls oftmals vernachlässigte
Quellen von Namensvariationen gehen: um den Gebrauch von Namen, insbesondere Vornamen, in unterschiedlichen Formen und Übersetzungen.

5 Abgeleitete Namensformen

5.1 Verniedlichungsformen

Wenn Menschen nicht unter ihrem ursprünglichen und offiziellen Namen bekannt sind, kann dies viele Gründe haben. Verbrecher fälschen ihren Ausweis und geben sich einen neuen Namen, um eine andere Identität anzunehmen. Unterhaltungskünstler wählen einen Künstlernamen, der zu ihrem Image besser passt. Und Autoren verschaffen sich durch die Verwendung von Pseudonymen mehr Freiheiten. In diesen Beispielen besteht zwischen den neu angenommen Zweitnamen und dem ursprünglichen Erstnamen keine vorhersagbare Beziehung. Daher können Erst- und Zweitnamen nicht regelbasiert oder durch die Verwendung von namenskundlichen Lexika gematcht werden. Der einzig praktikable Weg besteht darin, die Verbindung von Erst- und Zweitnamen im Datenprofil abzulegen.

In diesem Kapitel geht es nicht um frei gewählte Künstlernamen, Pseudonyme und dergleichen, sondern um Namensformen, die aus anderen abgeleitet wurden. Die Ableitung ist dabei nicht vollkommen beliebig, sondern folgt gewissen linguistischen Regeln, Konventionen oder beidem. Vor allem gebräuchliche Vornamen weisen in vielen Sprachräumen feststehende Ableitungsformen auf. Fast immer handelt es sich dabei um sogenannte *Hypokoristika*, also um Verniedlichungsformen des eigentlichen Namens. Unter anderem im angelsächsischen, im hispanischen und im russischen Sprachraum ist die Verwendung von Hypokoristika extrem weit verbreitet. Die folgende Tabelle zeigt einige Beispiele aus diesen drei Sprachräumen:

Tabelle 5-1: Hypokoristika (Verniedlichungsformen) häufiger englischer, spanischer und russischer Vornamen

Grundform	Abgeleitete Formen (Auswahl)
Alfonso	*Chete, Fon, Fonsi, Fonso, Loncho, Poncho, Poto, Sito*
Antonio	*Anto, Antoñete, Antoñillo, Antoñín, Antoñito, Toni, Toño*
Concepción	*Conce, Concha, Conchi, Conchita*
Elisabeth	*Bess, Bessie, Bet, Beth, Betsy, Bette, Betty, Elise, Eliza, Ella, Elle, Elsa, Elsie, Libby, Liddy, Lilibet, Lily, Lisa, Lisbeth, Lissie, Liz, Liza, Lizbeth, Lizzie*
Francisco	*Chencho, Chisco, Cisco, Curro, Fran, Pacho, Paco, Pancho, Papico, Patxi, Quico*
Isabel	*Chabe, Chabel, Chabela, Chava, Chavela, Isa*
James	*Jambo, Jamie, Jim, Jimbo, Jimmy*
Joel	*Jo, Joey*
Josephine	*Jo, Joey, Josie*

Katherine	Kat, Kate, Katie, Kathy, Kit, Kitty
María del Carmen	Mamen, Mamme, Maricarmen, Mayca, Menchu, Pape, Perdiz
María José	Coté, Maijo, Mariajo, Marijó, Marijose
Mikhail	Miha, Misha, Mishanya, Mishenka, Mishka, Mishunyok, Mishutka
William	Bill, Billie, Billy, Will, Willie, Willy
Richard	Dick, Dicky, Rich, Richie, Rick, Ricky
Robert	Bob, Bobbie, Bobby, Rob, Robbie, Robby
Sergei	Seriy, Seryoga, Seryozhenka, Seryozha, Seryozhka
Svetlana	Sveta, Svetik, Svetka, Svetochka, Svetyushka
Vladimir	Volodenka, Volodka, Volodya, Vova, Vovan, Vovka, Vovochka

Welche Aspekte, die für das Name Matching relevant sind, werden in diesen Beispielen sichtbar?

➢ Abgeleitete Formen können sich aus dem Namensanfang (*Elisabeth* ⇨ *Elle, Elisa*), der Namensmitte (*Lisa, Liz*) oder aus dem Namensende (*Beth, Betsy*) der Grundform bilden.

➢ Abgeleitete Formen sind keineswegs immer Kurzformen. So ist die Verwendung von Suffixen (Nachsilben oder Endungen) typisch, die dazu führen kann, dass die abgeleitete Form die Grundform an Länge übertrifft (*Sergei* ⇨ *Seryozhenka*).

➢ Abgeleitete Formen spiegeln linguistische Eigenheiten innerhalb des Sprachraums wider, in welchem sie verwendet werden. Von Angehörigen anderer Sprachräume können sie oft nicht als Ableitungsformen erkannt werden (*Alfonso* ⇨ *Sito*).

➢ Es lassen sich innerhalb eines Sprachraums gewisse Muster in der Bildung der Ableitungsformen erkennen (z.B. Verwendung des Suffixes -ie oder -y im Angelsächsischen). Dabei handelt es sich allerdings nicht um systematische Gesetzmäßigkeiten. Ableitungsformen können daher nicht regelbasiert generiert werden, sondern müssen durch namenskundliche Erforschung des Sprachgebrauchs gesammelt werden.

➢ Verschiedene Namen können identische Ableitungen haben (z.B. *Jo* für *Joel* und für *Josephine*). Das Name-Matching-Verfahren muss in diesen Fällen sicherstellen, dass die Ableitungsformen zwar mit allen relevanten Grundformen, nicht aber diese Grundformen untereinander matchen. Im Beispiel: *Jo* muss sowohl mit *Joel* als auch mit *Josephine* matchen, ohne dass gleichzeitig *Joel* und *Josephine* als Matches gedeutet werden.

➢ Es existieren Ableitungen von mehrgliedrigen Vornamen (*María del Carmen* ⇨ *Mamen*).

➢ Einige Ableitungen können auch den Status eigenständiger Namensformen annehmen, z.B. *Lisa*. Eine Frau, die *Lisa* genannt wird, muss also keinesfalls *Elisabeth* in ihrem Pass stehen haben.

Der letzte Punkt weist darauf hin, dass abgeleitete Formen nicht zwangsläufig inoffiziell sind, auch wenn dies natürlich häufig der Fall ist. Die Neigung, eine inoffizielle Ableitungsform anstelle der offiziellen Grundform zu verwenden, ist von der Situation abhängig. Vereinfacht lässt sich sagen: Je offizieller die Situation, desto höher die Wahrscheinlichkeit, dass die offizielle Form Gebrauch findet. Offizielle Formen werden z.B. bei der Ausstellung von Pässen verwendet. Hingegen stehen Journalisten inoffiziellen Ableitungsformen offener gegenüber, wobei es graduelle Unterschiede zwischen „seriösen" Zeitungen und dem „Boulevard" gibt. Journalisten tragen auf jeden Fall zur Etablierung inoffizieller Namen im Sprachgebrauch bei, z.B. bei *Sepp* Maier (eigentlich *Josef*), *Berti* Vogts (eigentlich *Hubert*), *Steffi* Graf (eigentlich *Stefanie*), *Che* Guevara (eigentlich *Ernesto*) oder *Bill* Clinton (eigentlich *William*). Normalerweise ist dabei eine bestimmte Person immer nur unter einer einzigen oder höchstens wenigen abgeleiteten Formen bekannt: Bill Clinton wird praktisch nie *Willy* genannt. Formen, die aus dem Nachnamen abgeleitet sind (z.B. *Smitty* für *Smith*, *Klinsi* für *Klinsmann*) sind übrigens weit weniger verbreitet und erreichen nur in wenigen Ausnahmefällen einen annähernd offiziellen Status.

Wegen der hohen Verbreitung von abgeleiteten Namensformen, die teilweise so weit geht, dass der Öffentlichkeit die Grundform gar nicht bekannt ist, ist das zuverlässige und präzise Matchen von Grundform und feststehender abgeleiteter Form in den allermeisten Kontexten, in welchen Name Matching zur Anwendung kommt, eine wichtige Anforderung.

5.2 Namen in Übersetzung

Normalerweise werden Personennamen nicht übersetzt. In unserem Zusammenhang lässt sich Übersetzung definieren als die Überführung eines Begriffs von einer Sprache in eine andere unter Beibehaltung seiner Bedeutung (s. Abschnitt 4.1). Im Gegensatz zu den Allgemeinbegriffen eines Wörterbuches ist die ursprüngliche Bedeutung von Namen aber meistens irrelevant und nicht selten nur Namensforschern bekannt. Dies gilt für Vor- wie für Familiennamen. Dennoch kommt es vor, dass Namen übersetzt werden, wenn sie in verschiedenen Sprachräumen verwendet werden.

Bevor der Fixierung von Personennamen das Gewicht beigemessen wurde, welches es heute hat, haben Auswanderer sehr oft ihren Vor- und Nachnamen dem neuen Sprachraum angepasst. Aus dem deutschen *Hans Müller* wurde in den USA *John Miller*. *Genealogen* (Familienforscher) haben es daher oft mit Übersetzungsvarianten zu tun. Im 20. Jahrhundert fanden derartige Namensübersetzungen im größeren Stile z.B. noch in Israel statt, z.B. *Grün* ⇨ *Ben Gurion* (בן גוריון); *Meyerson* ⇨ *Meir* (מאיר); *Schoenermann* ⇨ *Sharon* (שרון). Bis heute ermuntert Israel seine jüdischen Immigranten, ihren Namen zu hebräisieren. Dies kann verschiedene Formen annehmen. Eine sehr häufige Variante ist die direkte Übersetzung des Namens ins Hebräische.

Von solchen Sonderfällen abgesehen, ist die Verwendung von Namen in Übersetzung heute weitgehend auf Vornamen beschränkt – analog der oben beschriebenen Verwendung von Ableitungsformen. Häufig wählen die Namensträger zum Teil selbst den übersetzten Namen, z.B. um Personen eines anderen Sprachraums die Aussprache zu erleichtern. Zuweilen ordnen aber die Sprecher dieses anderen Sprachraums von sich aus dem Betreffenden eine übersetzte, ihnen vertrautere Version des für sie ausländischen Namens zu. In der folgenden Tabelle finden sich Übersetzungen einiger geläufiger Vornamen in einer Auswahl europäischer Sprachen:

Tabelle 5-2: Auswahl von Übersetzungsvarianten von Vornamen in verschiedenen europäischen Sprachen

Deutsch	Englisch	Französisch	Italienisch	Spanisch	Kroatisch	Schwedisch
Hans *(Johannes)*	*John* *(Jack)*	*Jean*	*Giovanni*	*Juan*	*Ivan*	*Johannes* *(Jens)*
Johanna	*Joan* *(Jane)*	*Jeanne*	*Giovanna* *(Gianna)*	*Juana*	*Ivana* *(Jana)*	*Johanna*
Josef	*Joseph*	*Joseph*	*Giuseppe*	*José* *(Pepe)*	*Josip*	*Josef*
Judith	*Judith*	*Judith*	*Giuditta*	*Judit*	*Judita*	*Judit*
Julia	*Julia* *(Gillian, Jill)*	*Julie*	*Giulia* *(Giuliana)*	*Julia*	*Julijana*	*Julia*
Elisabeth	*Elisabeth*	*Elisabeth*	*Elisabetta*	*Isabel*	*Elizabetta*	*Elisabet*
Peter	*Peter*	*Pierre*	*Pietro* *(Piero)*	*Pedro*	*Petar*	*Peter* *(Per)*
Stefan	*Steven* *(Stephen)*	*Stéphane* *(Etienne)*	*Stefano*	*Esteban*	*Stjepan*	*Stefan*
Willhelm	*William*	*Guillaume*	*Guglielmo*	*Guillermo*	*Vilim*	*Vilhelm*

Wie bei den Verniedlichungsformen lassen sich einige wiederkehrende Muster erkennen. So wird das englische *J* im Italienischen stets durch das phonetisch gleichwertige *Gi* ersetzt. Dennoch müssen die Übersetzungsvarianten als Ergebnis eines historischen Prozesses verstanden werden, welcher nicht systematischen Regeln folgt. Mit anderen Worten: Sollen Übersetzungsvarianten von Namen gematcht werden, kann dies nicht regelbasiert geschehen. Übersetzungsvarianten müssen mittels linguistischer und onomastischer, d.h. namenskundlicher Forschung ermittelt und in Übersetzungstabellen abgelegt werden.

5.3 Abgeleitete und übersetzte Formen in Namen juristischer Personen

Viele der bis hierin beschriebenen Variationsphänomene treffen nicht nur auf Namen natürlicher Personen zu, sondern auch auf Namen von Firmen und von anderen Organisationen – zuweilen in einer leicht modifizierten Form.

So wird die Rechtsform einer Firma gelegentlich, aber nicht immer wie ein Namenselement behandelt, analog der Verwendung von Ehrentiteln bei natürlichen Personen. Es ist zwar richtig, dass die Namensdatenstrukturen von Firmen und Organisationen einen höheren Standardisierungsgrad aufweisen als jene von natürlichen Personen. Dennoch finden sich in der Praxis viele Datensysteme mit unterschiedlichen und untereinander inkompatiblen Datenstrukturen im Einsatz. Auch das Thema unterschiedlicher Transkriptionsstandards ist bei juristischen Personen relevant: In der deutschsprachigen Presse findet sich das russische Firmenkürzel Газпром meistens in der Form *Gasprom*, in der englischen hingegen in der Form *Gazprom*.

Häufiger als Namen von natürlichen Personen bestehen Firmennamen aus Allgemeinbegriffen und allgemeinbegrifflichen Namenszusätzen, wie z.B. die Rechtsform oder die Geschäftsaktivität. Da sich Allgemeinbegriffe leicht übersetzen lassen, sind übersetzungsbedingte Variationen von Firmennamen recht häufig, besonders dann, wenn sich die Übersetzungen im Schriftbild ähneln (z.B. *Bank*, *Banque*, *Banca*, *Banco* oder *Society*, *Société*, *Sociedad*). Auch die Übersetzung von Ortsnamen ist nicht ungewöhnlich. So ist die *Münchener Rück* im Ausland als *Munich Re* bekannt. Auch Rechtsformen kommen in Übersetzungsvarianten vor (z.B. *Limited* und *Limitada*). Rechtsformen werden gelegentlich allerdings auch weggelassen (wie im Beispiel der *Münchener Rück*).

Eine weitere Variationsquelle ist die Verwendung von Abkürzungen anstelle der Vollform. *IBM* steht für *International Business Machines*, *BaFin* für *Bundesanstalt für Finanzdienstleistungsaufsicht* und *Aldi* für *Albrecht Discount*. Es sind also unterschiedliche Bildungsgesetze für Abkürzungen in Gebrauch. Aus diesem Grunde ist es für ein zuverlässiges Name Matching unverzichtbar, dass etablierte Abkürzungen zum Firmennamen im Datenprofil abgelegt werden.

Bei Rechtsformen kann hingegen auf Standardkürzungen zugegriffen werden (z.B. *GmbH*: *Gesellschaft mit beschränkter Haftung*; *plc*: *Public Limited Company*). In Fällen von etablierten Standardabkürzungen erweisen sich Hilfstabellen, welche im Such- oder Abgleichsprozess Verwendung finden, als Alternative zur Anreicherung der Datenprofile mit Varianten.

Eine Besonderheit im Namen juristischer Personen ist das gelegentliche Vorkommen von Ziffern, Datumsangaben, Satzzeichen und Symbolen. Dieser Umstand stellt eine nicht zu unterschätzenden Variationsquelle dar. Die drei folgenden Varianten eines (fiktiven) Organisationsnamens illustrieren dies:

➢ *People's Liberation and Welfare Army 5. July*

➢ *People's Liberation & Welfare Army „Fifth July"*

➢ *People's Liberation + Welfare Army '5th July'*

Zusammengefasst stellen wir fest, dass sich die Herausforderungen des Name Matching bei natürlichen und juristischen Personen strukturell gleichen. Eine gute Lösung zum Matchen von Namen von natürlichen Personen ist daher im All-gemeinen auch in der Lage, gute Resultate beim Matchen juristischer Personen zu erzielen. Dennoch bieten sich an einzelnen Stellen und abhängig von der Datenlage Anpassungen an.

6 Phonetisches Matchen

6.1 Homophonie

Wenn Namen derselben Person unterschiedlich geschrieben werden, ohne dass Transkriptionsvarianten vorliegen, so handelt es sich überwiegend um phonetisch gleichwertige Varianten. Ihr Schriftbild ist unterschiedlich, aber das Lautbild bleibt gleich. Solche Varianten werden *Homophone* genannt.

Die meisten Menschen können aus eigener Erfahrung das Phänomen bestätigen, dass fast immer dann, wenn ihr Name auf einem Brief oder in einem Formular falsch geschrieben wird, diese falsche Schreibweise genauso ausgesprochen wird, wie ihr korrekt geschriebener Name. Im Deutschen werden z.B. oftmals die Nachnamen *Meier, Meyer, Maier, Mayer, Mejer, Majer* und *Mayr* vertauscht, da sie alle identisch klingen. Analoges gilt für *Schmidt, Schmid* und *Schmitt*, für *Roth* und *Rot* oder für *Kreuz, Kreutz* und *Kräuts*. Auch Vornamen werden oft vertauscht, wenn sie homophon sind, z.B. *Ralf* und *Ralph* oder *Catrin* und *Katrin*.

Dieses Phänomen ist übrigens nicht auf Namen beschränkt, sondern auch bei Allgemeinbegriffen zu finden. Yahoo hat die zehn häufigsten falsch geschriebenen Suchbegriffe des Jahres 2009 auf der deutschen Yahoo-Site veröffentlicht. Ohne Ausnahme handelt es sich dabei um Homophone, also um Varianten, die ein Deutscher so aussprechen würde wie die eigentlich korrekte Schreibweise. Auf der Liste stehen neben homophonen Varianten von Eigennamen (z.B. *Tschibo* statt korrekt: *Tchibo* und *Horst Schlemmer* statt korrekt: *Horst Schlämmer*) auch homophone Varianten von Allgemeinbegriffen (z.B. *Rutenplaner* statt korrekt: *Routenplaner* oder *Abfrackprämie* statt korrekt: *Abwrackprämie*).

Aufgrund des in jeder Sprache unterschiedlichen Verhältnisses von Lautbild und Schriftbild muss phonetische Gleichwertigkeit für jede Sprache separat bestimmt werden. Im Deutschen, aber auch z.B. im Italienischen, Spanischen, Polnischen oder Rumänischen, ist die Übereinstimmung von Schreibung und Phonetik weit höher als z.B. im Englischen oder Französischen. Im Englischen kann derselbe Laut /i/ (wie das *i* in *Smith*) durch nicht weniger als neun Buchstaben oder Buchstabenkombinationen ausgedrückt werden, nämlich durch *i, e, y, ei, ie, ee, ea, ey* oder sogar durch ein *o* (z.B. in *women*). Der Laut /u/ kann in einem Namen durch *u, ugh, ew* oder *oo* wiedergegeben sein. Daher hören sich *Hu, Hugh, Hew* und *Hoo* identisch an, wenn die Namen von einem Engländer ausgesprochen werden. Im Englischen kommt es auch oft vor, dass Konsonanten in bestimmten Konstellationen stumm bleiben: Das Lautbild von *Thompson* und *Thomson* ist gleich, da ein *p*, das zwischen *m* und *s* positioniert ist, nicht ausgesprochen wird. *Brown* und *Browne* sind homophon, da in diesem Fall das endständige *e* nicht ausgesprochen wird.

Wie im Englischen weicht auch im Französischen die Aussprache von der Schreibweise sehr stark ab – eine Folge des Ausbleibens von durchgreifenden Rechtschreibreformen in den letzten Jahrhunderten. Der Laut /o/ kann am Ende eines französischen Namens z.B. durch die folgenden zwölf Buchstaben-kombinationen repräsentiert werden: *au, aux, ault, aulx, eau, eaux, o, oc, ocs, os, ot ots.* Die Namen *Renault, Reno, Reneaux* und *Renaud* werden daher alle gleich aus-gesprochen. Vom Lautbild auf das exakte Schriftbild zu schließen ist oft unmög-lich. Auch bei den für das Französische typischen Nasalvokalen gibt es unter-schiedliche, phonetisch gleichwertige Schreibweisen, so z.B. in *Dupon, Dupond* und *Dupont.*

Eine besondere Herausforderung stellen Namen dar, wenn sie in einem Sprach-raum verwendet werden, der nicht mit dem ihrer Herkunft identisch ist. Dann konkurriert die Aussprache der Ausgangssprache mit der der Zielsprache, und für beide Aussprache-Variationen ist dann die Möglichkeit gegeben, dass sie durch Homophone ersetzt werden. Im Englischen betrifft dies viele Namen französischer Herkunft. *Dubois* wird in englischsprachigen Ländern z.B. manchmal dem Französischen ähnlich ausgesprochen (/dubwa/), und manchmal in Anlehnung an die englische Phonetik als /duboyz/. Entsprechend würde ein anglophoner Sprecher den deutschen Namen *Bach* entweder wie ein Deutscher aussprechen, also als /bax/, oder in einer anglisierten Weise: /bak/.

Wenn Personen, welche Daten erfassen oder Suchanfragen absetzen, eine aus ihrem Sprachverständnis heraus homophone Schreibvariation anstelle der richtigen Schreibweise eingeben, kann dies viele Ursachen haben. Unter Um-ständen haben sie den Namen nur gehört, aber nicht gelesen. Oder sie haben ihn gelesen, erinnern sich aber nur an das Lautbild und nicht an das genaue Schrift-bild. Im Zweifelsfalle meint dann die Person bei der Eingabe des Namens, sich an eine Schreibweise zu erinnern, die ihr vertrauter, da gebräuchlicher ist.

Sind alle Homophone in gleichem Grade austauschbar? Nein, und dies sollte beim phonetischen Matchen berücksichtigt werden, um unnötigen Präzisionsverlusten vorzubeugen. Zum einen werden homophone Varianten bevorzugt dann ver-tauscht, wenn sie sich nur geringfügig im Schriftbild unterscheiden. Die Ver-wechslung von *Kreuz* und *Kreutz* ist also wahrscheinlicher als die von *Kreuz* und *Chroyts.* Zum anderen besteht eine Tendenz hin zur Verwendung von geläufigen Namen (oder Namenssilben). Wird ein Herr *Rot* fälschlicherweise mit *h* ge-schrieben, so wahrscheinlich als *Roth* und nicht als *Rhot* oder *Roht,* denn nur *Roth* ist ein geläufiger Name.

6.2   Das Matchen von Homophonen

Das Bestreben, homophone Namensvarianten zu matchen, ist nicht neu. Primitive phonetische Algorithmen wurden bereits erfunden, bevor es überhaupt Computer gab (mehr dazu in Abschnitt 8.3). Vielleicht liegt in dieser langen Tradition der

Grund dafür, dass bis heute phonetische Matchverfahren immer wieder mit linguistischen gleichgesetzt werden. Dies ist aber eine starke Vereinfachung, denn, wie wir u.a. in Kapitel 4 zum Thema Transkription gesehen haben, geht es beim linguistischen Matchen um weit mehr als um das Phänomen der Homophonie.

Ein wesentlicher Unterschied zwischen Transkriptionsvarianten und Homophonen ist der, dass eine Transkriptionsvariante nicht falsch oder richtig ist. Dieselbe Person, die den kyrillischen Namen Ельцин trägt, kann als *Jelzin* und mit *Yeltsin* geschrieben werden, ohne dass ein Fehler vorliegt. Bei Homophonen liegt hingegen ein Fehler vor. Wenn eine konkrete Person, die *Mayer* heißt, mit der Schreibung *Meyer* referenziert wird, so ist das inkorrekt. Werden zwei Personendatenprofile also aufgrund von Homophonie gematcht, ist die Wahrscheinlichkeit, dass die beiden Profile dieselbe Person repräsentieren, im Regelfall geringer, als wenn sie gematcht werden, weil sie Transkriptionsvarianten desselben Namens sind. Homophone lassen sich durch Sorgfaltsmaßnahmen theoretisch vermeiden, wie es z.B. beim Ausstellen eines Passes oder bei der Schreibung von Namen in renommierten Zeitungen auch weitgehend geschieht. Für Transkriptionsvarianten gilt dies nicht, solange es keinen zielsprachenübergreifenden, etablierten Transkriptionsstandard für einzelne Ausgangsalphabete oder Ausgangssprachen gibt. Trotz vielfältiger Bemühungen existiert ein solcher Standard übrigens bisher für kein einziges bedeutendes Ausgangsalphabet. Selbst die relativ erfolgreiche Einführung des Transkriptionsstandards Hanyu Pinyin (s. Abschnitt 4.5) konnte nicht verhindern, dass nach wie vor etliche Romanisierungsvarianten für dasselbe chinesische (Namens-)Zeichen kursieren.

Es gibt einige Tools und Verfahren, die Namen ansatzweise phonetisch matchen können, wobei nur die allerwenigsten dies mit einem globalen Anspruch tun. Würde ein Tool tatsächlich Namen matchen können, die (global betrachtet) Homophone darstellen, würde es übrigens auch einen Großteil von Transkriptionsvarianten matchen können, nämlich jene, die sich ausschließlich aus dem Lautbild erklären.

Welche Anforderungen folgen aus den Befunden und Beispielen dieses Kapitels für das phonetische Matchen?

➢ Die Fähigkeit, Homophone zu matchen, ist wie die Fähigkeit, Transkriptionsvarianten und Vornamensformen zu matchen, eine wichtige Anforderung an ein linguistisches Name Matching Tool. Dies erklärt sich aus dem Umstand, dass, wenn Namen falsch geschrieben werden, dies in der Regel auf eine Weise geschieht, die das Lautbild bewahrt.

➢ Phonetisches Matchen geht im Vergleich zum Matchen von Transkriptionsvarianten mit einer erhöhten Unschärfe einher. Das Hauptanwendungsgebiet sind Namen, welche schon im Original mit lateinischen Buchstaben geschrieben werden, also z.B. alle sogenannten westlichen Namen.

➢ In einigen Weltsprachen, wie z.B. dem Englischen und dem Französischen, kann derselbe Laut durch eine Vielzahl von Zeichen und Zeichen-kombinationen repräsentiert werden. Damit einher geht eine Vielzahl von möglichen homophonen Varianten für denselben Namen. Dies ist ein Grund dafür, dass phonetisches Matchen nicht durch Hilfstabellen mit Namen und ihren Variationen bewerkstelligt werden kann. Stattdessen muss phonetisches Matching durch linguistische Regeln sichergestellt werden, welche die Phonetik der wichtigsten Sprachen abdecken können (s. Abschnitt 10.3). Eine linguistische Analyse des Verhältnisses von Lautbild und Schriftbild in diesen Sprachen ist dafür Voraussetzung.

➢ Das Regelwerk zum sprachspezifischen phonetischen Matchen muss den Kontext, in welchem bestimmte Buchstaben und Buchstabenkombinationen im Namen stehen, unbedingt berücksichtigen (z.B. den Zeichenkontext, in welchem das *p* in *Thompson* steht). Die Regeln müssen zudem den Umstand abbilden, dass demselben Schriftbild zuweilen mehrere Lautbilder zugeordnet sein können (z.B. dem Namen *Dubois* in der englischsprachigen Welt).

➢ Nicht alle homophonen Namensvarianten sind gleich austauschbar. Bei phonetischen Fehlern besteht die Tendenz, das Schriftbild weitgehend zu wahren und geläufige Namen oder Silben zu verwenden. Diese beiden Effekte lassen sich nutze, um die False-Positive-Rate bei Anwendungen, welche phonetisches Matchen erfordern, niedrig zu halten.

7 Tippfehler

7.1 Begriffliche Abgrenzung: Variationen, Schreibfehler, Tippfehler

Wir haben bisher verschiedene Quellen von *Variationen* in der Schreibung und Repräsentation von Namen kennengelernt. Der Begriff der Variation in diesem Sinne ist neutral und bedeutet nicht, dass ein Schreib*fehler* vorliegt. So können die meisten bisher besprochenen Variationsarten nicht als Schreibfehler bezeichnet werden. Dies gilt für Variationen

➢ durch inkonsistentes Ablegen von Namenselementen in Namensdatenfelder (besprochen in Kapitel 3)

➢ durch Anwendung unterschiedlicher Transkriptionsmethoden (Kapitel 4)

➢ durch die uneinheitliche Verwendung von Namen in abgeleiteten oder übersetzten Formen sowie durch die Verwendung von Abkürzungen und Symbolen (Kapitel 5).

Werden Namen nicht korrekt, sondern als homophone Variante geschrieben (Kapitel 6), so liegt ein *Schreibfehler* vor. Es handelt sich dabei um einen sehr verbreiteten Schreibfehler, dessen Ursachen im Linguistischen liegen, nämlich im oftmals mehrdeutigen Zusammenhang von Schriftbild und Lautbild.

Dieses Kapitel handelt von *nicht-linguistisch motivierten Schreibfehlern*. Solche Schreibfehler werden gelegentlich als „zufällig" bezeichnet (engl.: „random typos"). Doch gilt hier das, was auch bei den meisten anderen scheinbaren Zufallsphänomenen feststellbar ist: Das vermeintlich Zufällige basiert lediglich auf Unverständnis. Bei genauerem Hinsehen oder nach einer gründlichen Analyse finden sich Regelmäßigkeiten. Wurde verstanden, wann diese Regelmäßigkeiten auftreten und wie sie sich auswirken, ist es möglich, maßgeschneiderte Matchingverfahren zu entwicklen. Die damit erreichbare Präzision ist weit höher als jene, die sich mit den heute noch verbreiteten, wesentlich einfacheren Algorithmen erzielen lässt, wie sie etwa im Edit-Distance- oder n-gram-Paradigma entworfen wurden (s. Kapitel 8).

Versuchen wir also dem Auftreten *nicht-linguistisch motivierter Schreibfehler* auf die Spur zu kommen, so stellen wir verschiedene mögliche Ursachen fest, z.B. solche, die in der Motorik, im Keyboard oder in der optischen Zeichenerkennung liegen (*OCR: Optical Character Recognition*). In Anlehnung an den allgemeinen Sprachgebrauch verwenden wir im Folgenden für all diese nicht-linguistischen Schreibfehler etwas verkürzend den Begriff *Tippfehler*. Während es sich bei *Jelzin* und

Yeltsin also um Transkriptionsvarianten handelt und bei *Meyer* und *Maier* um Homophone, liegen bei *Jeklzin* oder *Maioer* Tippfehler vor.

Die folgende Tabelle zeigt anhand von Beispielen, wie sich verschiedene Variationsarten nach linguistischen und nicht-linguistischen sowie nach fehlerfreien und fehlerhaltigen Varianten klassifizieren lassen.

Tabelle 7-1:   Unterscheidung der Variationsarten nach linguistischen und nicht-linguistischen sowie nach fehlerfreien und fehlerhaltigen Varianten

	Fehlerfreie Varianten	Fehlerhafte Varianten
Linguistisch	Statt einer typisch englischen Transkriptionsvariante wird eine typisch deutsche verwendet, z.B. *Jelzin* statt *Yeltsin*.	Satt der korrekten Schreibweise wird eine homophone Variante verwendet, z.B. *Meyer* statt *Maier*.
Nicht-linguistisch	Die Rechtsform einer Firma wird im Firmennamen weggelassen, z.B. *Tradex* statt *Tradex GmbH*.	Statt der korrekten Schreibweise wird eine Variante mit Tippfehler verwendet, z.B. *Maioer* statt *Maier*.

7.2   Motorisch bedingte Tippfehler und die Rolle der Computertastatur

Früher, als die schriftliche Kommunikation und Administration noch weit mehr als heute über handschriftliche Erzeugnisse erfolgte, hatten Verschreiber andere statistische Verteilungseigenschaften als die heutigen Tippfehler. Dies kann in einigen Anwendungsfällen von Name Matching relevant sein, dort nämlich, wo Datenbestände mit zeitlich weit zurück reichendem Ursprung durchsucht werden sollen.

Wer den Ursachen heutiger Tippfehler auf den Grund gehen will, beschäftigt sich mit den motorischen Anforderungen, die das Bedienen einer Computertastatur stellt. Daraus lässt sich eine Taxonomie der häufigsten Fehler ableiten:

➢ Mit der Zieltaste wird versehentlich auch die Nachbartaste gedrückt. Beispiel *Schjmidt*. Wir sprechen hier von einer Hinzufügung.

➢ Anstelle der Zieltaste wird versehentlich die Nachbartaste gedrückt. Beispiel: *Scjmidt*. Es handelt sich hier um eine Vertauschung.

➢ Die Zieltaste wird nicht fest genug gedrückt. Beispiel *Scmidt*. Dieses Phänomen wird Auslassung genannt.

➢ Die motorischen Aktivitäten der rechten und linken Hand sind nicht korrekt synchronisiert, so dass zwei Zeichen vertauscht werden. Beispiel: *Shcmidt*. Solche Verdreher werden *Transpositionen* genannt.

Hinzufügungen, Austauschungen, Auslassungen und Transpositionen sind die häufigsten Tippfehler. Je länger ein Name ist, desto höher wird die Auftretenshäufigkeit eines jeden dieser Fehler. Am Namensanfang kommen sie seltener vor als in der Namensmitte oder am Namensende.

Keyboards sind natürlich ein wesentlicher Faktor beim Zustandekommen von Tippfehlern. Eine klemmende oder schlecht entprellte Taste kann Fehler verursachen. Die ausnahmsweise Verwendung z.B. einer US-amerikanischen anstelle einer z.B. deutschen Tastatur (und umgekehrt) führt zu dem bekannten *y-z*-Vertauschungsfehler (*Willz, Tityiano*).

Hinzufügungen und Vertauschungen kommen unter Nachbartasten weit häufiger vor als unter weiter entfernt liegenden Tasten. Unterschiedliche Länder verwenden unterschiedliche Tastatur-Layouts. In ihnen werden daher unterschiedliche Nachbartastenfehler produziert. Eine präzise Lösung für das Matchen von Namensvarianten mit Nachbartastenfehlern muss diesem Umstand Rechnung tragen.

Ein besonderer Fall liegt vor, wenn es sich bei der Nachbartaste nicht um einen Buchstaben, sondern z.B. um eine Ziffer oder um ein Satzzeichen handelt. Zwar lassen sich solche Zeichen etwas leichter am Bildschirm als Fehler erkennen. Bleibt aber trotzdem eine Korrektur aus, sind die Folgen für das Name Matching oft besonders gravierend. Dies liegt daran, dass Matching-Algorithmen auf das Vorliegen von Nicht-Buchstaben-Zeichen oft nicht ausgelegt sind. Einige Tools interpretieren etliche Nicht-Buchstaben-Zeichen auch als Namenswortgrenzen, was das unscharfe Matchen zusätzlich erschwert.

Von Tippfehlern sind auch Namen mit diakritischen Zeichen recht häufig betroffen. Französische Tastaturen erlauben eine einfache Eingabe von im Französischen üblichen Diakritika (z.B. in *é, è, ê, ç*) und deutsche Tastaturen entspreched die im deutschen Sprachraum üblichen (*ä, ü, ö*). Wird eine deutsche Tastatur für die Eingabe französischer Namen mit Diakritika verwendet, entstehen oftmals Variationen – vom Auslassen, über die fehlerhafte Positionierung bis hin zu Verwendung eines ähnlichen aussehenden, aber unterschiedlichen Zeichens.

7.3 Optical Character Recognition (OCR)

Das Einscannen von Dokumenten ist ein alltäglicher Vorgang. Sollen eingescannte Texte auswertbar werden, müssen aus der grafischen Information Einzelzeichen erkannt und in Textformat abgelegt werden. Dies geschieht mittels OCR-Verfahren. Damit ist auch eine wichtige Grundlage für das Name Matching geschaffen, etwa wenn es darum geht herauszufinden, in welchen Dokumenten eine bestimmte Person Erwähnung findet – eine in der polizeilichen Vorgangsverarbeitung typische Fragestellung.

OCR-Verfahren sind nie 100%ig zuverlässig, auch dann nicht, wenn der Originaltext gedruckt vorliegt. Denn Verunreinigungen auf der Papiervorlage oder im

Scanner sowie die Verwendung verschiedener Schrifttypen können dazu führen, dass Zeichen oder Zeichenfolgen falsch interpretiert werden. Die Buchstaben *O* und *B* werden gelegentlich mit den Ziffern *0* und *8* vertauscht. Das kleine *L* ähnelt dem großen *I* und die Folge *ri* sieht in manchen Schriften dem kleinen *N* täuschend ähnlich. OCR-Verfahren benutzen gelegentlich Wörterbücher, um in solchen Zweifelsfällen zu den richtigen Entscheidungen zu kommen. Doch sind solche Wörterbücher mit Allgemeinbegriffen für Personennamen, zumal globalen, natürlich nur von sehr begrenztem Wert. Deshalb sollte bei vielen Name-Matching-Anwendungen besonderes Augenmerk auf OCR-bedingte Fehler gelegt werden.

7.4   Fazit: Tippfehler im Name Matching

➢ Als Tippfehler werden in diesem Buch alle nicht-linguistisch motivierten Schreibfehler in Namen verstanden. Auch wenn sie keine linguistisch erklärbaren Regelhaftigkeiten aufweisen, so sind sie doch zum überwiegenden Teil nicht zufällig.

➢ Zwar sind meistens linguistisch motivierte Schreibvariationen und -fehler bei Namen weit häufiger als Tippfehler, z.B. in Passdokumenten, im Telefonbuch oder in Zeitungsartikeln. Doch gibt es etliche Anwendungsgebiete des Name Matching, in denen Namen auch dann gematcht werden müssen, wenn das Vorhandensein von Tippfehlern nicht ausgeschlossen werden kann. Dies gilt z.B. für die Personensuche innerhalb von Emails oder Chat-Protokollen.

➢ Für das Matchen von Namen mit Tippfehlern bietet der Markt verschiedene preisgünstige Verfahren an. Dies ist darauf zurückzuführen, dass die Entwicklung solcher Verfahren vergleichsweise einfach ist und insbesondere keines linguistischen Spezialwissens bedarf. Eine erhöhte Präzision lässt sich erzielen, wenn Matchverfahren für die unterschiedlichen Arten von Tippfehlern entwickelt werden. Eine Voraussetzung dafür ist die Analyse der Ursachen von Tippfehlern. Die wichtigsten liegen in der menschlichen Finger- und Handmotorik, der Computertastatur und in der optischen Zeichenerkennung (OCR).

Teil II: Name-Matching-Verfahren

In Teil I haben wir uns mit den grundlegenden Eigenschaften von Personennamen vertraut gemacht. Wir haben die verschiedenen Variations- und Fehlerquellen kennengelernt, welche die Ursache dafür sind, dass Personennamen oftmals sehr unterschiedlich repräsentiert werden. Immer wieder haben wir die Gelegenheit genutzt, daraus Anforderungen an Verfahren zum Name Matching abzuleiten.

Damit sind die Grundlagen für den zweiten Teil geschaffen. Ab jetzt geht es um Verfahren, die eingesetzt werden, um Namensvariationen präzise und zuverlässig matchen zu können. Die heute immer noch verbreiteten Ansätze der ersten und zweiten Generation werden in ihrer Grundidee sowie in ihren Möglichkeiten und Grenzen geschildert (Kapitel 8 und 9). Im Zentrum der Darstellung stehen jedoch die Verfahren der dritten Generation (Kapitel 1). In ihnen wurde der Paradigmenwechsel hin zum linguistischen Name Matching vollzogen. Kapitel 11 fasst die Ergebnisse einer Benchmarkstudie zusammen, in welche Verfahren der ersten, zweiten und dritten Generation anhand von öffentlich zugänglichen Daten getestet wurden. Es zeigen sich die erwarteten stark verbesserten Recall- und Präzisionswerte bei Verfahren der dritten Generation gegenüber ihren Vorgängern.

Diese Studie bestätigt damit den auch in der Praxis bereits erkennbaren enormen Zuwachs an Matching-Qualität durch Anwendung des linguistischen Identity Matching. Dies lässt erwarten, dass den Verfahren der dritten Generation die Zukunft gehören wird.

8 Name-Matching-Verfahren der 1. Generation

8.1 Einleitung

Als Name-Matching-Verfahren der ersten Generation (im Folgenden: *G1-Verfahren*) werden einfache Lösungen bezeichnet, die in technischer oder in linguistischer Hinsicht weit hinter den Möglichkeiten und Erfordernissen des Name-Matching-Marktes im 21. Jahrhundert zurückfallen. Zum überwiegenden Teil sind G1-Verfahren nicht speziell für das Name Matching entwickelt worden, und kein einziges nimmt die Herausforderungen des Name Matching im globalen Kontext an.

G1-Verfahren weisen erhebliche, auch dem Laien ins Auge springende Defizite auf; trotzdem sind sie sehr weit verbreitet. Eine scheinbare Paradoxie, aber nicht untypisch für eine im Wandel begriffene Marktsituation. Der hohe Bekanntheitsgrad von G1-Verfahren hat verschiedene Ursachen, z.B. wirtschaftliche: Auf der Anbieterseite sind dies die geringen Entwicklungskosten. Insbesondere bedarf es keines linguistischen oder namenskundlichen Spezialwissens, um Software mit G1-Matching-Algorithmen auf den Markt zu bringen. Auf der Käuferseite sind die breite Verfügbarkeit, sowie die relativ geringen Anschaffungs- und Unterhaltskosten Pluspunkte. Teilweise ist der Kostenvorteil für den Käufer jedoch nur ein scheinbarer, denn die mangelnde Präzision und Zuverlässigkeit von G1-Verfahren erzeugen Risiken und Folgeaufwände. Beides kann teuer werden. Weitere Gründe für den hohen Bekanntheitsgrad werden am Ende dieses Kapitels näher diskutiert.

Zum Zwecke einer übersichtlichen Darstellung, werden wir die G1-Verfahren in drei Klassen unterteilen. Diese Klasseneinteilung eignet sich auch zur Gruppierung der im nächsten Kapitel darzustellenden G2-Verfahren.

➢ *Klasse "String Comparison": Levenshtein Distance* und *n-gram*

➢ *Klasse "Phonetic Encoding": Soundex*

➢ *Klasse "Suche mit Varianten": Thesauri*

Die Verfahren der ersten Klasse, Levenshtein Distance und n-gram, vergleichen zwei Zeichenketten miteinander und können gemeinsame Muster auch dann identifizieren, wenn diese Strings nicht exakt übereinstimmen. Sie werden daher auch als *String-Comparison-Verfahren*, manchmal auch als einfache *Pattern-Matching-Verfahren* bezeichnet. Sowohl Levenshtein- als auch n-gram-Verfahren werden sehr oft im Name Matching eingesetzt werden, ohne speziell dafür entwickelt worden zu sein.

Bei Soundex-basierten Verfahren, einem Verfahren der zweiten Klasse, ist dies anders. Soundex ist so etwas wie das Urgestein des Name Matching. Der zugrunde liegende Algorithmus wurde bereits 1918 patentiert und hat seitdem einige Fortentwicklungen erfahren. Die Grundidee ist dabei jedoch dieselbe geblieben: Erzeugung von vereinfachten Repräsentationen des Namens (sog. *Similarity Keys*) durch eine kleine Anzahl phonetischer Algorithmen. Dieses Vorgehen wird in der Fachliteratur als *Phonetic Encoding* bezeichnet.

Die dritte Klasse beschreibt Verfahren, in welcher die Suchabfrage mit Varianten angereichert werden. In der ersten Generation von Name-Matching-Verfahren werden dazu Thesauri eingesetzt, ähnlich wie es seit langem in der Textverarbeitung und -übersetzung üblich ist. Nur dass der Thesaurus beim Name Matching nicht Synonyme oder Übersetzungen von Begriffen enthält, sondern Schreibvariationen von Namen.

8.2   G1 String Comparison: Levensthein Distance und n-gram

8.2.1   Ähnlichkeit und Editieroperationen

Sehr häufig wird Unschärfe im Name Matching realisiert, indem die tolerierte *Edit Distance* zweier Namen festgelegt wird. *Edit Distance*, gelegentlich auch *Editierdistanz* oder *Editierabstand* genannt, ist als die minimal erforderliche Anzahl von elementaren Editier-Operationen definiert, die nötig ist, um eine Zeichenkette in eine andere zu überführen, also z.B. eine Schreibversion eines Namens in eine andere.

Elementare Editier-Operationen in diesem Sinne sind eine der drei folgenden Operationen:

> ➢   Das Hinzufügen eines Zeichens, z.B. *Yeltsin* ⇨ *Yexltsin*

> ➢   Das Auslassen eines Zeichens, z.B. *Yeltsin* ⇨ *Yeltsn*

> ➢   Das Vertauschen eines Zeichens mit einem anderen, z.B. *Yeltsin* ⇨ *Yqltsin*

Dies ist die Definition, wie sie der russische Mathematiker *Vladimir Levenshtein* (in deutscher Transkription: *Wladimir Lewenstein*) aufgestellt hat. Edit Distance nach dieser Definition wird daher auch als *Levenshtein Distance* bezeichnet. Bei vielen Datenbankprodukten gehört die Levenshtein Distance zum Standardlieferumfang. Dadurch hat sie eine derart hohe Verbreitung erreicht, dass Levenshtein Distance manchmal als Synonym für Edit Distance gebraucht wird. Dies ist eine Verkürzung, denn es gibt noch andere Edit-Distance-Maße.

Algorithmen zur Bestimmung der Levenshtein Distance sind recht einfach und können als lauffähiger Programmcode kostenlos im Internet bezogen werden. Das Konzept hinter der Levenshtein Distance ist leicht zu verstehen und – damit verbunden – auch sehr einfach zu implementieren.

In der konkreten Anwendung stellt sich die Frage, wie groß die Levenshtein Distance zwischen zwei Zeichenketten oder Strings sein darf, um von einem Match sprechen zu können. Bei einer Levenshtein Distance von 1 würde man z.B. mit der Abfrage *Yexltsin* den Datenbankeintrag *Yeltsin* finden, da eine einzige Editier-operation die erste (fehlerhafte) Schreibung in die zweite (korrekte) überführen würde. Um aber auch noch mit der Abfrage *Yexltsir* das Profil von *Yeltsin* zu finden, bedarf es bereits einer erhöhten Unschärfe. Die Levenshtein Distance beträgt hier 2. Es ist unmittelbar einsehbar, dass je höher die noch tolerierte Levenshtein Distance ist, die Zahl der True und False Positives steigt. Oder anders ausgedrückt: Den besseren Recall, den man mit einer Erhöhung der tolerierten Levenshtein Distance erzielt, bezahlt man mit einer verminderten Präzision.

In der Praxis des Name Matching wird gelegentlich die tolerierte Unschärfe mit der Länge des Namens gekoppelt, z.B. nach folgender Vorschrift:

Tabelle 8-1:   Mögliche Kopplung der tolerierten Levensthein Distance mit der Länge der Zeichenkette

Anzahl der Zeichen	Tolerierte Levenshtein Distance
1-4	0
5-8	1
9-12	2
>12	3

Mit einer solchen Kopplung von Namenslänge und Abweichungstoleranz wird dem Phänomen Rechnung getragen, dass mit zunehmender Buchstabenzahl die relative Bedeutung einer Abweichung im Schriftbild abnimmt. So werden z.B. *Lee* und *Lex* fast immer als unterschiedliche Namen angesehen, die nicht matchen sollten, nicht so aber *Leederheimer* und *Lexderheimer*, obwohl die Abweichung in beiden Fällen dieselbe ist: ein *e* wurde mit einem *x* vertauscht.

Diese unterschiedliche Bewertung von Abweichungen in Abhängigkeit von der Namenslänge hat verschiedene Gründe. So ist bei kurzen Namen die Wahrscheinlichkeit eines Tippfehlers geringer als bei langen Namen Es gibt schlicht weniger Gelegenheiten, sich zu verschreiben. Auch haben lange Namen, die nur minimal divergieren, einen höheren Anteil übereinstimmender Information, als kurze Namen und zwar sowohl absolut als auch relativ. Bei *Lee* und *Lex* stimmen nur 2 Zeichen (oder ca. 67%) überein. Bei *Leederheimer* und *Lexderheimer* sind dies 11 Zeichen (entspricht ca. 92%).

8.2.2   Brauchbarkeit der Levenshtein Distance im Name Matching

Die Levenshtein Distance verhält sich vollkommen agnostisch gegenüber den Beziehungen der abweichenden Zeichen untereinander. Diese Beziehungen können z.B. linguistischer Natur sein. Linguistisch betrachtet bedeutet ein Vertauschen von *w* und *v* oder von *j* und *y* etwas anderes als eine Vertauschung von sich linguistisch fernstehenden Zeichen wie *q* und *e*. Mit der Levenshtein Distance werden all diese Abweichungen gleich behandelt. Auch die Position einer Abweichung innerhalb des Namens wird nicht systematisch berücksichtigt. Die Wahrscheinlichkeit, dass *Eric* und *Erick* dieselbe Person meinen, ist viel größer, als dass *Eric* und *Keric* dieselbe Person referenzieren. Da in beiden Fällen aber genau eine Editieroperation den einen Namen in den jeweils anderen überführt (im Beispiel besteht die Operation in dem Hinzufügen des Buchstabens *K*), ist die Levenstein Distance dieselbe.

Auch positionale Beziehungen in Hinblick auf das Tastaturlayout werden ignoriert. Eine Vertauschung zwischen den Nachbartasten *n* und *m* wird genauso behandelt wie eine zwischen entfernt liegenden Tasten (z.B. *n* und *a*).

Die Levenshtein Distance ist somit als Verfahren zur unscharfen Suche überall dort angebracht, wo Schreibvariationen im Namen ausschließlich durch vollkommen zufällige Tippfehler zustande kommen und zwar im Sinne von unvorhersehbaren Hinzufügungen, Auslassungen oder Vertauschungen einzelner Zeichen. Dies ist sehr selten der Fall:

➢   Schreibvariationen von Namen sind vielfach motiviert, wie wir in Teil I gesehen haben. Tippfehler decken nur einen Teil der Ursachen ab, in vielen Identity-Matching-Anwendungsfällen (z.B. Compliance-Prüfungen bei Banken) einen eher kleinen.

➢   Sofern Schreibvariationen durch Tippfehler zustande kommen, sind diese normalerweise nicht zufällig, sondern folgen bestimmten Gesetzmäßigkeiten, die sich vor allem aus den motorischen Anforderungen beim Tippen sowie aus den Merkmalen der Computertastatur erklären (z.B. Anordnung der Tasten). Diese Faktoren wurden in Kapitel 7 erläutert. Es gibt übrigens ein Edit-Distance-Maß, welches die Anordnung der Buchstaben auf einer Tastatur berücksichtigt. Es wird als *Schreibmaschinendistanz* bezeichnet (engl.: *Typewriter Distance*) und in Kapitel 9 besprochen.

➢   Sehr häufige Tippfehler sind Dreher oder Transpositionen (*Yeltsin* ⇨ *Yetlsin*). Eigentlich sollte daher eine Transposition ähnlich behandelt werden wie die Hinzufügung, Auslassung oder Vertauschung eines einzelnen Zeichens. Das Problem besteht aber darin, dass die Edit Distance nach Levenshtein bei einer einfachen Transposition bereits 2 beträgt, bei einer zweifachen bereits 4 (sofern die beiden Dreher nicht an derselben Stelle auftreten). Für die Festlegung der Unschärfe über die Levenshtein Distance stellt dies ein Dilemma dar: Richtet man sich bei der Bestimmung der gerade noch tolerierten Levenshtein Distance an Transpositionen aus, wird man übergebühr tolerant gegenüber Hinzufügungen, Auslassungen oder Vertauschungen und produziert auf Kosten der Präzision False Positives. Orientiert man sich bei der Einstellung der Unschärfe an den drei letztgenannten Editier-Operationen, entgehen einem Namensvariationen, die durch Transpositionen von Zeichen entstanden sind. Dies stellt ein False-Negative-Risiko dar und verringert also den Recall.

Einen Ausweg bietet hier die Erweiterung der als elementare Editier-Operationen definierten Veränderungen um Transpositionen, wie es die *Edit Distance nach Damerau* tut (s. Kapitel 9).

Im Identity Matching sind also die Bedingungen für eine sinnvolle Verwendung der Levenshtein Distance als Unschärfemaß typischerweise nicht gegeben. Ihre reduzierte Brauchbarkeit beim Matching von Transkriptionsvarianten lässt sich leicht am *Yeltsin*-Beispiel demonstrieren.

Tabelle 8-2:   Mögliche Levensthein-Distance der gebräuchlichen deutschen, englischen und französischen Transkriptionsvarianten des kyrillischen Namens Ельцин

Deutsch	Englisch	Französisch	Levensthein Distance
Jelzin	*Yeltsin*		3
Jelzin		*Eltsine*	4
	Yeltsin	*Eltsine*	2

Wir sehen, dass alleine das Matchen des keineswegs langen kyrillischen Namens Ельцин über die drei Zielsprachen Deutsch, Englisch und Französisch hinweg, eine Levenshtein Distance von 4 erforderte. Und dies ohne Berücksichtigung von Tippfehlern, phonetisch motivierten Schreibfehlern oder weniger üblichen Transkriptionsvarianten. Ist eine solche Toleranz brauchbar? Dies kann klar verneint werden, denn bei einer Levenshtein Distance von 4 würden auch Namenspaare miteinander gematcht werden, die eindeutig als Mismatches angesehen werden müssten. Mit einer solchen Unschärfe-Toleranz würden z.B. die folgenden Matches zustanden kommen: *Dell* mit *Jelzin*, *Meli* mit *Yeltsin* oder *Coutine* mit *Eltsine*.

8.2.3   Vergleich von Substrings mit n-gram-Verfahren

n-gram-Verfahren, gelegentlich auch als *q-gram-Verfahren* bezeichnet, basieren auf der Grundoperation der Zerlegung von Zeichenketten (*Strings*) in kleinere Zeichenfolgen (*Substrings*). Diese Substrings haben eine vordefinierte Länge; häufig wird diese bei der Implementierung eines n-gram-Verfahrens auf drei

Zeichen festgesetzt. Man spricht dann von einem 3-gram-Verfahren und nennt die generierten Substrings *Trigramme*. Der Name *Thompson* beispielsweise lässt sich in die sechs Trigramme *tho, hom, omp, mps, pso* und *son* zerlegen. Nicht selten werden aber auch *Bigramme* (bestehend aus zwei Zeichen) oder *Tetragramme* (bestehend aus vier Zeichen) erzeugt.

Ein häufiger Anwendungsfall von n-gram-Verfahren ist die Spracherkennung von längeren Texten, denn jede Sprache weist eine typische statistische Verteilung von n-Grammen auf. Werden n-gram-Verfahren zum Name Matching angewandt, ist die Zielsetzung eine andere: Hier wird die Übereinstimmung der n-Gramme von zwei Schreibungen von Namen zu dem Zwecke bestimmt, ein Ähnlichkeitsmaß zu gewinnen. Liegt es oberhalb einer bestimmten Schwelle, werden die Namen als Matches gewertet.

Nehmen wir als Beispiele die beiden homophonen Namen *Thomson* und *Thompson*:

Tabelle 8-3:   Trigramme der Namen Thomson und Thompson. Von den insgesamt 8 Trigrammen sind 3 in beiden Namen enthalten

	Trigramme						
Thomson	*tho*	*hom*	*oms*	*mso*		*son*
Thompson			*omp*	*mps*	*pso*	

Von den insgesamt acht unterschiedlichen Trigrammen kommen drei in beiden Namen vor – eine relativ hohe Übereinstimmung. Die Anzahl übereinstimmender Bigramme (*th-ho-om...*) ist naturgemäß höher, die übereinstimmender Tetragramme niedriger. In diesem Beispiel ist nur ein einziges Tetragramm beiden Namen gemein (*thom*). Wird der im Englischen identisch ausgesprochene Name *Tomsen* in Trigramme zerlegt, erhalten wir ganz andere Werte: Nur ein Trigramm von *Tomsen* weist eine Übereinstimmung mit *Thomson* auf (nämlich *oms*), und kein einziges Trigramm teilt *Tomsen* mit *Thompson*.

8.2.4   Brauchbarkeit von n-gram-Verfahren im Name Matching

n-gram-Verfahren der ersten Generation haben in Bezug auf das Name Matching sehr ähnliche Eigenschaften wie Edit-Distance-Verfahren. Wie diese unterscheiden sie nicht zwischen linguistisch und nicht-linguistisch motivierten Abweichungen. Von daher verwundert es auch nicht, dass n-gram-Verfahren im *Jelzin*-Beispiel genauso versagen, wie es die Levenshtein Distance tut: *Yeltsin* und *Jelzin* haben kein einziges identisches Trigramm und würden daher nicht matchen. Würden Bigramme zugrunde gelegt, wäre die Übereinstimmung immer noch sehr gering: Nur *el* und *in* wären gemeinsam.

Ein Unterschied zwischen Edit-Distance- und n-gram-Verfahren besteht darin, dass die Position der Abweichung bei n-gram-Verfahren relevant ist, bei Edit-Distance-Verfahren aber meistens nicht[4]. Randständige Abweichungen haben einen kleineren Effekt als zentrale. Die Levenshtein Distance zwischen *Thomson* und *Thompson* (Fall 1) einerseits und zwischen *Thomson* und *Thomsons* (Fall 2) ist identisch, nämlich 1. Die Anzahl übereinstimmender Trigramme ist allerdings in den beiden Fällen unterschiedlich. Sie beträgt 3 bei der zentral positionierten Abweichung (Fall 1: *tho, hom, son*) und 5 bei der peripher positionierten (Fall 2: *tho, hom, oms, mso, son*). Solche Positionierungseffekte sind im Name Matching eher unerwünscht. Wenn überhaupt die Positionierung einer Abweichung Berücksichtigung finden sollte, dann eher in der Form, dass Abweichungen am Namensanfang ein höheres Gewicht bekommen, als Abweichungen in der Namensmitte (s. auch die Erweiterungen von *Jaro* und *Winkler* in Abschnitt 9.2.1).

Ein näheres Eingehen auf n-gram-Methoden ist an dieser Stelle nicht erforderlich. Für das Name Matching sind sie in unmodifizierter Form offensichtlich ungeeignet, ungeeigneter noch als die Levenshtein Distance. Allenfalls können n-gram-Verfahren Fälle von vollkommen zufälligen Tippfehlern abdecken.

8.3 G1 Phonetic Encoding mit Soundex

8.3.1 Phonetische Similarity Keys

Soundex ist ein phonetischer Algorithmus, der 1918 von Robert Russell patentiert wurde und seit den 1960er Jahren als Name-Matching-Verfahren eingesetzt wird. Er genießt eine gewisse Popularität bei Anwendern, doch weisen Fachleute immer wieder auf eklatante Schwächen hin.

Die Grundidee: Namen sollen nicht direkt verglichen werden, sondern simplifizierte Repräsentationen von Namen, welche geringfügige Unterschiede im Lautbild nivellieren. Soundex sieht dabei das angelsächsische Verhältnis von Schrift- und Lautbild als maßgebend an. Die simplifizierten Repräsentationen werden *Similarity Keys* genannt, gelegentlich auch *Matchcodes*. Ist der Similarity Key zweier Strings identisch, so gelten diese als Matches.

Die Soundex-Simplifizierungsregeln sind die folgenden:

1. Der erste Buchstabe bleibt unverändert.

---

[4] Es gibt Ausnahmen. Normalerweise führt die Einfügung eines Zeichens und die Auslassung eines anderen zu einer Levensthein Distance von 2, z.B. in *Johnson* ⇨ *Jxohnso*. Erfolgt die Einfügung und die Auslassung jedoch an derselben Stelle, z.B. am Namensende (*Johnson* ⇨ *Johnsox*), kann eine einzige Vertauschungsoperation den einen Namen in den anderen überführen. Die Edit Distance beträgt aufgrund der Position der Abweichung dann nicht mehr 2 sondern 1.

2. Alle weiteren Buchstaben werden nach folgender Vorschrift in Ziffern
    überführt:

Tabelle 8-4:   Die Regeln zur Transformation von Konsonanten in Ziffern nach
                      dem Soundex-Verfahren

Buchstabe	Ziffer
b f p v	1
c g j k q s x z	2
d t	3
l	4
m n	5
r	6

Vokale (*a, e, i, o u*) sowie die im Englischen gelegentlich vokalisch ge-
brauchte Buchstaben *w* und *y* werden nicht berücksichtigt. Dasselbe gilt
für das *h*.

3. Stehen nach Anwendung dieser Vorschrift mehrere gleiche Ziffern neben-
    einander, wird nur eine beibehalten.

4. Der Similarity Key besteht aus dem ersten Buchstaben und den drei
    folgenden Ziffern, ggf. ergänzt um Nullen (falls weniger als drei Ziffern
    verbleiben).

Wenden wir diese Regeln auf den Namen *Kennedy* an: Die Konsonanten werden
mit Ausnahme des Anfangsbuchstabens in Ziffern überführt und die Vokale weggelassen. Wir erhalten als Zwischenergebnis *K553*. Stehen gleiche Ziffern nebeneinander, wird nur eine beibehalten, so dass wir *K53* erhalten. Es wird eine Null
angehängt, um auf drei Ziffern zu kommen. Als Soundex-Wert für *Kennedy* erhalten wir also *K530*.

Mit dem Soundex-Verfahren würden wir *Kennedy* z.B. mit *Kenedy, Kanadie, Kant,
Knuth* und *Komet* matchen, da alle diese Namen den identischen Similarity Key
K530 zugewiesen bekommen. Dies weist auf die sehr schlechte Präzision von
Soundex hin. Gleichzeitig würde *Kennedy* aber nicht mit den linguistisch und
orthographisch nah stehenden *Cennedy, Kennedj* oder *Kennedyn* matchen, da
Soundex für diese jeweils andere Similarity Keys ermittelt (*C530, K532* und *K535*).
Dies weist auf eine schlechte Trefferquote hin, welche sich allerdings bei west-
lichen Namen (wie *Kennedy*) weniger gravierend auswirkt als bei Namen nicht-
westlicher Herkunft.

8.3.2 Brauchbarkeit von Soundex im Name Matching

Soundex ist für das Matching globaler Namen aus verschiedenen Gründen kaum geeignet. Schon die Grundidee wird der Aufgabenstellung nicht gerecht: Name Matching dreht sich nicht nur um Phonetik und schon gar nicht nur um angelsächsische (welche den Simplifizierungsvorschriften zugrunde liegt). Mit Soundex würden z.B. die im Deutschen, Englischen und Französischen häufigsten Transkriptionsvarianten von Ельцин nicht matchen (*Jelzin: J425, Yeltsin: Y432, Eltsine: E432*). Die unterschiedlichen Similarity Keys erklären sich letztlich daraus, dass im Englischen, das für Soundex maßgebend ist, die drei Transkriptionsvarianten unterschiedlich ausgesprochen würden. Dieser Sachverhalt darf aber für das Matchen von Transkriptionsvarianten über verschiedene Zielsprachen hinweg keine Rolle spielen. Allein schon die erste Regel, nach welcher der Anfangsbuchstabe identisch sein muss, ist zu restriktiv.

Selbst die englische Phonetik wird durch die Soundex-Regeln nicht zuverlässig abgebildet. *Thomson* (*T525*) würde trotz phonetischer Äquivalenz nicht mit *Thompson* (*T512*) matchen und *Leigh* (*L200*) nicht mit *Lee* (*L000*). Dies hat seinen Grund darin, dass der phonetisch relevante Kontext eines Zeichen, also vor- und nachständige Zeichen, in der Soundex-Übersetzungstabelle überhaupt keine Berücksichtigung findet.

Neben vieler False Negatives produziert Soundex auch eine Menge irrelevanter Treffer. Eine Ursache dafür, dass z.B. *Kennedy, Kant, Knuth* und *Komet* matchen, ist der Umstand, dass Vokale, sofern sie nicht an initialer Position stehen, vollkommen ignoriert werden. Etliche häufige arabische Namen unterscheiden sich in der Transkription nur in den Vokalen, z.B. *Mohamed* und *Mahmud* (beide *M530*) oder *Hassan* und *Hussein* (beide *H250*). Noch gravierender als bei arabischen Namen wirkt sich das Ignorieren von Vokalen auf chinesische Namen aus: *za, zai, zao, ze, zei, zi, zou, zu, zui* und *zuo* sind allesamt unterschiedliche Namen in Hanyu-Pinyin, die mit den Soundex-Regeln denselben Similarity Key (*Z000*) erhalten. Eine andere Quelle mangelnder Präzision ist die Beschränkung des Keys auf 4 Zeichen. Zwar matcht *Schwarz* (*S262*) trotz phonetischer Äquivalenz nicht mit *Schwartz* (*S263*), dafür aber mit allen Namen, die mit der Zeichenfolge *Schwarz* beginnen, also z.B. mit *Schwarzenegger, Schwarzkopf, Schwarzenau* oder *Schwarzenbach*.

Darüber hinaus bietet Soundex keine Lösung für namenskundliche Spezialfälle an, wie z.B. für die Verwendung von Verniedlichungsformen (*Bill* und *William*), Abkürzungen (*limited* und *ltd*) oder für Namen mit Wortgrenzenambiguität (*Hans Peter* und *Hanspeter*).

8.4   G1-Suche mit Varianten: Thesauri

8.4.1   Ein Katalog von Namensvariationen

Zuweilen werden im Name Matching Thesauri eingesetzt, die Variationen von Namen enthalten. Dabei können verschiedene Klassen von Beziehungen zwischen den Einträgen enthalten sein, z.B.

> ➤ Transkriptionsvariationen: *Yeltsin, Jelzin, Eltsine*

> ➤ Homophone: *Thomson, Thompson, Tomsen*

> ➤ Verniedlichungsformen: *Bill, Billie, Billy, Will, Willy, Willie* für *William*

> ➤ Gebräuchliche Abkürzungen: *Ltd* für *Limited*

> ➤ Übersetzungen: *Gesellschaft, Society, Société, Sociedad*

Auf dem Markt werden nur sehr wenige Thesauri angeboten, welche auf Personennamen spezialisiert sind und einen Umfang aufweisen, der den Recall einer Name-Matching-Lösung merklich verbessern kann. Dies ist angesichts der Voraussetzungen, die der Aufbau eines derartigen namenskundlichen Thesaurus erfordert, nicht weiter verwunderlich. Zum Aufbau erforderlich sind nicht nur Spezialkenntnisse von Sprachen, Schriften und Namen im globalen Rahmen. Notwendig sind zudem sehr umfangreiche Textkorpora, aus denen mittels computerlinguistischen Methoden Namen und ihre Variationen extrahiert werden können.

In der Praxis stellen sich viele als Thesauri beworbene Datenkomponenten als relativ einfache Hilfstabellen heraus, welche manuell gepflegt werden und lediglich Variationen der bekanntesten Namen enthalten. Sie funktionieren nur dann gut, wenn nach bekannten Namen gesucht wird.

Um Thesauri in den Matchprozess zu integrieren, bieten sich verschiedene Möglichkeiten an. Ein gängiges Vorgehen im Rahmen der Personensuche ist die Expansion der Suchabfrage um Namensvarianten, welche durch ein sogenanntes Lookup (Nachschlagen) vom Thesaurus bezogen wurden. Vereinfacht stellt sich die Abfrageexpansion so dar:

William		(*William* OR *Bill* OR *Billie* OR *Billy* OR *Will* OR *Willy* OR *Willie*)
AND	⇨	AND
Thompson		(*Thompson* OR *Thomson* OR *Tomsen*)

expandiert. Die so angereicherte Abfrage wird an die Datenbank geschickt und findet Einträge, unabhängig davon, welche *William-* und welche *Thompson-* Variante im Datenprofil steht.

8.4.2   Brauchbarkeit von Thesauri im Name Matching

Thesauri, welche durch die Sammlung von Namensvariationen aufgebaut werden, sind transparent, einfach zu implementieren und aus einer technischen Sicht leicht zu pflegen. Sie erhöhen den Recall ohne – richtig eingesetzt – die Präzision wesentlich zu verringern. Richtig eingesetzt bedeutet in diesem Zusammenhang, dass die im Thesaurus erfassten Beziehungen nur auf relevante Namenselemente bezogen werden, also z.B. Verniedlichungsformen auf den Vornamen, nicht aber auf den Familiennamen. Mit einer solchen differenziellen Einbindung von Thesauri kann z.B. erreicht werden, dass Herr und Frau *Richard* nicht mit Herr und Frau *Dick* gematcht werden, während gleichzeitig *Dick Miller* und *Richard Miller* als Matches erkannt werden.

Trotz dieser Möglichkeiten haben Thesauri einige gravierende Nachteile, die ihre Brauchbarkeit im Name Matching wesentlich einschränken:

➢ Alle Namens-Thesauri weisen erhebliche Lücken bei Familiennamen auf, und es ist nicht absehbar, wie diese Lücke geschlossen werden könnte. Nur bei häufigen oder exponierten Familiennamen (z.B. Namen berühmter Persönlichkeiten) besteht Aussicht, diese Lücken zu schließen, denn hier liegen die Namen (und ggf. auch Variationen derselben) in großer Zahl elektronisch vor.

➢ Nicht nur die Lücken bei den erfassten Namen, sondern auch die Lücken bei den Variationen für die einzelnen Namen geben zu denken. Alle gängigen Transkriptionsvarianten dieser Namen zu pflegen, würde bereits einen enormen Aufwand bedeuten, denn die Zahl der Transkriptionsvarianten eines einzigen Namenselements kann schnell in die Dutzende, in Extremfällen sogar in die Tausende gehen (s. Kapitel 4 und Abschnitt 9.4). Die Anzahl aller denkbaren Homophone eines Namens wäre noch weit größer.

➢ Auch die komplette Aufnahme von Tippfehlervarianten ist ein Ding der Unmöglichkeit. Zu einem Namen mit acht Buchstaben existieren bereits 442 Variationen, die sich alle nur um eine Levenshtein Distance von 1 unterscheiden, selbst dann, wenn man sich auf die 26 Zeichen des Alphabets (ohne Diakritika) beschränkt. Bei einer Levenshtein Distance von 2 steigt die Anzahl von Variationen eines achtbuchstabigen Namens bereits auf weit über 100'000.

Aus diesen Überlegungen ergibt sich das Fazit, dass Thesauri von Namensvariationen als Bestandteil einer Name-Matching-Lösung in Betracht gezogen werden sollten. Mit namenskundlichen Thesauri können Phänomene abgebildet werden, die kein anderes Verfahren zufriedenstellend adressiert. Dazu mehr in Kapitel 1. Als *exklusives* Mittel zur Realisierung eines unscharfen Matchens von Personennamen taugen sie jedoch nicht, da selbst sehr umfangreiche Thesauri immer nur einen Bruchteil relevanter Variationen abdecken können.

8.5   Brauchbarkeit der G1-Verfahren im Überblick

Keines der in diesem Kapitel vorgestellten Name-Matching-Verfahren der ersten Generation wurde mit dem Anspruch entwickelt, alle wesentlichen Quellen der Schreibvariationen von globalen Namen auf zufriedenstellende Weise abzudecken. Trotzdem werden die genannten Verfahren aller drei Klassen oftmals genau dafür eingesetzt.

Vor einer Diskussion der Gründe wollen wir uns einen Überblick darüber verschaffen, welche Konsequenzen dieser "missbräuchliche" Einsatz der G1-Verfahren eigentlich hat. Zu diesem Zwecke sollen Verfahren aller drei Klasssen einer Bewertung unterzogen werden, und zwar separat für jede Variationsklasse. Wir bedienen uns dabei jener Klassifizierung von Variationen in Namensdaten, die der Struktur von Teil I zugrunde gelegt wurde:

1. Variationen durch unterschiedlicher Transkriptionsstandards (z.B. *Jelzin, Yeltsin, Eltsine*, s. Kapitel 4)

2. Variationen durch die Verwendung unterschiedlicher Namensformen (z.B. *Joseph, Joe, José, Guiseppe*, s. Kapitel 5)

3. Variationen durch Homophonie (z.B. *Meier, Majer, Mayr*, s. Kapitel 6)

4. Variationen durch nicht-linguistisch motivierte Tippfehler (z.B. *Clinton, Clitnon, Clibton*, s. Kapitel 7)

Die G1-Verfahren werden danach eingestuft, wie sie in Hinblick auf die Trefferquote (Recall) und auf die Genauigkeit (Precision) abschneiden. Hohe Geeignetheit auf der Recall-Skala bedeutet, dass das betreffende Verfahren sich in der Praxis so einsetzen lässt, dass es Variationen der betreffenden Klasse zuverlässig matcht. Hohe Geeignetheit auf der Precision-Skala bedeutet, dass es keine oder wenig irrelevanten Treffer produziert. Die Einstufungen erfolgen auf Basis der oben aufgeführten Überlegungen. Eine empirische Überprüfung erfolgt in Kapitel 11.

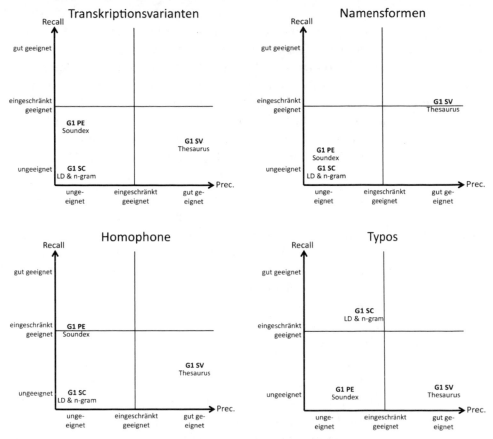

Abbildung 8-1: Brauchbarkeit der Name-Matching-Methoden der ersten Generation (G1), bezogen auf die vier wichtigsten Variationsquellen in der Schreibung von Namen. SC: String Comparison; PE: Phonetic Encoding; SV: Suche mit Varianten; LD: Levenshtein Distance; Prec.: Precision

Levenshtein Distance und n-gram-Verfahren sind bei unterschiedlichen Transkriptionsstandards, bei unterschiedlichen Namensformen und bei phonetischer Gleichwertigkeit unbrauchbar, da die zu matchenden Varianten sich oftmals an mehreren Stellen bzw. in mehreren Zeichen unterscheiden. Die beiden Verfahren schneiden nur bei Tippfehlern einigermaßen gut ab. Hier kann der Recall als zufriedenstellend bezeichnet werden, die Präzision als eingeschränkt brauchbar. Beide Verfahren berücksichtigen z.B. nicht, dass Tippfehler sich fast immer auf benachbarte Tasten erstrecken.

Soundex ist beschränkt in der Lage, Transkriptionsvarianten zu matchen, nämlich zumeist dann, wenn es sich um Varianten handelt, die im Englischen phonetisch gleichwertig sind. Das Analoge gilt in Bezug auf das Matchen von Homophonen. Homophone können phonetische Algorithmen wie Soundex etwas besser matchen als Transkriptionsvarianten, da bei Transkriptionsvarianten als zusätzliche Variationsquelle Eigenheiten des Schriftbildes der Quellsprache hinzukommen. Diese werden von phonetischen Algorithmen wie Soundex in keiner Weise abgedeckt. Der Recall von Soundex für Transkriptionsvarianten und Homophone ist nicht nur wegen der Beschränkung auf die englische Phonetik unzureichend, sondern auch deshalb, weil der Kontext, in dem ein Buchstabe steht, trotz seiner phonetischen Relevanz keine Berücksichtigung findet. Die Präzision von Soundex ist wegen der Einfachheit des Regelsets schlecht. Bei den meisten Namensformvariationen und bei Tippfehlern, sofern diese die phonetische Qualität eines Namens verändern, versagt Soundex vollständig. Dies ist sehr häufig der Fall.

Thesauri zeichnen sich durchweg durch gute Präzisionswerte aus, da sie – isoliert angewendet – nur Variationen berücksichtigen, welche explizit erfasst wurden. In dieser Bewertung wurde vorausgesetzt, dass die Erweiterung der Suchabfrage den Namenstyp berücksichtigt. So würde also die Beziehung von Grundform zu Verniedlichungsform nicht auf Familiennamen angewendet werden. Die Anzahl unterschiedlicher Formen häufiger Vornamen ist überschaubar. Aus diesem Grunde kann der Recall von den am besten recherchierten Thesauri der ersten Generation beim Matchen von (Vor)-Namensformen immerhin als eingeschränkt brauchbar eingestuft werden.

Jedoch wird kaum ein namenskundlicher Thesaurus Transkriptionsvariationen und Homophone aller enthaltener Namen abdecken. Daher ist hier der Recall kaum zufriedenstellend. Bei weniger bekannten Namen, von denen also (noch) keine Variationen erfasst wurden, ist der Recall naturgemäß vollkommen ungenügend. Entsprechendes gilt auch für Tippfehler.

Dieser ernüchternde Überblick impliziert nicht nur, dass davon abgeraten werden muss, irgendeines dieser G1-Verfahren isoliert für das Name Matching einzusetzen. Er deutet auch darauf hin, dass keine Kombination dieser Verfahren eine in qualitativer Hinsicht befriedigende Lösung für die Herausforderungen des Name Matching erwarten lassen kann. Selbst wenn man alle Verfahren intelligent in eine Gesamt-Matching-Lösung integrieren würde, wäre der Recall beim Matchen von Transkriptionsvarianten und beim phonetischen Matchen unzureichend. Die schlechte Präzision einer solchen integrierten Lösung würde die Brauchbarkeit weiter reduzieren. Es mag auf den ersten Blick erstaunen, dass Verfahren, die solche eklatanten Schwächen aufweisen, in dem wichtigen Bereich das Name Matching so verbreitet eingesetzt werden. Doch lassen sich dafür Erklärungen finden. Diese werden im folgenden Abschnitt diskutiert.

8.6 Warum G1-Verfahren heute noch verbreitet sind

8.6.1 Name Matching als Mitgift

Trotz ihrer erheblichen Qualitätsmängel haben Name-Matching-Verfahren der ersten Generation in den letzten Jahrzehnten eine erstaunlich hohe Marktdurchdringung erreicht. Mehr noch: Man findet sie selbst im hochsensiblen Compliance-Bereich von Banken erstaunlich oft eingesetzt. Dabei ist es mit ihnen unmöglich, die gesetzlichen und regulatorischen Anforderungen zur Bekämpfung von Geldwäsche, zur Bekämpfung der Terrorfinanzierung oder zur Einhaltung von Sanktionen wirksam umzusetzen.

Die hohe Marktdurchdringung liegt sicherlich nicht zuletzt darin begründet, dass die Software-Lösungen, in welche G1-Verfahren implementiert wurden, in technischer Hinsicht oft ausgereift sind. Sie lassen sich leicht in jede herkömmliche IT-Infrastruktur integrieren und erfüllen die gängigen Mindestanforderungen an nicht-funktionale Kriterien wie Stabilität und Performanz. Sofern der Fokus nicht auf funktionalen Aspekten liegt, also insbesondere auf der Fähigkeit, zuverlässig und präzise Namensvariationen zu matchen, spricht vieles für den Einsatz von G1-Verfahren. Sie sind relativ bekannt, relativ akzeptiert, in ihrer Implementierung technisch ausgereift und billig.

Der Verbreitung von G1-Verfahren förderlich ist der Umstand, dass Name-Matching-Funktionalität üblicherweise nicht als ein eigenständiges Tool angeboten wird, sondern als Teil einer Gesamtlösung. Gesamtlösungen, die mit einer eingebauten Name-Matching-Funktionalität ausgeliefert werden, sind z.B.

➢ Compliance-Lösungen für Banken zur Bekämpfung der Geldwäsche, der Terrorfinanzierung, des Missbrauchs und zur Einhaltung von Sanktions- und Embargobestimmungen

➢ CRM-Lösungen für die Optimierung kundenorientierter Prozesse

➢ Datenbanksysteme für das effektive Management und die effiziente Nutzung strukturierter, personenbezogener Informationen

➢ Enterprise Search Platforms für die unternehmensweite Integration von Suchprozessen.

Bei der Kaufentscheidung für solche Gesamtlösungen spielt die Fähigkeit, Namen zuverlässig zu matchen, oftmals eine untergeordnete Rolle. Im Vordergrund steht die benutzerfreundliche End-to-End-Unterstützung des Gesamtprozesses; Name Matching ist nur die Mitgift.

In der Software-Industrie ist es durchaus üblich, dass Anbieter nur in jenen Funktionsbereichen nennenswert investieren, denen ein unmittelbarer Einfluss auf die Kaufentscheidung zuerkannt wird. Normalerweise finden sich aber in jedem

Marktsegment immer wieder eine Handvoll gut positionierter Unternehmen, welche die Branche durch Innovationen weiterbringen. Solche Unternehmen erzielen oft erstaunliche Erfolge gerade dadurch, dass sie in einem bis dahin vernachlässigten Bereich eine Vorreiterrolle einnehmen.

Warum sind unter den Anbietern von Gesamtlösungen kaum Vorreiter zu finden, die im Bereich des Name Matching die Latte höher legen als ihre Mittbewerber? Allem Anschein nach hat dies mit strukturellen Problemen zu tun.

8.6.2   Strukturprobleme auf Anbieterseite

Software-Produzenten neigen dazu, Identity Matching und Name Matching als eine *technische* Aufgabe anzusehen, die mit *technischen* Mitteln durch *technisch* ausgebildete Software-Architekten und Entwickler gelöst werden kann. Eine solche Technologie-orientierte Grundauffassung findet ihren Niederschlag in der Ablauf- und Aufbauorganisation sowie in Entscheidungs- und Vergütungsprozessen der Software-Anbieter, ist also strukturell fest verankert. Sie prägt die gesamte Unternehmenskommunikation – nach innen wie nach außen.

Name Matching ist aber nur in sekundärer Hinsicht eine technische Herausforderung. Primär geht es, wie in Teil I gezeigt wurde, um *linguistische* und speziell um *onomastische*, d.h. namenskundliche Aspekte. Die Praxis der Transkription, die Vielfalt von Vornamensformen und die Phonetik sind relativ spezielle Phänomene, die für jede bedeutende Sprache und Schrift weltweit erforscht werden müssen.

Linien- und Produktmanager eines Software-Hauses müssten komplett umdenken und strukturelle Veränderungen initiieren, um überhaupt die Voraussetzungen dafür zu schaffen, dass zufriedenstellende Name-Matching-Lösungen entwickelt werden können. Dazu gehört in erster Linie eine Investition größeren Umfangs in ein interdisziplinär ausgerichtetes Expertenteam. In einem solchen Team müssen fachlich und regional spezialisierte Linguisten es schaffen, Software-Designern strukturierten Input zu Transkriptionsstandards, Phonetik und Namenskonventionen für den Sprach- und Kulturraum zu liefern, für welchen sie zuständig sind. Die Aufgabe der Software-Designer ist es dann, Lösungskonzepte hervorzubringen, die obwohl funktional komplex in Hinblick auf Performanzkriterien nicht hinter den ausgereiften Implementierungen der einfacheren G1-Verfahren zurückfallen. Eine zentrale, da zwischen den Disziplinen vermittelnde Rolle hätten in diesem Prozess Computerlinguisten einzunehmen.

Angesichts des nötigen Aufwands und des damit verbundenen Risikos verwundert es also nicht, dass sich erst wenige Produzenten zu einem solchen Schritt haben entschließen können. Von einigen, die es gewagt haben, z.B. als Reaktion auf die verschärften Anforderungen nach den Anschlägen vom 11. September 2001, wird demnächst sicherlich mehr zu hören sein.

8.6.3   Fehlende Expertise auf der Käuferseite

Aber natürlich sind die Gründe für die weite Verbreitung von G1-Verfahren nicht nur auf der Anbieterseite zu suchen. Denn einige Alternativen gibt es schließlich inzwischen auf dem Markt. Wenn trotzdem selbst technologisch gut aufgestellte Firmen, wie z.B. die meisten größeren Banken, noch Name-Matching-Lösungen der ersten Generation im Einsatz haben, die völlig unzureichende Resultate liefern, dann liegt dies auch daran, dass die Beurteilung der Qualität des Name Matching alles andere als trivial ist.

Stark verkürzt gesagt, muss Name Matching im globalen Kontext mindestens folgendes leisten: Ein Minimum an False Negatives (maximaler Recall), ein Minimum an False Positives (maximale Präzision) und ein linguistisch wie mathematisch fundiertes Ranking zur Bestimmung der Treffergüte. Dies muss für Namen aller bedeutenden Ausgangsalphabete und Ausgangssprachen gelten (z.B. Kyrillisch, Chinesisch, Japanisch, Koreanisch, Arabisch, Hebräisch), und unabhängig davon, in welcher der bedeutenden Zielsprachen (z.B. Englisch, Spanisch, Französisch, Deutsch, Portugiesisch, Italienisch) die Namen repräsentiert werden.

Die allermeisten Mitarbeiter, die mit der Evaluation von Name-Matching-Lösungen betraut werden, sind durch diese Aufgabe verständlicherweise hoffnungslos überfordert. Sie wissen in der Regel wenig über nicht-lateinische Alphabete und wenig über Namenstranskriptionen. Sofern sie sich überhaupt mit diesem Thema beschäftigt haben, verfügen sie kaum über das nötige Detailwissen, um legitime Transkriptionsvarianten als solche zu erkennen. Dass *I*, *Lee*, *Yi*, *Rey* und *Rhee* Transkriptionsvarianten desselben koreanischen Namen 이 sind und daher matchen sollten, kann sicher nicht als Allgemeinwissen vorausgesetzt werden. Auch nicht, dass so ähnliche Varianten wie *Zou*, *Zhou*, *Zhuo* und *Zhu* vollkommen unterschiedliche chinesische Namen bezeichnen und daher *nicht* matchen sollten. Auch sind viele Kurz- und Langformen von Vornamen nicht allgemein bekannt. Dass *Bill* für *William* und *Bob* für *Robert* steht, mögen noch viele wissen, aber selbst die geläufigsten Kurzformen aus nicht-angelsächsischen Sprachräumen sind oftmals nur jenen bekannt, die aus diesem Sprachraum stammen oder dort leben. Die wenigsten Deutschen, Engländer oder Franzosen dürften beispielsweise wissen, dass *Vovan* für *Vladimir*, *Shurka* für *Aleksandr*, *Pepe* für *José* und *Paco* für *Francisco* stehen kann.

Es kann daher leicht passieren, dass ein Name-Matching-Tool mit sehr guter Trefferquote, welches all diese Varianten matcht, fälschlicherweise als unpräzise eingestuft wird, da relevante Treffer als False Positives missgedeutet werden. Umgekehrt werden False Negatives oftmals nicht entdeckt. Sie erscheinen ohnehin per definitionem nicht auf der Resultateliste. Daher können sie nur identifiziert werden, wenn der Tester, der die Evaluation durchführt, die Datenbasis sehr genau kennt. Aber selbst wenn dies der Fall sein sollte, bleibt die Bestimmung der

relevanten, also zu erwartenden Treffer bei einer konkreten Suchanfrage eine
Herausforderung. Die Unsichtbarkeit der False Negatives und die Sichtbarkeit von
(vermeintlichen oder tatsächlichen) False Positives sind Ursache dafür, dass gelegentlich sogar ganz auf eine unscharfe Suche verzichtet wird.

Linguistische Kenntnisse, die zugleich umfassend-global und hoch spezialisiert
sind, werden auch benötigt, wenn das Ranking einer Resultateliste, also die An-
ordnung der Treffer nach ihrer Güte, geprüft werden soll. Ein qualitativ wertvolles
Identity-Matching-Tool sollte die Übereinstimmung in Namens- und Nicht-
Namensdaten zu einem Matchscore verrechnen. Dieser Matchscore wird
üblicherweise dem Ranking der Resultate zugrunde gelegt. Kommen neben
Namens- auch noch Nicht-Namensattribute ins Spiel, erfordert die Beurteilung der
Qualität dieses automatischen Rankings neben den erwähnten linguistischen
Kenntnissen auch ein hohes Maß an mathematischer Intuition.

An dieser Stelle sollen diese Bemerkungen genügen. Kapitel 13 liefert einige Praxis-
orientierte Vorschläge zur Evaluation von Name-Matching-Tools.

8.6.4   Fehlen eines normativen Standards

Einen weiteren Grund dafür, dass G1-Verfahren vielerorts noch nicht durch geeignete Verfahren abgelöst wurden, liegt in dem Fehlen eines normativen
Standards, welcher für definierte Geschäftsprozesse eine Mindestqualität vor-
schreibt. Ein solcher Standard wird vor allem im Compliance-Bereich von Banken
schmerzlich vermisst. Wie an verschiedenen Stellen schon geschildert, sind Banken
u.a. angehalten, Transaktions- und Kundendaten mit Listen von Personen abzu-
gleichen, mit denen keine Geschäfte getätigt werden dürfen bzw. nur dann, wenn
bestimmte Auflagen eingehalten werden.

Heutzutage wissen die meisten Compliance-Manager recht gut, welche Listen für
ein solches Screening relevant sind – in Abhängigkeit vom jeweiligen Geschäftsprozess und von der Jurisdiktion, in der dieser abgewickelt wird. Während man
also weiß, gegen *was* die Transaktions- und Kundendaten zu screenen sind, halten
sich die zuständigen Aufsichtsbehörden in der Frage, *wie* gegen diese Daten zu
screenen ist, bedeckt. Es ist allgemein anerkannt, dass eine exakte Suche angesichts
der vielen austauschbaren Namensschreibweisen nicht ausreicht. Und es besteht
auch Einigkeit darüber, dass die wenigen Namensvariationen, die zu einigen
Profilen auf den Listen üblicherweise erfasst werden, viel zu spärlich und unsystematisch sind, als dass sie die Notwendigkeit einer sophistizierten Matching-
Lösung aufheben könnten. Mehr Klarheit besteht jedoch nicht. Daher findet sich
der Compliance Manager in der misslichen Lage, dass er nicht weiß, welche Anforderungen eine Matching-Lösung erfüllen muss, damit sie auch im Falle einer
Revision, etwa als Folge eines bekannt gewordenen Geldwäsche-Vorfalls, vom
zuständigen Regulator als ausreichend angesehen würde. Würde also die bestehende defizitäre Lösung durch eine neue ersetzt, würde immer noch eine ge-

wisse Rest-Unsicherheit bleiben. Solange volle Gewissheit, die regulatorischen Auflagen zu erfüllen, also ohnehin nicht erreicht werden kann, warten viele potenzielle Käufer mit der Ersetzung untauglicher G1-Verfahren erst einmal ab.

Dieses Thema wird in Kapitel 14, welches einen linguistischen Suchstandard vorstellt, weiter vertieft.

9 Name-Matching-Verfahren der 2. Generation

9.1 Einleitung

Name-Matching-Verfahren der 2. Generation (*G2-Verfahren*) sind direkte Weiterentwicklungen von G1-Verfahren. Einige der offenkundigsten Probleme ihrer Vorgänger sind in ihnen behoben worden, wodurch sie ihren Anwendern zu signifikant besseren Resultaten verhelfen. Da sie erst in jüngerer Zeit entstanden sind, ist ihre Implementierung trotz geringerer Erprobung technologisch oftmals auf einem noch besseren, da neueren Stand als Verfahren der ersten Generation. Gegenüber G1-Verfahren haben sie eigentlich nur Vorteile, sind aber weniger verbreitet als diese.

Man kann in Bezug auf G2-Verfahren sicherlich nicht von einem neuen Paradigma im Name Matching sprechen. Denn nach wie vor handelt es sich um Technologiegetriebene Optimierungen ohne grundsätzlich neuen Lösungsansatz. Bei der Lösungskonzeption wird weder der Linguistik noch dem Spezialgebiet der *Onomastik* (Namenskunde) ein besonderer Stellenwert eingeräumt. So spielen Transkriptionsaspekte, unterschiedliche Vornamensformen oder kulturspezifische Namensmodelle in der einschlägigen Diskussion praktisch keine Rolle. Sofern überhaupt die Leistungsfähigkeit von G2-Verfahren in Bezug auf Namensvariationen konkret diskutiert wird, geschieht das typischerweise anhand von Beispielen, die einer angelsächsischen Community vertraut und eingängig sind. Der globale Kontext, in welchem Name Matching steht, bleibt also immer noch ausgespart.

In den folgenden Abschnitten erfahren Sie, wie sich G2-Verfahren aus ihren Vorgängern entwickelt haben, mit welchen Verbesserungen sie aufwarten können und was dies für ihre Brauchbarkeit bedeutet.

9.2 G2 String Comparison: Erweiterungen von Levenshtein und n-gram

9.2.1 Erweiterungen

In Abschnitt 8.2 wurden bereits zwei Erweiterungen der Levenshtein Distance erwähnt, welche die Brauchbarkeit für das Name Matching erhöhen: Die Berücksichtigung der Tastaturbelegung bei der Gewichtung von Tippfehlern (*Schreibmaschinendistanz*) sowie die Erweiterung der elementaren Editieroperationen um Transpositionen (*Damerau Edit Distance*).

Darüber hinaus wurden Edit-Distance-Erweiterungen vorgeschlagen, die das Problem des Vorhandenseins oder der Abwesenheit von Lücken angehen (z.B.

Smith-Waterman, Needleman-Wunsch). Diese Verfahren finden vor allem in der Genetik Anwendung. Sie lassen sich aber auch zur Lösung des Problems der Ambiguität von Namensgrenzen anwenden (z.B: *Hans Peter* und *Hanspeter* oder *Abdul Rahman* und *Abdulrahman*).

Auch n-gram-Methoden wurden weiterentwickelt. Die *Positional q-Gram-Metrik* z.B. wertet übereinstimmende n-Gramme nur dann als positiven Match-Beitrag, wenn sie an ähnlichen Stellen im Namen positioniert sind. Als n-gram-Erweiterung kann man auch die *Jaro Distance* zählen, welche die Anzahl übereinstimmender Zeichen zweier Namen mit der Übereinstimmung in der Reihenfolge verrechnet. Die Jaro Distance wurde von Winkler zur *Jaro-Winkler Distance* erweitert: Diese gewichtet Übereinstimmungen am Wortanfang höher.

Ein Versuch, das rein mathematische Vorgehen des String-Vergleichs mit linguistischen Aspekten anzureichern, wurde von Zoberl und Dart unternommen und *Editex* genannt. Es handelt sich um eine Mischung aus Edit Distance und Soundex. Editex ermittelt bei Vertauschungen von Zeichen eine kleinere Distanz, wenn sie Zeichen derselben Soundex-Zeichenklasse betreffen (s. Abschnitt 8.3). Die Editex-Übereinstimmung von *Klop* und *Klob* ist höher als von *Klop* und *Klos*, da *b* und *p* derselben Zeichenklasse angehören.

9.2.2   Brauchbarkeit von G2 String Comparison im Name Matching

Die angesprochenen Erweiterungen der String-Comparison-Verfahren lassen sich in zwei Klassen mit unterschiedlichem Anspruch aufteilen. In der ersten Klasse finden sich Erweiterungen, die die Edit Distance in Hinblick auf Tippfehler optimieren. Dies kann erreicht werden, indem

➢ Entstehungsbedingungen von Tippfehlern beim Benutzen einer Computer-Tastatur berücksichtigt werden,

➢ die Bewertung von Transpositionen korrigiert wird,

➢ spezifische Lösungen für Lücken im Namen gefunden werden oder

➢ Positionen von Abweichungen innerhalb eines Namens in die Bewertung einfließen.

All diese Erweiterungen stellen gelungene Optimierungen beim Matchen von Namensvariationen dar, die durch (nicht-linguistisch motivierte) Tippfehler verursacht wurden. Sie tun dies, ohne die Komplexität des Edit-Distance-Konzepts massiv zu erhöhen.

Die zweite Klasse von String-Comparison-Erweiterungen versucht, linguistische Information mit Edit Distance zu kombinieren und damit auch Schreibvariationen abzudecken, die phonetisch motiviert sind. Vor die Alternative gestellt, überhaupt kein linguistisches Matchen zu betreiben oder ein Verfahren dieser zweiten Klasse einzusetzen (z.B. *Editex*), ist sicher letzteres vorzuziehen. Dennoch muss der Versuch, linguistische Information in eine Edit-Distance-Metrik zu integrieren, als Sackgasse betrachtet werden. Dies liegt an den unzulänglichen Möglichkeiten, den Zeichenkontext zu berücksichtigen.

Die Bedeutung des Zeichenkontextes soll am Namen des letzten Präsidenten der Sowjetunion veranschaulicht werden. In deutscher Transkription wird er zumeist als *Gorbatschow*, in englischer als *Gorbachev* geschrieben (s. auch Tab. 4-1 in Abschnitt 4.3.2). Die Editieroperationen, die dazu nötig sind, die deutsche in die englische Variante zu überführen sind: Löschung von *t* und *s*, Vertauschen des *o* durch ein *e* und des *w* durch ein *v*. Wir könnten nun – in Erweiterung von Editex – einen Edit-Distance-Algorithmus definieren, der diese 4 speziellen Operationen niedrig gewichtet, um deutsche und englische Transkriptionsvarianten des gleichen kyrillischen Namens matchen zu können. Doch würde dieser Algorithmus auch gänzlich verschiedene Namen matchen, wie z.B. *Montewis* und *Menevi*, denn *Menevi* geht genau aus denselben Operationen aus *Montewis* hervor wie *Gorbachev* aus *Gorbatschow*. Um eine solche Reduktion in der Präzision zu verhindern, muss die Gewichtung also unbedingt den Zeichenkontext berücksichtigen (z.B. *t* und *s* werden nur in der Zeichenfolge *tsch* neutralisiert) – und dies je nach Namensherkunft auf unterschiedliche Weise.

Mit einer solchen Erweiterung wäre die Edit Distance aber ihrer beiden attraktivsten Merkmale beraubt – der Einfachheit und der Transparenz. Es ist zudem absehbar, dass die Entwicklung einer linguistisch erweiterten Edit Distance vor großen Herausforderungen in der Performanzoptimierung gestellt wäre. Dies deshalb, weil es keine einfachen und schnell durchsuchbaren Indexstrukturen gibt, aus denen sich erweitere Edit-Distance-Metriken auf hochperformante Art bestimmen ließen.

9.3   G2 Phonetic Encoding: Erweiterungen von Soundex

9.3.1   Erweiterungen

In Abschnitt 8.3 wurde Soundex als sehr einfacher analytischer Algorithmus beschrieben, dessen Unzulänglichkeiten so offenkundig sind, dass schon früh Verbesserungen vorgeschlagen wurden. Bereits 1970 wurde mit dem *New York State Identification and Intelligence System (NYSIIS)* Soundex um kontextspezifische Regeln erweitert. Im *NYSIIS* wird z.B. *kn* am Wortanfang zu *nn*, was dem Umstand Rechnung trägt, dass das *K* in diesem Kontext stumm ist.

In den 80er Jahren entwickelten die Genealogen Daitch und Mokotoff den *D-M Soundex*, welcher zur Erhöhung der Präzision sechsstellige Similarity Keys produziert. (Soundex benutzt nur 4.) Zusätzlich sahen sie die Möglichkeit vor, dass mehr als ein Similarity Key pro Name produziert wird, was den Recall verbessern sollte. Den beiden Forschern war mit der Erweiterung vor allem daran gelegen,

Namen deutscher und slawischer Herkunft besser matchen zu können. Speziell für deutsche Namen hatte bereits Postel 1969 mit der *Kölner Phonetik* eine Soundex-Weiterentwicklung geschaffen, die zuweilen noch heute eingesetzt wird.

1990 hat der Software Engineer Lawrence Philipps mit *Metaphone* eine Verbesserung von Soundex vorgelegt, welche aus zahlreicheren und spezifischeren Simplifizierungsregeln besteht. Zehn Jahre später legte er mit *Double Metaphone* nach und erzielte damit eine beachtliche Resonanz. Double Metaphone enthält umfangreichere Regeln, die die Phonetik einiger indoeuropäischer Sprachen abzudecken beanspruchen. Darüber hinaus kann Double Metaphone – wie der D-M Soundex – zwei Similarity Keys generieren. Dies soll die Fälle abdecken, in denen ein Name in den USA auf zweierlei Art ausgesprochen werden kann (z.B. *Kuczewski* als /kuzuski/ oder /kutʃefski/).

9.3.2   Brauchbarkeit von G2-Phonetic Encoding im Name Matching

Double Metaphone ist der populärste und am meisten ausgereifte Vertreter dieser Gruppe. Daher lässt sich die Tauglichkeit der G2-Erweiterungen von Phonetic-Encoding-Ansätzen am besten an diesem Verfahren diskutieren. Verbesserungen gegenüber Soundex erzielt Double Metaphone dadurch, dass es von drei wesentliche Beschränkungen von Soundex abrückt:

1. Die Beschränkung auf Phänomene, die im angelsächsischen Sprachraum zutage treten, wird aufgegeben, indem der Regelsatz um Regeln erweitert wird, die Phänomene anderer bedeutender Sprachen abdecken.

2. Die Beschränkung auf Ersetzungsregeln, welche den Zeichenkontext nicht berücksichtigen, wird aufgegeben, indem Regeln definiert werden, die ein Zeichen abhängig von vor- und nachständigen Zeichen ersetzen.

3. Die Beschränkung eines einzigen Similarity Keys pro Name wird aufgegeben zugunsten von Regeln, welche – im Fall von Ambiguitäten – auch mehrere Keys erzeugen können.

Kritisch muss angemerkt werden, dass keine dieser Verbesserungen konsequent umgesetzt wurde. Double Metaphone versagt weitgehend bei Namensvariationen, die den Sprachräumen Ostasiens (China, Korea, Japan), Südostasiens (z.B. Thailand, Vietnam, Laos, Kambodscha, Myanmar), des indischen Subkontinents, des Mittleren Ostens oder Afrikas entstammen. Der Zeichenkontext wird nicht umfassend berücksichtigt, also z.B. nicht über die Namenselementgrenzen hinweg. Daher kann Double Metaphone z.B. *Abdurrahman* nicht mit *Abd al-Rahman* matchen.

Auch erscheint die Beschränkung auf nur zwei Similarity Keys nicht zukunftsweisend. Sie müsste aufgehoben werden, wenn die Anzahl von Sprachräumen, deren Phonetik zu berücksichtigen ist, erhöht werden soll. Die Beschränkung auf zwei Keys rührt daher, dass ein zweiter Similarity Key nur für die Fälle vorgesehen wurde, in denen die Aussprache eines Namens im Englischen nicht eindeutig ist. Sie ist also eine Folge der Beschränkung auf die englische Phonetik.

Selbst wenn mehr als zwei Similarity Keys zugelassen würden und nicht nur die englische Phonetik abgebildet würde, hätte ein derart erweitertes "Multi Metaphone" noch die entscheidende Schwäche, dass Transkriptionsvarianten nur dann gematcht werden, sofern sie phonetisch äquivalent sind. Es ist schwer vorstellbar, wie auf diese Art *Jelzin*, *Yeltsin* und *Eltsine* oder *Abdurrahman* und *Abd al-Rahman* als Variationen des jeweils selben Namens erkannt werden könnten. Auch Tippfehler, die sich auf das Lautbild auswirken, lassen sich nicht neutralisieren.

Somit bleibt als Fazit zu ziehen: Double Metaphone produziert weit bessere Trefferlisten als Soundex. Das Potenzial von phonetischen Algorithmen, linguistisch moti-vierte Namensvariationen zuverlässig zu matchen, ist auch mit Double Metaphone nur rudimentär ausgeschöpft.

9.4 G2-Suche mit Varianten: Generative Algorithmen

9.4.1 Konzept

Namenskundliche Thesauri der ersten Generation (s. Abschnitt 8.4) wurden kompiliert, indem aus heterogenen Quellen und nicht selten mittels Anwendung des gesunden Menschenverstands gebräuchliche Variationen von bekannten Namen zusammengetragen wurden. Eine Fortentwicklung dieses Ansatzes sind generative Algorithmen zur Erzeugung von Namensvariationen. Sie basieren auf der Grundidee, dass sich Regeln definieren lassen, mit welchen Namensvariationen erzeugt werden können. Dazu muss das Gesamtphänomen der Schreibvariationen von Namen auf einzelne *Elementarphänomene* zurückgeführt werden. Diese Elementarphänomene werden sodann in einem Regelwerk formalisiert. Das Regelwerk kann man sich als aus zwei Komponenten bestehend vorstellen: einer *analytischen* und einer *generativen Komponente*. Die *analytische Komponente* überprüft, ob die Bedingungen für bestimmte Variationsphänomene gegeben sind. Die *generative Komponente* erzeugt die Schreibvariationen für die betreffenden Phänomene.

Generative Algorithmen können grundsätzlich auf zweierlei Weise in das Identity Matching integriert werden: Sie können Varianten zu Namenseinträgen hinzufügen, welche bereits in einem Thesaurus erfasst sind. Diese Varianten werden wie andere, manuell gepflegte Namensvarianten zur Expansion der Suchabfrage verwendet (s. Abschnitt 8.4.1). Das Problem dabei: Herkömmliche Thesauri werden zwar „horizontal" komplettiert, d.h. es werden weitere Varianten zu bereits erfassten Namen generiert. Eine „vertikale" Komplettierung um unbekannte, noch nicht erfasste Namen ist damit aber noch nicht erreicht.

Daher bietet sich eine direkte Integration generativer Algorithmen in den Matchprozess an. Die Algorithmen expandieren dann zur Laufzeit die Suchabfrage um Varianten, sozusagen ohne den Umweg über einen Thesaurus. Der entscheidende Vorteil ist der, dass Varianten auch von Namen oder Namensvariationen generiert werden können, die gänzlich unbekannt sind, also noch in keinem Thesaurus erfasst wurden.

Unabhängig davon, welche Integrationsform gewählt wird, kann die Suche mit den generierten Varianten als exakte oder unscharfe Suche durchgeführt werden. Wie Thesauri der ersten Generation lassen sich auch generative Algorithmen gut mit anderen Suchverfahren kombinieren. Z.B. könnten String-Comparison- oder Phonetic-Encoding-Algorithmen implementiert werden, um eine unscharfe Suche mit generierten Varianten zu realisieren.

9.4.2   Anwendungsbeispiele

Generative Algorithmen können sowohl zum Matchen linguistischer Variationen als auch zum Matchen von Namen verwendet werden, welche bestimmte Arten von Tippfehlern aufweisen.

Ein einfaches Beispiel für linguistische Variationen liefert der Name *Müller*. Für deutsche Umlaute lassen sich zwei gängige Variationen finden. Bei der einen Variation wird das *Trema* (der horizontale Doppelpunkt) über dem Vokal weggelassen: aus *ä*, *ö* und *ü* wird *a*, *o* und *u*. Bei der anderen Variation wird das Trema durch ein nachstehendes *e* ersetzt: *ae*, *oe* und *ue*. Dies ist ein sehr einfacher Algorithmus, der zudem ohne Restriktionen angewendet werden kann. Mit ihm werden also zum Namen *Müller* die beiden Varianten *Muller* und *Mueller* generiert.

Sobald ein Name an mehreren Stellen Variationsquellen aufweist, geht die Zahl der Varianten sprunghaft in die Höhe. Dies liegt daran, dass das Auftreten von Variationsmöglichkeiten an verschiedenen Stellen in einem Namen zumeist voneinander unabhängig ist. Daher müssen Varianten für jede denkbare Kombination von Variationsphänomenen generiert werden.

Die Auswirkungen lassen sich eindrücklich am Beispiel des arabischen Namens *Abdurrahman* (عبد الرحمن) demonstrieren, ein Name, der bereits in Abschnitt 4.4 besprochen wurde. In der untenstehenden Tabelle sind acht für diesen Name bedeutende Transkriptionsphänomene aufgeführt. Aus jedem einzelnen dieser Transkriptionsphänomene lässt sich eine generative Regel ableiten. In der rechten Spalte findet sich die Anzahl der Varianten, die die betreffende Regel in isolierter Anwendung erzeugen würde. Obwohl keine Regel für sich alleine genommen mehr als fünf Varianten generiert, summiert sich die Zahl aller möglichen Varianten durch die kombinierte Anwendung der acht Regeln auf 6'480.

Tabelle 9-1: Acht generative Regeln für den Beispielnamen *Abdurrahman* (عبد الرحمن) mit Angabe der Variantenanzahl

Variationsphänomen	Zahl der Varianten
1. Das *A* in der Buchstabenfolge *Abd* wird gelegentlich mit einem vorangestellten Apostroph geschrieben, wodurch kenntlich gemacht wird, dass es sich im arabischen Original um den Buchstaben *Ain* (ع) und nicht etwa um ein *Alif* (ا) handelt: *Abdurrahman* und *'Abdurrahman*.	2
2. Der /u/-Laut zwischen zwei Konsonanten kann als *u*, als *ou* (vor allem im frankophonen Kontext) und als *oo* (im anglophonen Kontext) geschrieben werden. In der *Abd-al-*Konstruktion sind zusätzlich noch die Variationen *e* und *a* gebräuchlich: *Abdul Rahman, Abdoul Rahman, Abdool Rahman, Abdel Rahman, Abdal Rahman*.	5
3. Der arabische Buchstabe, der dem *R* in *Rahman* entspricht (ر) ist ein sogenannter *Solarbuchstabe*[5]. Als solcher hat er einen Einfluss auf die Aussprache des vorstehenden Artikels al: Das *l* wird nicht ausgesprochen, stattdessen der Solarbuchstabe doppelt. Diese phonetische Eigenheit findet sich nicht im (unvokalisierten) Schriftbild wieder. In der Transkription wird sie manchmal ignoriert (*lr*), manchmal voll abgebildet (*rr*) und manchmal teilweise abgebildet (*r*, d.h. das *l* wird weggelassen aber der Solarbuchstabe nicht verdoppelt): *Abdurrahman, Abdurahman, Abdulrahman*.	3
4. Derselbe arabische Buchstabe ح, der meistens zu *h* transkribiert wird, wird gelegentlich auch zu *kh* oder *ch* transkribiert: *Abdurrahman, Abdurrakhman, Abdurrachman*.	3
5. Das erste und/oder das letzte *a* in *Rahman* fällt gelegentlich weg, da es keine Entsprechung im arabischen Standard-Schriftbild hat (d.h. ohne Vokalisierung): *Abdurrahman, Abdurrhman, Abdurrahmn, Abdurrhmn*.	4
6. Vor allem im frankophonen Kontext findet sich gelegentlich ein *e* am Ende des Namens, welches signalisiert, dass die endständige Zeichenfolge *an* nicht als Nasalvokal gesprochen werden soll: *Abdurrahman* und *Abdurrahmane*.	2

---

[5] Unter einem *Solarbuchstaben* versteht man einen arabischen Konsonanten, der bei einem vorgängig stehenden bestimmten Artikel (*al*) zu einem Wegfall des /l/-Lautes und einer Dopplung des Solarbuchstabenlauts führt. Der Gegensatz sind *Lunarbuchstaben*, die keinen entsprechenden Effekt auf die Aussprache bei einem vorstehenden bestimmten Artikel haben.

7. Der erste und der zweite Namensteil, also *Abd* und *al*, können zusammengeschrieben, oder mit einem Bindestrich oder einem Leerzeichen getrennt werden: *Abda̲lrahman, Abd-̲Alrahman, Abd̲ Alrahman.*	3
8. Der zweite und der dritte Namensteil, also *al* und *Rahman*, können zusammengeschrieben, oder mit einem Bindestrich oder einem Leerzeichen getrennt werden: *Abdal̲rahman, Abdal-̲Rahman, Abdal̲ Rahman.*	3
Total der Kombinationen: 2*5*3*3*4*2*3*3=6'480	

Die Gesamtzahl von 6'480 Variationen ergibt sich aus der Multiplikation der Zahl möglicher Variationen pro Regel. Zwar sind nicht alle dieser Variationen gleich wahrscheinlich, doch würde jeder, der professionell mit Matchen globaler oder hier spezifisch: arabischer Namen zu tun hat, jede einzelne dieser 6'480 Varianten sofort als plausible Romanisierung des arabischen Namens عبد الرحمن erkennen. Darüber hinaus kann die Zahl noch nicht einmal als erschöpfend angesehen werden. Schreibvariationen, wie sie etwa im subsaharischen Afrika häufig vorkommen (*Abdirrahman*) oder über den Umweg des Kyrillischen erzeugt werden (*Abduraxman, Abdurakhmanov*) werden durch die geschilderten Regeln nicht erzeugt. Auch nicht Verschmelzungen mit typischen arabischen Namenszusätzen (z.B. *Abuabdurrahman, Binabdurrahman*).

Das Problem dieser hohen Zahl von Varianten ist in den zu erwartenden spürbaren Performanzeinbußen zu sehen. Diese Einbußen sind weniger vom Prozess der Variantenerzeugung zu erwarten, als vielmehr von den vervielfachten Such- oder Matchprozessen mit diesen generierten Varianten. Die Einbußen bestehen daher unabhängig davon, ob generative Algorithmen indirekt zur Komplettierung eines Thesaurus oder direkt zur Expansion einer Suchabfrage eingesetzt werden. Somit weisen das sehr einfache *Müller-* und das recht komplexe *Abdurrahman*-Beispiel auf Möglichkeiten und Grenzen des Einsatzes generativer Algorithmen für linguistische Namensvariationen hin.

Generative Algorithmen können prinzipiell auch für das Matchen von Namen mit nicht-linguistischen Variationen, also mit Tippfehlern, eingesetzt werden. Dies gilt aber nur für Tippfehlerarten, welche mit einer überschaubaren Zahl von Varianten einhergehen. Eine mehrfache Edit-Distance mit generativen Algorithmen umzusetzen bietet sich nicht an, da man es beispielsweise schon bei einer Levenshtein Distance von 2 und einem Namen mittlerer Länge mit einer sechsstelligen Variantenzahl zu tun bekommt (s. Abschnitt 8.4.2).

Einige spezifischere Tippfehlerarten lassen sich allerdings recht gut realisieren. Die Anzahl von Varianten durch einfache Transpositionen (Dreher) ist z.B. um 1 weniger als die Länge des betreffenden Namens: Der Name *Thompson* mit seinen 8 Zeichen hat also 8-1 = 7 Transpositionsvarianten: *H̲t̲ompson, T̲o̲hmpson, Th̲m̲opson,*

Thop̲m̲son, Thoms̲p̲on, Thompos̲n̲, Thompsn̲o̲. Eine Suchabfrage z.B. nach *Thompson* mittels eines generativen Transpositions-Algorithmus zu erweitern, so dass auch das Profil *Thm̲opson* gefunden würde, ist also realistisch.

Neben Transpositionen sind Hinzufügungen, Vertauschungen und Auslassungen einzelner Zeichen häufig anzutreffende Tippfehler. Die Anzahl möglicher Auslassungen einzelner Zeichen ist gleich der Anzahl der Zeichen des betreffenden Namens und lässt sich von daher gut mit generativen Algorithmen umsetzen. Die Anzahl von (einfachen) Vertauschungen beträgt jedoch bereits das 25-fache der Zeichenanzahl des Namens, wenn grundsätzlich für jeden einzelnen Buchstaben ein beliebiger anderer aus dem 26-buchstabigen Alphabet stehen kann (d.h. ohne Berücksichtigung von Sonderzeichen). *Thompson* weist damit 25×8 = 200 Vertauschungsvarianten auf: *A̲hompson, B̲homson, C̲hompson* bis hin zu *Thompsoz̲*.

Die Anzahl möglicher Einfügungen liegt noch etwas höher. Wenn jede Stelle, einschließlich des Namensanfangs und des Namensendes für eine Buchstabeneinfügung in Frage kommt, ergeben sich bei einem achtbuchstabigen Namen 8+1 = 9 mögliche Stellen:

1 *T* 2 *h* 3 *o* 4 *m* 5 *p* 6 *s* 7 *o* 8 *n* 9.

Daraus resultieren 9×26 = 234 einfache Einfügungsvarianten.

Einfache Vertauschungen und Einfügungen befinden sich an der Grenze dessen, was sich mit generativen Algorithmen noch praktisch umsetzen lässt. Multiple Vertauschungen und Einfügungen übersteigen diese Grenzen in den allermeisten Anwendungsfällen. Falls generative Algorithmen für Vertauschungen und Einfügungen eingesetzt werden sollen, sollte man erwägen, statt einer beliebigen Zeichenmenge nur die jeweiligen Nachbartasten auf der Tastatur zu berücksichtigen (unter Berücksichtigung länderspezifischer Variationen im Tastaturlayout). Wie in Abschnitt 7.2 dargelegt wurde, sind Nachbartastenfehler weit häufiger als Fehler mit der Zieltaste entfernten Tasten.

9.4.3   Brauchbarkeit generativer Algorithmen im Name Matching

Von der Grundidee her stellen generative Algorithmen einen funktional überzeugenden Ansatz dar. Das Erzeugen von Namensvarianten, welche in der Suchabfrage benutzt werden, hat den großen Vorteil, dass sich Kombinationen mit anderen Suchmethoden leicht umsetzen lassen.

Die Qualität der mit generativen Algorithmen gewonnenen Suchergebnisse hängt unmittelbar vom Regelwerk ab. Dessen Güte bemisst sich zum einen an der Vollständigkeit, mit der die relevanten Variationsphänomene abgedeckt werden. Je vollständiger die Abdeckung, desto besser ist der Recall. Zum anderen bemisst sich die Güte des Regelwerks daran, wie effektiv zur Bewahrung der Präzision einer Übergenerierung von Varianten entgegen gewirkt wird.

Die Gefahr mangelnder Präzision ist dann sehr groß, wenn das Regelwerk mit dem Anspruch entwickelt wird, Variationsphänomene im globalen Maßstab zu berücksichtigen. Im Regelwerk werden dann eher Tausende als Hunderte von generativen Algorithmen integriert sein. Wenn dies der Fall ist, müssen umfassende Restriktionsbedingungen deren Anwendung beschränken. Z.B. gibt es etliche Namensvariationen, in denen *J* und *Y* (z.B. in *Jan* und *Yan*) oder Vokalkombinationen mit *u* und *o* austauschbar sind (z.B. in *Mohamed* und *Muhamed*). Restriktionsbedingungen müssen aber verhindern, dass ein Name wie der spanische *Juan* mit etlichen anderen Namen gematcht würde, die nicht als *Juan*-Variationen angesehen werden können, also z.B. mit dem chinesichen Familiennamen *Yuan* dem englischen weiblichen Vornamen *Joan*.

Diese Abstimmung von analytischer und generativer Komponente stellt sehr hohe Ansprüche an die Regelspezifikation. Während Thesauri prinzipiell auch von weniger qualifizierten Kräften erstellt und gepflegt werden können, erfordern generative Verfahren eine enge Zusammenarbeit von regional und fachlich spezialisierten Linguisten, Computerlinguisten und Informatikern. Nur dann kann die Abbildung hochspezialisierten, linguistischen und namenskundlichen Wissens in ein zuverlässiges und präzises regelbasiertes System gelingen.

Schließlich gelten für generative Algorithmen Einschränkungen, die bereits für Thesauri in Abschnitt 8.4 gemacht wurden: Sie sind nicht in der Lage, zuverlässig Homophone oder Namen mit unspezifischen Tippfehlern zu matchen. Es lassen sich allenfalls Varianten mit Transpositionen, Auslassungen einzelner Zeichen und einfachen Nachbartastenfehlern generieren, ohne die Suchanfrage extrem aufzublähen.

9.5   Brauchbarkeit der G2-Verfahren im Überblick

In diesem Kapitel wurden ausschließlich Verfahren aufgeführt, die Verbesserungen gegenüber G1-Verfahren darstellen. Dennoch haben sie sich am Markt bisher nicht behaupten können. Dies hat teilweise mit den Ursachen für die Verbreitung der G1-Verfahren zu tun, die oben aufgeführt wurden (s. Abschnitt 8.6). Zum Teil liegt es aber auch daran, dass mit der zweiten Generation von Name-Matching-Verfahren immer noch kein wirklicher Durchbruch in qualitativer Hinsicht geschafft wurde.

Wie in folgenden Diagrammen ersichtlich, ist keines in der Lage, Transkriptionsvarianten, Vornamensformen oder Homophone zuverlässig zu matchen.

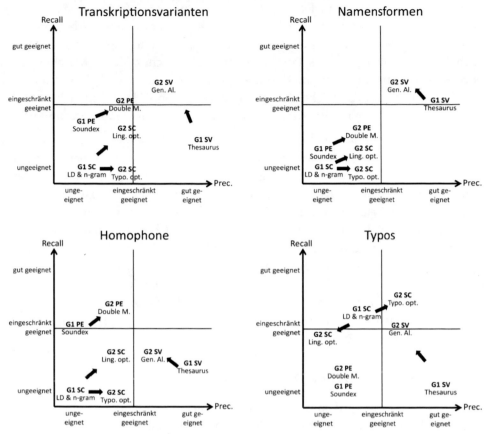

Abbildung 9-1:   Brauchbarkeit der Name-Matching-Methoden der zweiten Generation (G2) im Vergleich zu jenen der ersten Generation (G1). Die Bewertung wurde auf die vier wichtigsten Variationsquellen in der Schreibung von Namen bezogen. SC: String Comparison; PE: Phonetic Encoding; SV: Suche mit Varianten; LD: Levenshtein Distance; Double M.: Double Metaphone; Ling. opt.: Linguistisch optimiert; Typo opt.: Für Typos optimiert; Gen. Al.: Generative Algorithmen; Prec.: Precision.

Tippfehler-Optimierungen der Levenshtein Distance und der n-gram-Verfahren (z.B. Damerau und Jaro) führen zu der angestrebten erhöhten Präzision bei Tippfehlern, scheitern aber nach wie vor beim Matchen von Transkriptionsvariationen, Vornamensformen und Homophonen. Erweiterungen im String-Comparison-Paradigma um Linguistik (z.B. Editex) führen zu spürbaren Verbesserungen beim Matchen von Transkriptionsvarianten und Homophonen. Vor allem wegen der fehlenden Berücksichtigung des Zeichenkontextes sind die Resultate aber weit davon entfernt, als zufriedenstellend betrachtet werden zu können. Dies betrifft sowohl den Recall als auch die Präzision.

Phonetisches Encoding mit Double Metaphone matcht Transkriptionsvariationen und Homophone zwar etwas zuverlässiger als Soundex, aber – bedingt durch willkürliche Restriktionen und einen sehr beschränkten linguistischen Fokus – nach wie vor nicht gut. Das Potenzial für linguistisches Name Matching durch phonetisches Encoding ist mit Double Metaphone noch in keiner Weise ausgeschöpft. Die grundsätzliche Schwäche phonetischer Algorithmen im Umgang mit (nicht linguistisch motivierten) Tippfehlern weist auch Double Metaphone auf.

Generative Algorithmen haben gegenüber manuell kompilierten Thesauri den Vorteil, auf alle Suchnamen angewendet werden zu können und nicht nur auf bekannte. Der Recall von auf dem Markt verfügbaren generativen Algorithmen ist dennoch oftmals ungenügend, weil sie ohne umfassenden linguistischen Input erstellt wurden. Selbst wenn diese Schwäche behoben würde, kann aufgrund der Unmenge potenzieller Transkriptionsvarianten und Homophone nicht davon ausgegangen werden, dass sie jemals in zufriedenstellender Weise linguistisch motivierte Variationen in einer Qualität matchen können, wie es z.B. mit dem Ansatz des phonetischem Encoding theoretisch denkbar wäre. Auch Tippfehler werden immer nur in begrenztem Umfang durch generative Algorithmen adressiert werden können. Allerdings sind es die häufigsten Tippfehlerarten, für welche generative Algorithmen eine interessante Option darstellen.

9.6   Fazit: Drei Jahrzehnte Name Matching

Seit den 80er Jahren wird computergestütztes Matching globaler Namen in großem Stile betrieben, seit der Jahrtausendwende mit sprunghaft gestiegener Intensität. Etliche Verfahren wurden seitdem vorgeschlagen, erprobt und verbessert.

All diese Verfahren erfüllen gewisse Teilanforderungen im Name Matching und alle weisen gewisse Schwächen auf. Einige dieser Schwächen wurden inzwischen durch technische und mathematische Optimierungen behoben. Ein Durchbruch konnte auf diese Art nicht erreicht werden, was im Rückblick auch nicht verwundern kann. Das Fazit ist ernüchternd: Kein einziges der Name-Matching-Verfahren der ersten und zweiten Generation kann überzeugen. Globales Name Matching ist in Anbetracht der heterogenen linguistischen Phänomene, die ins Spiel kommen, zu komplex, als dass von einem inkrementellen, d.h. schrittweisen Verbessern dieser Verfahren noch viel zu erhoffen wäre. Dies ist nicht erstaunlich, denn diese Verfahren wurden überwiegend gar nicht zum Matchen globaler Namen entwickelt.

Die Situation lässt sich also in gewisser Hinsicht mit jener von Kindern vergleichen, welche mit einer leeren Cola-Dose Fußball spielen. Eine ganze Zeit lang kann man mit der Cola-Dose eine Menge Spaß haben und bekommt hin und wieder sogar einen guten Spielzug hin. Man kann an der Cola-Dose immer wieder „rumdoktern", indem man ihre Form verändert, um so ihr Flug- und Roll-Verhalten zu optimieren. Aber nichts kann die Tatsache vergessen machen, dass die

Cola-Dose zu einem anderen Zweck konstruiert wurde und nur diesen Zweck wirklich gut erfüllt. Wenn das Fußballspiel jemals eine gewisse Stufe der Professionalität erreichen soll, muss die Cola-Dose einem echten Fußball weichen, der genau zu diesem einen Zweck, dem Fußballspielen, konstruiert wurde.

In diesem Sinne geht es im nächsten Kapitel darum, die Cola-Dose zur Seite zu kicken und mit einem Profi-Fußball weiterzuspielen.

10   Name-Matching-Verfahren der 3. Generation

10.1   Einleitung

Name-Matching-Verfahren der 3. Generation unterscheiden sich von denen der 1. und 2. Generation darin, dass sie nicht einfach nur ein bereits existierendes, für das Identity Matching nur begrenzt taugliches Verfahren optimieren. Denn der Ausgangspunkt für die Lösungsfindung bilden in *G3-Verfahren* nicht bereits entwickelte Verfahren, sondern vielmehr Schreibvariationen von Namen. Die Lösungsmethode folgt also der Problemanalyse und nicht umgekehrt. Dies ist der simple Kern des Paradigmenwechsels, aus dem heraus G3-Verfahren entwickelt wurden.

Die Analysen aus dem ersten Teil haben ganz unterschiedliche Ursachen für Variationen in der Schreibung von Namen zu Tage gefördert. Diese Vielfalt an Variationsquellen geht mit einer entsprechenden Vielfalt an strukturell sehr unterschiedlichen Variationsphänomenen einher. Zum überwiegenden Teil liegen diese in der Linguistik begründet, also in Eigenheiten der Sprachen, Schriftsysteme und Personennamensysteme der Welt. Wenn es gilt, für jede dieser strukturell verschiedenen Variationen das jeweils am besten geeignete Matchverfahren zu identifizieren, kann aus dem reichen Fundus an Vorarbeiten geschöpft werden. Denn zweifelsohne steuern G1- und G2-Verfahren einige vielversprechende Ansätze bei. Durch ihre breite, Jahrzehnte umspannende Anwendung liegen brauchbare Erfahrungswerte vor. Dennoch kommt wegen diverser inhärenter Schwächen in den Vorgängerverfahren der Paradigmenwechsel nicht ganz ohne Neuentwicklungen aus. Wir erwarten von G3-Verfahren nicht ein einzelnes Matchverfahren als Ziellösung, sondern vielmehr einen Mix aus traditionellen Verfahren und Innovationen. Die neue Qualität in der Zuverlässigkeit und in der Präzision wird also durch eine intelligente Kombination aus verschiedenen Einzelverfahren erreicht.

Im folgenden Abschnitt 10.2 werden einige Grundanforderungen an G3-Verfahren formuliert. Die Abschnitte 10.3, 10.4 und 10.5 zeigen auf, mit welchen Methoden G3-Verfahren die verschiedenen Variationsquellen in Namen angehen. Das Thema der Methodenintegration wird in Abschnitt 10.6 behandelt, ein Fazit in 10.7 gezogen.

10.2   Grundanforderungen an G3-Verfahren

Von G3-Verfahren oder auch von linguistischen Identity-Matching-Lösungen wollen wir nur sprechen, wenn die Lösung bestimmten Grundanforderungen genügt. Diese werden im Folgenden formuliert, und zwar getrennt nach *allgemeinen* und *speziellen Grundanforderungen*.

Die *allgemeinen Grundanforderungen* sind grundsätzlich an jede Such- oder Matching-Lösung zu richten, unabhängig davon, ob es speziell um Personendaten geht oder nicht. Sie ergeben sich aus der Anwendungspraxis und stellen die Mindesterwartungen dar, die Käufer und Anwender sinnvollerweise mit einer solchen Lösung verbinden. Lösungen, welche sich *linguistisches Identity Matching* auf die Fahnen schreiben, sollten zusätzlich die speziellen Grundanforderungen erfüllen. Diese sind aus der Erkenntnis abgeleitet, dass die wesentlichen Variationsquellen von Namen linguistischer Natur sind und die Personensuche und der Personendatenabgleich daher spezieller linguistischer Matchverfahren bedürfen.

In der folgenden Übersicht werden allgemeine wie spezielle Anforderungen nur qualitativ beschrieben, also ohne dass die jeweiligen Parameter quantifiziert würden. Soll der Erfüllungsgrad einer Anforderung im Rahmen einer konkreten Tool-Evaluation überprüft werden, müssten solche numerischen Sollwerte noch bestimmt werden. Die Sollwerte richten sich sinnvollerweise an den Erfordernissen des jeweiligen Anwendungsfalls aus.

10.2.1 Allgemeine Grundanforderungen

Zuverlässigkeit, Präzision und Performanz bezüglich aller Variationsarten

Eine Such- oder Matching-Lösung muss Daten matchen können, welche in gewissem Rahmen Variationen aufweisen. Für alle relevanten Variationen in den zu matchenden Daten muss sie geeignete Methoden bereitstellen können. Geeignet bedeutet in diesem Zusammenhang, dass das Verfahren für die betreffende Variationsart zuverlässig, präzise und performant ist. Anders ausgedrückt muss die Lösung in kurzer Zeit große Mengen an Daten durchsuchen oder abgleichen können und dabei auf effiziente Weise sowohl False Positives als auch False Negatives vermeiden.

Primat der Trefferquote

Der Trefferquote ist im Zweifelsfall die höchste Priorität zuzuordnen. Eine Lösung, die hin und wieder irrelevante Treffer produziert, wird hingenommen, aber einer Lösung, die Daten nicht findet, welche unbestreibar relevant sind, wird es zu Recht nicht gelingen, als Such- oder Matching-Lösung akzeptiert zu werden.

In der Praxis der Personensuche heißt das, dass eine Identity-Matching-Lösung nie ausschließlich auf Thesauri setzen darf, da Thesauri von Namensvariationen immer Lücken aufweisen werden (s. Abschnitt 8.4.2). Regelsets, welche Abweichungen von Namensvariationen auch dann erkennen, wenn die Namen in dem Sinne unbekannt sind, dass sie noch in keinem Thesaurus erfasst wurden, sind also unverzichtbar. Diese Anforderung spricht indes nicht gegen einen ergänzenden Einsatz von Thesauri, durch die all die Phänomene abgedeckt werden können, für welche Regelsets nur bedingt geeignet sind.

Weitgehende Konfigurierbarkeit

Nur wenn die Lösung ein hohes Maß an Konfigurierbarkeit aufweist, lässt sie sich in großem Maßstab einsetzen, d.h. über Geschäftsprozesse, Geschäftseinheiten, Unternehmen, Branchen und Länder hinweg. Verschiedene Anwendungsfelder können sich in etlichen Aspekten unterscheiden, die einen Einfluss darauf haben, wie die Funktionen und informationellen Komponenten (d.h. Daten und Regeln) der Lösung einzustellen sind.

Personendaten, die es zu matchen gilt, variieren z.B. im Normierungsgrad und im Volumen. Auch der Nutzungszweck und der Nutzungsumfang variieren und damit zusammenhängend die Toleranz für False Negatives und False Positives. Schließlich sind auch die Expertise der Anwender und das Zeitbudget, welches diese für die Nachbearbeitung der Suchresultate aufbringen können, nicht in jedem Anwendungsfall gleich. All diese Aspekte begründen die Wichtigkeit einer sehr weitgehenden Konfigurierbarkeit. Einer flexibel einstellbaren Suchgenauigkeit kommt dabei eine Zentralfunktion zu.

Konsistente Bewertung der Treffergüte

Eine weitere Anforderung ist eine Bewertung der Treffergüte, welche über alle Suchkontexte hinweg konsistente Werte liefert. Matchscores von Treffern sollen also vergleichbar sein, auch wenn die in der Suchabfrage oder im Datenprofil berücksichtigten Datenfelder variieren können. Diese Vergleichbarkeit ist Voraussetzung dafür, dass ein Matchscore als Schwellenwert für die Anzeige eines Treffers auf der Resultateliste genutzt werden kann. Ähnlich wie die Suchgenauigkeit, sollte auch der Matchscore voll konfigurierbar sein.

10.2.2 Spezielle Grundanforderungen

Globale linguistische Abdeckung in Hinblick auf die Namensherkunft

Damit eine Identity-Matching-Lösung als linguistisch bezeichnet werden darf, müssen ihre Regeln und Thesauri Variationen von Namen in allen bedeutenden Sprach- und Kulturräumen der Welt matchen können. Dies folgt aus dem Primat der Trefferquote: Eine Lösung beispielsweise, die zwar Namen europäischer und ostasiatischer Herkunft matchen kann, aber bei Namen indischer oder arabischer Herkunft versagt, reicht nicht aus. Als realistische Zielgröße kann die Abdeckung der ca. 70 Sprachen angesehen werden, die von mindestens 10 Millionen Muttersprachlern gesprochen werden. Sind diese Sprachen linguistisch und namenskundlich erschlossen, sind damit auch alle bedeutenden Alphabete der Welt abgedeckt. Dies ist eine wichtige Voraussetzung für das zuverlässige Matchen von Transkriptionsvarianten.

An dieser Stelle soll darauf hingewiesen werden, dass die Linguistik, welche für die multilinguale Volltextsuche eingesetzt wird, mit Name Matching fast nichts gemein hat. Eine Volltextsuche basiert auf der Formalisierung semantischer und syntaktischer Aspekte der abgedeckten Sprachen, was im Name Matching praktisch keine Rolle spielt. Umgekehrt ist Transkription im Name Matching ein viel wichtigeres Thema als in der Volltextsuche, denn in Texten werden die meisten Begriffe bei der Überführung von einer Sprache in eine andere nicht transkribiert, sondern übersetzt (s. Abschnitt 4.1). Selbst bei vollständiger globaler sprachlicher Abdeckung wäre daher die in Volltext-Suchlösungen eingebaute Linguistik für linguistisches Identity Matching in keiner Weise ausreichend. Allerdings kann das Segment der Volltextsuche, welches sich mit der Erkennung von Eigennamen befasst (*Named Entity Recognition*), von Identity-Matching-Funktionen profitieren.

Breite Abdeckung von Sprachen, in die romanisiert wird

Es wurde oft betont, dass eine wichtige Quelle von Schreibvariationen in Namen die Verwendung unterschiedlicher Transkriptionsstandards ist. Wegen der dominierenden Bedeutung des lateinischen Alphabets beim globalen Identity Matching müssen die wichtigsten Romanisierungsvarianten gematcht werden. Als wichtige Romanisierungsvarianten gelten dabei Schreibweisen von Namen, die in einem nicht-lateinischen Alphabet repräsentiert sind und mithilfe gängiger Transkriptionsregeln ins Englische, Spanische, Französische, Deutsche, Portugiesische oder Italienische überführt werden.

Die Fähigkeit, Transkriptionsvarianten zu matchen, die durch die Überführung in ein nicht-lateinisches Alphabet zustande kommen, also z.B. Kyrillisierungs-, Sinisierungs- oder Arabisierungsvarianten, spielt in der heutigen Anwendungspraxis eine geringe Rolle. Es erscheint aber plausibel anzunehmen, dass von der nächsten Generation von Name Matching Tools (G4) genau diese Funktionalität erwartet wird.

Cross-Script Matching

In Anbetracht der internationalen Ausrichtung vieler Firmen und Organisationen, welche Identity Matching betreiben, ist die Fähigkeit, Namen über verschiedene Alphabete hinweg zu matchen, also z.B. Ельцин mit *Jelzin*, eine hoch zu priorisierende Anforderung. Auch hier ist eine maximale Trefferquote unverzichtbar. So muss also die kyrillische Zeichenfolge Ельцин nicht nur mit *Jelzin*, sondern auch mit *Yeltsin*, *Eltsine* und *Ieltsin* matchen.

Sprachspezifische Konfigurierbarkeit

Matchmethoden und ihre Optionen sowie der Aufruf von Regelsets und Thesauri müssen sprachspezifisch konfiguriert werden können. Auf diese Art kann dem Umstand Rechnung getragen werden, dass je nach Namensherkunft strukturell unterschiedliche Variationsphänomene Berücksichtigung finden können. Japanische Namen sind mit ganz anderen Methoden, Regeln und Hilfsdaten zu matchen als französische Namen. Würden alle Namen auf dieselbe Art, d.h. mit denselben Regelsets gematcht, wäre eine hohe Zahl von irrelevanten Treffern die Folge.

Datenfeldspezifische Konfigurierbarkeit

Nicht weniger wichtig als die sprachspezifische Konfigurierbarkeit ist die datenfeldspezifische Konfigurierbarkeit. Dies bedeutet, dass Matchmethoden, Optionen, Regelsets und Thesauri für unterschiedliche Datenfelder unterschiedlich konfiguriert werden können. Etliche linguistische Variationsphänomene zeigen sich nur in Namenselementen eines bestimmten Namensfeldtyps. Z.B. sollten Familiennamen in der Regel nicht matchen, wenn ein Name eine Verniedlichungsform des anderen darstellt (z.B. Mr. *Bill* und Mr. *William*). Vornamen sollen in diesen Fällen hingegen matchen (z.B. *Bill Clinton* und *William Clinton*).

Matchen von Namen mit multiplen Variationen

Variationen können isoliert, aber auch in Kombination auftreten. Eine linguistische Identity-Matching-Lösung muss Namen auch dann matchen können, wenn sie an mehreren Stellen variieren. Die Variationen müssen dabei nicht desselben Typs sein. Sollen z.B. Namen mit und ohne Drehern (*Jlezin* und *Jelzin*) sowie Transkriptionsvarianten (*Jelzin* und *Yeltsin*) gematcht werden, so sollen üblicherweise auch Namen gematcht werden, die gleichzeitig beide Typen von Variationen aufweisen (also *Jlezin* mit *Yeltsin*).

Linguistisch fundierte Trefferbewertung

Der Matchscore zur Bewertung der Treffergüte muss auf linguistisch definierten Kategorien basieren. Sinnvollerweise ist ein Matchscore als die Aggregation der Resultate aus verschiedenen Einzelvergleichen spezifiziert, also z.B. als die Aggregation aus Einzelvergleichen von Namenselementen, Datumselementen und Adresselementen. Um eine möglichst akkurate Aggregation zu erzielen, sollten diesen Einzelvergleichen jeweils *Relevanz-* und *Kongruenzwerte* zugewiesen werden. Die *Relevanz* eines bestimmten Einzelvergleichs steht dafür, wie aussagekräftig dieser Einzelvergleich im Verhältnis zu den anderen Einzelvergleichen ist. Seine *Kongruenz* steht für den Übereinstimmungsgrad der verglichenen Informationseinheiten – also z.B. für die Übereinstimmung zwischen einem Namenselement in der Suchabfrage und einem in dem Datenprofil.

Ist die Relevanz linguistisch definiert, wird Vergleichen mit häufigen Namenselementen (z.B. Vornamen, häufige Familiennamen, Namenszusätze) oder mit Abkürzungen (z.B. Initialen) eine geringere Bedeutung beigemessen als Vergleichen mit seltenen Namenselementen. Auch die Kongruenz sollte bei Namensvergleichen linguistisch definiert sein. Sie sollte z.B. hoch bewertet werden, wenn zwei Namen Transkriptionsvarianten desselben Originalnamens darstellen, und eher niedrig, wenn es sich nur um phonetisch entfernt verwandte Namen handelt. Sind die Resultate der Einzelvergleiche dergestalt schon anhand linguistischer Kategorien definiert, so gilt das auch für den Gesamt-Matchscore, in welchen diese Resultate einfließen.

10.3 Multilinguale Similarity Keys für das Matchen von Transkriptionsvarianten und Homophonen

Wenden wir uns nun in diesem und den beiden folgenden Abschnitten den verschiedenen Variationsquellen von Namen zu und der Frage, wie G3-Verfahren diese adressieren. Zum zuverlässigen Matchen von Transkriptionsvarianten und Homophonen stellt die Generierung von Similarity Keys mittels linguistischer Regelsets den Königsweg dar. Mit Thesauri und generativen Algorithmen kann in Anbetracht der hohen Anzahl von selten vorkommenden Namen, von Transkriptionsvarianten und von homophonen Varianten die erforderliche Zuverlässigkeit nicht erreicht werden (s. Abschnitte 8.4.2 und 9.4.3). String-Comparison-Verfahren müssten aufgrund ihrer linguistischen Agnostik extrem unscharf eingestellt werden, um Transkriptionsvarianten und Homophone zuverlässig matchen zu können. Dabei würden sie eine nicht tolerierbare Anzahl an False Positives generieren. (s. Abschnitt 9.2.2). All diese Probleme können umgangen werden, wenn mit linguistischen Regelsets Similarity Keys generiert werden, und diese anstelle der Originalnamen verglichen werden. Freilich müssen die Regelsets besondere Kriterien erfüllen, damit die Such- oder Matchresultate die gewünschte Qualität aufweisen.

Der Weg, eine unscharfe Suche mittels Regelsets umzusetzen, welche Similarity Keys generieren, wurde bereits im Phonetic Encoding beschritten, also z.B. bei Soundex und Double Metaphone. Um allerdings den oben genannten Anforderungen an eine linguistische Identity-Matching-Lösung zu genügen, erhöht sich die erforderliche Anzahl und Komplexität der Regelsets um Größenordnungen. Dies hat mehrere Gründe. Ein Grund liegt in der Sprachenvielfalt, die hinter Schreibvariationen von Namen steckt. Diese wird von Soundex vollkommen und von Double Metaphone weitgehend ignoriert. Ein zweiter Grund liegt in der Unterstützung verschiedener Suchgenauigkeitsstufen, welche von den genannten phonetischen Algorithmen ebenfalls nicht geleistet wird. Die dritte Ursache für die hohe Komplexität linguistischer Regeln in G3-Identity-Matchverfahren ist die konsequente Berücksichtigung des Zeichenkontexts.

Diese drei Gründe sollen im Folgenden näher erläutert werden. Dadurch werden die Anforderungen an linguistische Regelsets konkretisiert.

10.3.1 Komplexität durch Sprachenvielfalt

Von den etwa 70 Sprachen, welche von mehr als 10 Millionen Menschen als Muttersprache gesprochen werden, werden ca. 40 in einem nicht-lateinischen Alphabet geschrieben. Wenn wir uns auf die an anderer Stelle genannten sechs bedeutenden Zielsprachen der Romanisierung beschränken (s. Abschnitt 4.1), erhalten wir nicht weniger als 240 verschiedene Bedingungskonstellationen für die Romanisierung von Namen. Für diese 240 Konstellationen sind bestimmte

Transkriptionsphänomene charakteristisch, welche dazu führen, dass Varianten bei der Transkription desselben Namens entstehen können. Linguistische Regelsets müssen dafür sorgen, dass die Similarity Keys für Transkriptionsvarianten desselben Namen identisch sind. Da sich die Transkriptionsphänomene in den verschiedenen Romanisierungskonstellationen teilweise überschneiden, kommt man in der Praxis mit deutlich weniger als 240 Regelsets aus. Die Gesamtanzahl der Regeln hängt von der Syntax und damit verbunden mit der Komplexität der Regeln ab. Alleine für das Matchen von Transkriptionsvarianten sollte man mit einigen Dutzend Regelsets rechnen, die insgesamt aus mehreren Tausend Einzelregeln bestehen.

Analoge Überlegungen sind für Regelsets anzustellen, die Similarity Keys mit dem Ziel erzeugen, Homophone matchen zu können. Solche Regeln reflektieren die Phonetik der Ausgangs- und Zielsprachen und überschneiden sich teilweise mit den Regeln zum Matchen von Transkriptionsvarianten. Zusätzlich wird von den Regelsets zum phonetischen Matchen erwartet, dass sie homophone Namen erkennen, die bereits im Original latein-schriftlich repräsentiert werden, also z.B. *Meier* und *Mayr*, *Stewart* und *Stuart* oder *Renault* und *Reno*.

10.3.2 Komplexität durch Suchgenauigkeitsstufen

Die Komplexität der Regelsets steigt noch weiter, wenn man mit Similarity Keys verschiedene Suchgenauigkeitsstufen simuliert, was auf recht elegante Weise möglich ist. Je mehr Unterschiede die Regeln bei der Generierung von Similarity Keys nivellieren, desto unschärfer wird die Suche, welche auf dem Vergleich der Keys basiert. Dies kann man sich beim Matchen von Transkriptionsvarianten wie auch beim phonetischen Matchen zunutze machen.

Um dieses Vorgehen zu illustrieren, nehmen wir an, es sollen drei phonetische Unschärfegrade unterschieden werden:

> ➤ phonetisch identisch (*Theißen* und *Taissen*)

> ➤ phonetisch eng verwandt (*Theißen* und *Deisen*)

> ➤ phonetisch entfernt verwandt (*Theißen* und *Disan*).

Zur Realisierung der ersten Stufe bietet es sich an, Similarity Keys zu generieren, die relativ genau die Phonetik abbilden. *Theißen* und *Taissen* würden, da phonetisch identisch, den identischen Similarity Key zugewiesen bekommen. Die Keys der zweiten Stufe würden Laute, die sich nur darin unterscheiden, dass sie stimmhaft oder stimmlos sind, auf die identische Art abbilden. So würden /b/ und /p/, /d/ und /t/, /f/ und /w/, /g/ und /k/ aber auch /s/ und /z/ nicht mehr unterschieden werden. Damit würde *Theißen* und *Deisen* matchen. Auf der dritten Stufe würden zusätzlich alle Vokale und Diphtonge auf einen Standardvokal reduziert werden. Dadurch würden auch Unterschiede zwischen /ai/ und /i/ oder zwischen /e/ und /a/ nivelliert. Auf dieser Stufe matchten *Theißen* und *Disan*.

In der folgenden Tabelle werden Similarity Keys zur Abbildung der Phonetik mit dem lateinischen Alphabet dargestellt und nicht etwa mit dem *Internationalen Phonetischen Alphabet (IPA)*. Dies liegt daran, dass das IPA auch sehr feine Laut-unterschiede repräsentiert, was sich unter anderem an der sehr großen Zahl von Zeichen niederschlägt (alleine 28 für Vokale). Eine solch feine Unterscheidung ist beim phonetischen Matchen globaler Namen unbrauchbar. Daher repräsentieren einzelne Buchstaben in den Similarity Keys nicht einzelne Laute, sondern Klassen von ähnlichen Lauten.

Tabelle 10-1:   4 Beispielnamen (1. Zeile) und ihre exemplarischen Similarity Keys auf 3 phonetischen Suchgenauigkeitsstufen (Zeilen 2-4). Übereinstimmende Repräsentationen auf einer Stufe sind unterstrichen. Auf der ersten Stufe sind die Similarity Keys der ersten beiden Namen identisch, auf der zweiten jene der ersten drei Namen und auf der dritten jene aller vier Namen

	Klaußthal	*Clausstal*	*Glausdal*	*Glosdal*
1. Phonetisch identisch	klaustal	klaustal	glausdal	glosdal
2. Phonetisch eng verwandt	klaustal	klaustal	klaustal	klostal
3. Phonetisch entfernt verwandt	klastal	klastal	klastal	klastal

Im Zuge der Implementierung muss sichergestellt werden, dass immer nur Similarity Keys derselben Suchgenauigkeitsstufe verglichen werden. Die Keys, die auf einer Stufe identisch sind, sind auch auf allen untergeordneten Stufen identisch. Die höchste Stufe, auf der die Identität der Keys festgestellt wird, gibt den Grad der Übereinstimmung, also die Kongruenz der Namenselemente, an.

10.3.3 Komplexität durch Berücksichtigung des Zeichenkontextes

Bei der Erzeugung von Similarity Keys für das Transkriptions- und das phonetische Matching ist es unverzichtbar, den Kontext des Buchstabens im Namen zu berücksichtigen. Um das bekannte Beispiel heranzuziehen: Das *p* in *Thompson* ist stumm, weil es zwischen einem *m* und einem *s* steht.

Zum Zeichenkontext gehören vor- und nachständige Zeichen oder Zeichenfolgen, aber auch Wortgrenzen und Silbengrenzen. *Ph* wird in den meisten westlichen Sprachen wie ein *f* ausgesprochen, es sei denn, eine Silbengrenze verläuft zwischen dem *p* und dem *h* (wie in *Lepheimer*). Wenn Wort- und Silbengrenzen nicht ein-deutig sind, verkompliziert sich die Generierung von Similarity Keys zusätzlich. Dieses Phänomen ist z.B. bei zahlreichen thailändischen Namen anzutreffen, da Thailändisch ohne Abstände zwischen Namen oder Wörtern geschrieben wird.

In fast allen Sprachen gibt es Buchstaben, die in manchen Kontexten aus-gesprochen werden, in anderen aber nur einen Hinweis darauf enthalten, wie ein benachbartes Zeichen auszusprechen ist. Im Deutschen etwa wird das *h* in *Hans* als Hauchlaut ausgesprochen, während es in *Lacher* und *Pilcher* die Lautqualität des *c* verändert – auf jeweils unterschiedliche Weise im Übrigen (als /x/ bzw. als /ç/). In Kombination mit *s* und *c* erzeugt *h* einen Zischlaut (/ʃ/, z.B. in *Schneider*), in Kombination mit einem *p* wie erwähnt den Reibelaut *f* (z.B. in *Sophie*). Ein *h* zieht zudem einen vorstehenden Vokal in die Länge (*Kahl*). Oft hat es aber auch überhaupt keine lautliche Auswirkung (z.B. in *Roth*, *Thomas* oder *Christian*).

Die Vielgestaltigkeit des *h* in der deutschen Sprache ist noch relativ überschaubar, wenn man sich zum Vergleich etwa die Effekte bestimmter Buchstaben im Englischen oder Französischen auf die Aussprache benachbarter Buchstaben vergegenwärtigt. Darüber hinaus ergeben sich vor allem im Englischen oftmals verschiedene Aussprachemöglichkeiten bei gleicher Schreibung. Dies zeigt sich z.B. in den Unterschieden des gesprochenen amerikanischen und britischen Englisch. Im Französischen hingegen ergeben sich sehr oft verschiedene Schreibmöglichkeiten bei gleicher Aussprache.

Sophistizierte linguistische Identity-Matching-Lösungen berücksichtigen nicht nur den Kontext des Zeichens in einem Namenselement für die relevanten Sprachen, sondern auch den Kontext des Namenselements in gesamten Namen, z.B. um Wortgrenzenambiguitäten oder die Namensherkunft zu erkennen. Dadurch lässt sich die Präzision im Matching weiter verbessern. Denn durch die Berücksichtigung des erweiterten Kontexts kann die Herkunft des Namens in bestimmten Grenzen festgelegt werden. Dies hilft, die Analyse-Komponente der Regeln zu verfeinern (s. Abschnitt 1.5).

Den Kontext zu berücksichtigen, in dem ein bestimmtes Zeichen oder ein Namenselement steht, macht die Regelerstellung zu einem sehr komplizierten Unterfangen. Echte linguistische Regeln zur Erzeugung von Similarity Keys haben daher sehr wenig Ähnlichkeit mit der einfachen Zuordnungstabelle von Soundex oder dem etwas komplizierteren Regelwerk von Double Metaphone.

10.4 Thesauri für Vornamensformen und Spezialfälle

Linguistische Regeln zur Erzeugung von Similarity Keys sind in ihrer Erstellung also sehr aufwändig. Sie sind aber die richtige Lösung für das Matchen von Transkriptionsvarianten und Homophonen. Zum Matchen unterschiedlicher Vornamensformen sind sie hingegen ungeeignet. Dies hat seinen Grund darin, dass die Ableitung von Vornamensformen aus einer Grundform keinen systematischen Regeln folgt. Es gibt grundsätzlich unzählige Arten, wie beispielsweise aus einer Grundform eine Verniedlichungsform abgeleitet werden kann (s. Abschnitt 5.1). Doch sind für einen bestimmten Namen immer nur einige wenige dieser möglichen Ableitungsformen gebräuchlich. Wie bei der Bildung von Verniedlichungsformen, so folgt auch die Namensübersetzung keinen systematischen Regeln. Das bedeutet natürlich nicht, dass sie absolut beliebig wäre.

Da die Anzahl von Vornamen, für welche sich Verniedlichungsformen ein-
gebürgert haben oder die in Übersetzung vorkommen, überschaubar ist, bietet es
sich hier an, mit einem namenskundlichen Thesaurus zu arbeiten. Ein solcher
Thesaurus kann eine recht einfache Struktur aufweisen, denn die einzigen
Informationen, die unbedingt abgelegt werden müssen, sind Namenselemente und
ihre Beziehungen untereinander (z.B. "Verniedlichungsform von" oder "Über-
setzungsvariante von"). Freilich wäre es sinnvoll, zusätzlich auch noch ein
empirisch abgestütztes Maß für die Austauschbarkeit der betreffenden Namensformen abzulegen, gegebenenfalls in Abhängigkeit von den Situationen, in
welchen die Namen verwendet werden (z.B. Ausstellung eines Passes, Zitieren in
einer Zeitung, Anrede in einem Chat-Protokoll). Technisch lässt sich ein solcher
Thesaurus leicht in den Suchprozess integrieren: Benötigt werden eine ggf. unscharfe Nachschlagefunktion sowie die Möglichkeit, die Suchabfrage durch die
nachgeschlagenen Thesaurusvarianten zu erweitern.

Neben unterschiedlichen Vornamensformen können auch Standardabkürzungen
(z.B. *Ltd* für *Limited* oder *Jr* für *Junior*) sowie Variationen im Gebrauch von
Symbolen und Zahlen erfasst werden (z.B. *I, 1st, 1., Erste, Erster, Erstes, First,
Premier* etc.). Für diese Spezialfälle gilt wie für Vornamensformen, dass die Lösung
über einen Thesaurus dessen Vorteile der Präzision nutzt, ohne dass die Gefahr
eines Zuverlässigkeitsdefizits durch Unvollständigkeit besonders groß ist. Der
Bedarf an linguistischer Forschung, die nötig ist, um alle relevanten Vornamensformen und Spezialfälle im globalen Maßstab aufzunehmen, sollte dabei nicht
unterschätzt werden.

10.5   Generative Algorithmen für Tippfehler

Zur Erinnerung: Unter Tippfehlern werden in diesem Buch lediglich nicht-
linguistisch motivierte Schreibfehler verstanden. Diese Definition schließt die
häufigsten Ursachen für Schreibvariationen und -fehler in globalen Namensdaten
aus, was die relativ niedrige Priorität begründet, welche Tippfehlern im
linguistischen Name Matching zukommt. Es erscheint durchaus ratsam, in einigen
Anwendungsfällen auf das Matchen von Namen mit Tippfehlern ganz zu verzichten, vorausgesetzt natürlich, die anderen relevanten Variationsquellen sind
zuverlässig abgedeckt. Dies erscheint auch unter einem Kostenaspekt erwägens-
wert: Viele Methoden für Tippfehler sind teuer; zwar nicht in der Entwicklung,
aber in Hinblick auf die Performanz und auf die Präzision. Einige Matchverfahren
für Namen mit Tippfehlern treiben sowohl die System-Antwortzeit wie auch die
Zahl von False Positives in die Höhe.

Ganz einfache und damit besonders unpräzise Verfahren, wie z.B. die Levenshtein
Distance, sollten nicht implementiert werden. Es lohnt sich eigentlich immer, ein
wenig Mehraufwand bei der Entwicklung der Matching-Algorithmen zu betreiben,
um dadurch die Präzision zu erhöhen. Eine Voraussetzung ist die Gewissheit, dass

die Annahmen, auf welche die Präzisionssteigerung fußt, im konkreten Anwendungsfall auch tatsächlich gültig sind. In den meisten Anwendungsfällen dürfte z.B. die Annahme zutreffen, dass das versehentliche zusätzliche oder alternative Tippen auf eine Taste die Nachbartaste der Zieltaste betrifft, und nicht eine weiter entfernt liegende[6]. Ein Matching-Algorithmus, der diese Zusatzannahme berücksichtigt, ist bereits um den Faktor 5 präziser als eine Levenshtein Distance, welche alle Hinzufügungen und Vertauschungen von Zeichen unabhängig vom Tastaturlayout gleich behandelt. Eine Zusatzannahme, durch die sich die Anzahl von Matches mit Transpositionen reduzieren lässt, ist die, dass solche Dreher nur zwischen zwei Zeichen stattfinden, welche sich auf unterschiedlichen Tastaturhälften befinden. Der Grund: Transpositionen entstehen vor allem durch eine fehlerhafte Synchronisation zwischen der rechten und der linken Hand (und nicht etwa zwischen den Fingern ein und derselben Hand). Eine weitere plausible Zusatzannahme: Transpositionen betreffen nie die den ersten Buchstaben eines Namens.

Wann immer möglich, bietet es sich für das Matchen von Namen mit Tippfehlern an, mit generativen Algorithmen zu arbeiten. Dies bedeutet, dass das betreffende Namenselement in der Suchabfrage um generierte Tippfehler-Varianten expandiert wird. Sucht der Abfragende also nach *Jelzin*, so werden (ohne Zusatzannahmen) die Transpositionsvarianten *Ejlzin, Jlezin Jezlin, Jelizn, Jelzni* mitgesucht (bzw. nur *Jlezin*, wenn die oben genannten Zusatzannahmen getroffen werden). Auf diese Art wird ein *Jelzin* in der Datenbank auch dann gefunden, wenn bei der Erfassung ein Transpositionsfehler unterlaufen ist. Mit diesem Verfahren wird auch ein Transpositionsfehler bei der Formulierung der Suchabfrage ausgeglichen, denn unter den Transpositionen von *Jlezin* (als Beispiel einer fehlerhaften Sucheingabe) findet sich auch die korrekte Variante *Jelzin*.

Die folgende Tabelle zeigt einige Tippfehlervarianten für den Beispielnamen *Jelzin* und gibt deren Anzahl pro Tippfehlerkategorie an. Sie wächst in allen Fällen mit der Länge des Namenselements.

---

[6] Ein Beispiel, in welchem diese Annahme nicht zutrifft, sind Daten, deren Variationen auf Fehler in der Optical Character Recognition zurückzuführen sind.

Tabelle 10-2: 5 ausgewählte Tippfehlerarten und die Varianten, welche sie für den Beispielnamen *Jelzin* produzieren. Die hohe Anzahl der Varianten bei einigen Tippfehlerarten beschränkt die Einsatzmöglichkeiten generativer Algorithmen.

Tippfehlerart	Beispielvarianten von *Jelzin*	Zahl der Varianten
Einfache Transposition durch fehlerhafte Handsynchronisation, erstes Zeichen ausgeschlossen	*Jlezin*	1
Einfache Transposition allgemein	*Ejlzin, Jlezin, Jezlin, Jelizn, Jelzni*	5
Einfaches Vertauschen eines Zeichens mit einer Nachbartaste, erstes Zeichen ausgeschlossen	*Jwlzin, J3lzin, J4lzin, Jrlzin, Jdlzin, Jslzin, Jeozin, Jepzin...*	30 (bei 6 Nachbartasten pro Zeichen)
Einfaches Vertauschen eines Zeichens mit einer beliebigen Taste	*Pelzin, Jqlzin, Jllzin, Jxlzin, Jelain, Jel3in, Jelzpn...*	360 (bei einer Tastatur mit 61 Tasten)
Zweifaches Vertauschen von Zeichen mit einer beliebigen Taste an unterschiedlichen Stellen.	*Pelyin, Jqlziy, Jeloyn, Jxpzin, Kelzi3, Jel34nm Jwlqin...*	54'000

Die rechte Spalte lässt erkennen, dass einzelne Arten von Tippfehlern mit einer sehr großen Menge an Varianten einhergehen. Sollen auch Namen gematcht werden, die derartige Tippfehler aufweisen können, ist die Methode der Suchabfragen-Expansion mit generierten Varianten nicht mehr praktikabel. Schon eine Edit Distance von 1 ohne Zusatzannahmen stößt in den meisten Anwendungsfällen an Performanz-Grenzen. Bei einer Edit Distance von 2 wird diese in fast allen Anwendungsfällen definitiv überschritten. An Stelle der generativen Algorithmen sollten dann String-Comparison-Verfahren treten, welche z.B. nach der n-gram-Methode String-Vergleiche durchführen. Zu empfehlen sind Verfahren, die die Positionsinformation der Abweichung ins Kalkül nehmen (s. Abschnitt 9.2).

10.6   Integration der Verfahren

Ein wahrer Methodenmix ist also das Ergebnis des Bemühens, für die verschiedenen Variationsquellen von Namen das jeweils beste Verfahren zu wählen:

➢ Linguistische Regelsets zur Erzeugung von Similarity Keys, mit welchen Transkriptionsvarianten und Homophone gematcht werden

➢ Namenskundliche Thesauri zur Berücksichtigung von Vornamensformen, Standardabkürzungen und Sonderfällen

➢ Generative Algorithmen zur Behandlung von Tippfehlerarten, die eine überschaubare Zahl von Varianten generieren

➢ n-gram-basierte Verfahren für Tippfehlerarten, deren hohe Variantenzahl zu nicht tolerierbaren Performanzeinbußen führen würde, würden generative Algorithmen angewandt werden.

Jedes dieser Verfahren soll für sich hoch konfigurierbar sein. Es soll aber auch konfigurativ möglich sein, die einzelnen Verfahren in Kombination anzuwenden. Der Grund: Ist beispielsweise davon auszugehen, dass Namen derselben Person in Transkriptionsvarianten vorkommen und dass bei der Datenerfassung oder bei der Formulierung der Suchabfrage Tippfehler unterlaufen können, dann ist die Annahme gerechtfertigt, dass bei zwei zu vergleichenden Namen beide Variationsquellen auch verschränkt auftreten können.

Sinnvollerweise findet die Kombination von Matchmethoden im Rahmen der Definition von Suchgenauigkeitsstufen statt. Die folgende Tabelle enthält beispielhaft fünf Suchgenauigkeitsstufen, von *Exact* bis *Very Broad*. Jede dieser Suchgenauigkeitsstufen verknüpft mehrere Matchmethoden miteinander.

Tabelle 10-3: Integration von Matchverfahren zu Suchgenauigkeitsstufen. Im Beispiel werden 5 Suchgenauigkeitsstufen unterschieden, von *Exact* zu *Very Broad*.

	Similarity Keys	Thesauri	Generative Algorithmen	n-gram-basierte Algorithmen
Exact: Matcht Varianten mit und ohne Diakritika	x			
Precise: Matcht zusätzlich Transkriptionsvarianten und hoch austauschbare Vornamensformen	x	x		
Close: Matcht zusätzlich alle homophonen Namen und Varianten mit häufigen Tippfehlerarten	x	x	x	
Broad: Matcht zusätzlich phonetisch ähnliche Varianten	x	x	x	
Very Broad: Matcht zusätzlich phonetisch entfernt verwandte Varianten sowie Namen, die seltene Tippfehlerarten aufweisen	x	x	x	x

Treten Variationsquellen in Namen verschränkt auf, lassen sie sich in zwei Klassen unterteilen:

➢ *Verschränkung 1. Art:* Verschiedene Namenselemente desselben Namens weisen unterschiedliche Variationsarten auf, z.B. *Borid Jelzin* und *Boris Yeltsin* (Tippfehler und Transkription) oder *Bill Stuart* und *William Stewart* (Vornamensform und Homophon).

➢ Verschränkung 2. Art: Verschiedene Variationsarten treten in ein und demselben Namenselement auf, z.B. *Jeqzin* und *Yeltsin* (Tippfehler und Transkription) oder *Bill* und *Willyam* (Vornamensform und Homophon).

Verschränkungen 1. Art lassen sich relativ leicht realisieren. Voraussetzung ist, dass vor dem Matchen ein Name in seine Namenselemente zerlegt wird, was durch die Erkennung von Separatoren (z.B. Leerzeichen oder Trennstriche) und durch linguistische Regeln, welche Stellen von Wortgrenzenambiguitäten erkennen (z.B. zwischen dem vierten und dem fünften Buchstaben in *Hanspeter*) möglich ist. Die *Termzerlegung* oder *Tokenisierung* ist ohnehin eine wichtige Vorbedingung für die meisten Matchverfahren. Der Matchprozess muss für Verschränkungen 1. Art lediglich so implementiert worden sein, dass er nicht die Namensgruppen als Ganzes, sondern jedes Namenselement separat matcht.

Die folgende Tabelle enthält Beispiele für Verschränkungen 1. Art:

Tabelle 10-4:   Beispiele für Verschränkungen 1. Art auf verschiedenen Suchgenauigkeitsstufen

Suchgenauigkeitsstufe	Beispiele für Variationen mit Verschränkungen 1. Art
Exact: Matcht Varianten mit und ohne Diakritika, z.B. *Rene Müller* mit *René Muller*.	(Keine Verschränkung verschiedener Variationsarten, da nur eine Methode zur Anwendung kommt.)
Precise: Matcht zusätzlich Transkriptionsvarianten und hoch austauschbare Vornamensformen	*Jack Kusnezow* und *John Kuznetsov* (Hoch austauschbare Vornamensformen, Familiennamen sind Transkriptionsvarianten desselben Namens)
Close: Matcht zusätzlich alle homophonen Namen und Varianten mit häufigen Tippfehlerarten	*William Stuart* und *Willima Stewart* (Vorname mit Transpostion, homophone Familiennamen)
Broad: Matcht zusätzlich phonetisch ähnliche Varianten	*Stefan Theißen* und *Stefna Deisen* (Vorname mit Transposition, phonetisch ähnliche Familiennamen)
Very Broad: Matcht zusätzlich phonetisch entfernt verwandte Varianten sowie Namen, die seltene Tippfehlerarten aufweisen	*Stefan Lopez* und *Esteban Lapekz* (Phonetisch entfernt verwandte Vornamensform, Familienname mit Zeichenvertauschung und -hinzufügung).

Komplizierter als *Verschränkungen 1. Art* sind *Verschränkungen 2. Art* umzusetzen. Denn hier müssen einzelne Matchmethoden im Vergleichsprozess einzelner

Namenselemente simultan wirken. Beispiele für Namenselemente, in welchen unterschiedliche Variationsarten verschränkt auftreten, finden sich in der folgenden Tabelle:

Tabelle 10-5: Beispiele für Verschränkungen 2. Art auf verschiedenen Suchgenauigkeitsstufen

Suchgenauigkeitsstufe	Beispiele für Variationen mit Verschränkungen 2. Art
Exact: Matcht Varianten mit und ohne Diakritika, z.B. *Rene Müller* mit *René Muller*.	(Keine Verschränkung verschiedener Variationsarten, da nur eine Methode zur Anwendung kommt.)
Precise: Matcht zusätzlich Transkriptionsvarianten und hoch austauschbare Vornamensformen	*Svetlana* matcht über den Thesaurus-Eintrag *Svetochka* mit *Swetotschka* (Transkriptionsvariante der Verniedlichungsform)
Close: Matcht zusätzlich alle homophonen Namen und Varianten mit häufigen Tippfehlerarten	*Schwarzer* matcht mit *Schwarzter* (Transpostion in der zu *Schwarzer* homophonen Form *Schwartzer*)
Broad: Matcht zusätzlich phonetisch ähnliche Varianten	*Theißen* matcht mit *Deisne* (eine Tippfehler-Variante von *Deisen*, ein Name, der zu *Theißen* phonetisch ähnlich ist)
Very Broad: Matcht zusätzlich phonetisch entfernt verwandte Varianten sowie Namen, die seltene Tippfehlerarten aufweisen	*Stefan* matcht mit *Estgban* (eine Tippfehler-Variante von *Esteban*, einer phonetisch entfernt verwandten Vornamensform von *Stefan*)

Similarity-Key-basierte Matchmethoden lassen sich problemlos untereinander kombinieren, selbst wenn sie unterschiedliche Variationsphänomene abdecken. Dies ist der Flexibilität bei der Definition der Regelsets geschuldet. Z.B. lassen sich Regeln zum Matchen von Transkriptionsvarianten und zum Matchen von Homophonen zu einem Set zusammenziehen, welches Similarity Keys generiert, die Abweichungen beider Variationsquellen nivellieren.

Etwas komplizierter wird es, wenn Similarity-Key-basierte Methoden mit Methoden zu verschränken sind, bei denen Thesauri oder generative Algorithmen zum Einsatz kommen. Diese Methoden ergänzen die Suchabfrage um Varianten. Die Verschränkung gelingt, wenn aus diesen Varianten genauso wie aus den ursprünglichen, d.h. direkt eingegebenen Suchkriterien Similarity Keys erzeugt werden. Wird z.B. nach *Svetlana* gesucht und *Svetochka* als Ableitung im Thesaurus gefunden, so werden nicht nur für *Svetlana* Similarity Keys generiert (durch welche der Name z.B. mit *Swetlana* und *Svitlana* matcht), sondern auch für *Svetochka*, durch welche der Name z.B. mit *Swetotschka* matcht. Durch die Verschränkung von Transkriptionsregelsets und Thesauri findet man so auch Transkriptionsvarianten abgeleiteter Formen des eingegebenen Namens.

Similarity-Key-basierte Methoden, Thesaurus-basierte Verfahren und generative Algorithmen lassen sich untereinander also ohne große Probleme verschränken. Einbußen in der Performanz gegenüber der isolierten Anwendung dieser Methoden müssen dabei in Kauf genommen werden. In der Regel wird dieser Nachteil durch die bessere Trefferquote mehr als kompensiert.

Auch n-gram-basierte Verfahren lassen sich mit generativen Algorithmen und mit Thesaurus-basierten Verfahren gut kombinieren. Die nachgeschlagenen oder generierten Varianten werden zu diesem Zwecke im Suchprozess auf dieselbe Art behandelt, wie die ursprünglichen Suchkriterien. Nur die Kombination von n-gram-basierten und Similarity-Key-basierten Methoden stellt eine große Herausforderung dar. Dies ist sicher einer der Gründe, warum in der Praxis meist auf eine vollständig zuverlässige Verschränkung verzichtet wird. Ein anderer ist die drastische Erhöhung der Trefferanzahl, die üblicherweise mit einer Verschränkung von regelbasierten und sehr tippfehlertoleranten Methoden einhergeht.

10.7   Fazit

Am Anfang dieses Kapitels wurden allgemeine und spezielle Grundanforderungen an Identity-Matching-Lösungen der 3. Generation aufgelistet. Diese dürften die Erwartungshaltung der meisten Anwender und Käufer solcher Lösungen repräsentieren. Am Ende des Kapitels können wir das Fazit ziehen, dass sich diese Anforderungen heutzutage durchaus realisieren lassen.

Das technische Design der Lösung ist um einiges komplexer als das herkömmlicher Matching-Lösungen. Dies erklärt sich vor allem dadurch, dass nicht ein einziges Verfahren für alle Arten von Schreibvariationen implementiert werden muss, sondern dass mehrere Verfahren für verschiedene Variationsquellen zum Einsatz kommen. Diese Verfahren müssen so implementiert werden, dass sie einzeln, aber auch in Kombination Ergebnisse in der gewünschten Qualität liefern.

Der technische Entwicklungsaufwand von G3-Verfahren liegt also um einiges höher als der ihrer Vorläufer. Doch dürfte nicht darin der Hauptgrund dafür liegen, dass viele Lösungsanbieter immer noch mit G1- und G2-Verfahren am Markt präsent sind. Der wirklich bedeutende Zusatzaufwand – aber auch die eigentliche Crux – liegt nicht in der Technologie, sondern in der Linguistik, also in den linguistischen Regeln und Namensdaten. Diese müssen Transkriptionsphänomene, die Phonetik sowie Konventionen im Gebrauch von Namen vollständig und zuverlässig abbilden – und dies für alle bedeutenden Sprachen und Schriftsysteme der Welt.

Der technische und vor allem linguistische Zusatzaufwand von G3-Verfahren wirkt sich unmittelbar auf die Qualität der Resultate aus. Dies zeigen die Zuverlässigkeits- und Genauigkeitswerte (Recall und Precision) in den folgenden Diaqgrammen:

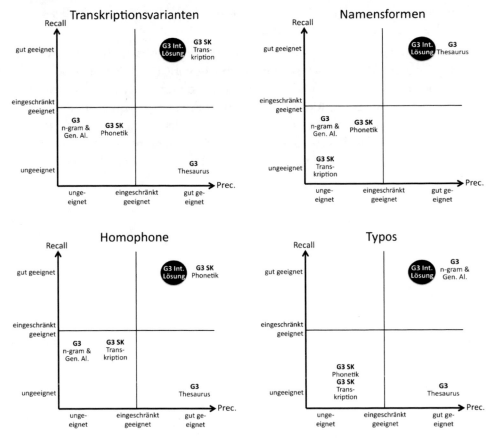

Abbildung 10-1: Brauchbarkeit der Name-Matching-Methoden der dritten Generation (G3) bezogen auf die vier wichtigsten Variationsquellen in der Schreibung von Namen. Der schwarze Kreis steht für die integrierte Lösung, welche bei allen Variationen optimale Recall- und gute Precision-Werte erzielt. Die Einzelkomponenten, aus denen sich die integrierte Lösung zusammensetzt, sind ebenfalls eingetragen. SK: Similarity Keys; Gen. Al.: Generative Algotithmen; Prec.: Precision.

Bezüglich jeder Namensvariation gibt es ein Verfahren, welches optimierte Recall- und Precision-Werte liefert. Für Transkriptionsvarianten und Homophone sind dies Similarity Keys, die durch linguistische Regelsets erzeugt werden. Für (Vor-)-Namensformen sind dies Thesauri, welche – im Gegensatz zu den G1-Thesauri – Namensformen aller bedeutenden Sprachen der Welt abdecken. Bei Typos besteht das optimale Verfahren aus einer Mischung von n-gram-Verfahren (für seltenere Typos) und generativen Algorithmen (für häufige Typos mit geringerer Anzahl von Varianten). Werden alle Verfahren auf die in diesem Kapitel beschriebene Weise zu einer Gesamtlösung integriert, ist bei Wahrung der Trefferquote mit gewissen Präzisionsverlusten zu rechnen. Dies wird durch die Position des schwarzen Kreises angegeben. Er sorgt auf alle Variationsquellen bezogen für durchgehend zufriedenstellende Resultate.

Diese Diagramme wie auch jene für G1-Verfahren (s. Abschnitt 8.5) und G2-Verfahren (s. Abschnitt 9.5) wurden auf der Basis von theoretischen Überlegungen und Schlussfolgerungen erstellt. Sie enthalten daher auch nur qualitative Einstufungen. Um die Bewertungen zu überprüfen und zu quantifizieren, wurde daher eine Benchmarkstudie durchgeführt, in welcher die Zuverlässigkeit und Präzision der wichtigsten G1-, G2- und G3-Verfahren quantitativ bestimmt wurde. Das Vorgehen und die Ergebnisse dieser Studie sind in dem folgenden Kapitel beschrieben.

11 Benchmarkstudie: Die Verfahren im Vergleich

11.1 Datengrundlage und Testnamen

In diesem Kapitel werden das Vorgehen und die Befunde einer Benchmarkstudie dargestellt, die zu dem Zwecke durchgeführt wurde, die Qualität einiger ausgesuchter G1-, G2- und G3-Verfahren zu vergleichen. Die Qualität wurde anhand der beiden Maße Recall (auch Trefferquote oder Zuverlässigkeit) und Precision (auch Präzision oder Genauigkeit) bestimmt. Die Datengrundlage besteht aus den Pofilen natürlicher Personen der sogenannten EU-Liste. Die EU-Liste ist öffentlich zugänglich. Finanzinstitute mit einer Geschäftsaktivität im EU-Raum sind verpflichtet, ihre Kunden regelmäßig gegen diese Liste zu prüfen.[7]

Es wurde die Version vom 30.11.2009 zugrunde gelegt, auf welcher 1'436 Profile natürlicher Personen gelistet sind. Die über 500 gelisteten Profile juristischer Personen wurden nicht berücksichtigt, da das Matchen von Namen von Firmen und Organisation bei einigen der untersuchten Verfahren eine Konfiguration nahegelegt hätte, die von der abweicht, die sich beim Matchen von Namen natürlicher Personen empfiehlt. Die Berücksichtigung unterschiedlicher Konfigurationen für unterschiedliche Profilarten hätte das Versuchsdesign und die Ergebnisinterpretation unnötig verkompliziert.

Die Suchanfragen bestehen aus einem Set von insgesamt 120 Testnamen, welches von Name-Matching-Experten zusammengestellt wurde (s. Tab. 11-1). Die Schreibung der Testnamen reflektiert die vier wichtigsten Variationsquellen von Personennamen, also Transkriptionsvarianten, Homophone, Vornamensformen und Typos (s. Teil I dieses Buches). Für jede dieser vier Variationsquellen wurden je 30 Testnamen in das Testset aufgenommen. Alle Testnamen sind einfach, enthalten also nur ein einziges Namenselement[8]. Dadurch ist sichergestellt, dass trotz der kleinen Datengrundlage hinreichend große und damit aussagekräftige Resultatemengen erzeugt werden. Bei der Auswahl der Testnamen wurde auch darauf geachtet, dass zumindest unter einigen der Versuchsbedingungen Treffer zu erwarten sind. Namen, die bei keiner Versuchsbedingung Treffer produzieren, sind nicht geeignet, Qualitätsunterschiede der untersuchten Verfahren aufzudecken.

---

[7] Die Erstellung und der Gebrauch solcher Listen ist in rechtlicher, politischer und praktischer Hinsicht alles andere als unproblematisch. Eine ausführliche Diskussion findet sich in der Beitragssammlung „Countering Terrorist Financing. The Practitioner's Point of View", welche 2009 vom M. Pieth, D. Thelesklaf und R. Ivory herausgegeben wurde.

[8] Ein Namenselement kann allerdings aus mehreren Unterelementen bestehen, z.B. in der Variante *Nor Eldin*.

Tabelle 11-1:   Die 120 Testnamen der Benchmarkstudie

Arabische und russ. Transkriptionsvarianten	Westliche Homophone
1. Hussein 2. Houssayn 3. Hussain	31. Dumont 32. Dumon 33. Du Mont
4. Abdurrahman 5. Abd al-Rahman 6. Abdul Rahman	34. Lavilla 35. Lavila 36. La Villa
7. Muhammad 8. Mohamed 9. Mohammad	37. Taylor 38. Tailor 39. Tayler
10. Mahmud 11. Mahmoud 12. Mehmood	40. Brighton 41. Brighten 42. Bryton
13. Nor Eldin 14. Noureddine 15. Nureddin	43. Fritz 44. Friz 45. Frits
16. Nikolaevich 17. Nikolajewitsch 18. Nikolaievitch	46. Schneider 47. Schnayder 48. Shneyder
19. Vasilyevich 20. Wassiljewitsch 21. Vassilievitch	49. Shiri 50. Schiri 51. Shiry
22. Basayev 23. Bassajew 24. Basaiev	52. Joshua 53. Yoshua 54. Joschua
25. Aleksandr 26. Alexander 27. Aleksander	55. Christopher 56. Kristopher 57. Christoffer
28. Evgeny 29. Yevgeniy 30. Jewgeni	58. Yeaten 59. Yeeten 60. Yeaton

Vornamensformen
61. George 62. Jorge 63. Giorgio 64. Georg 65. Georges 66. Juri
67. Joseph 68. Jose 69. Giuseppe 70. Josef 71. Joe 72. Yusef
73. Richard 74. Dick 75. Riccardo 76. Ricardo 77. Ricky 78. Richie
79. Stephen 80. Stefan 81. Stephane 82. Steven 83. Stefano 84. Esteban
85. Michael 86. Mike 87. Mikhail 88. Michele 89. Miguel 90. Michel

Typos
91. Goerge 92. Geogre 93. Gorge 94. Geortge 95. Geirge 96. Geeorge
97. Jsoeph 98. Jospeh 99. Jseph 100. Joserph 101. Joaeph 102. Jooseph
103. Rcihard 104. Ricahrd 105. Rchard 106. Richjard 107. Rixhard 108. Riichard
109. Setphen 110. Stehpen 111. Sephen 112. Stepühen 113. Stwphen 114. Sttephen
115. Mcihael 116. Micahel 117. Mchael 118. Michjael 119. Mixhael 120. Miichael

11.2   Verfahren und Versuchsbedingungen

Das entscheidende Kriterium zur Auswahl der zu untersuchenden Verfahren der ersten und zweiten Generation ist ihr Verbreitungsgrad.

Für die Gruppe der G1-Verfahren wurden aus diesem Grunde die Levenshtein Distance und Soundex ausgewählt. Bei der Levensthein Distance wurden vier Toleranzstufen separat untersucht, von einer Distanz von 1 bis zu einer Distanz von 4. Es resultieren insgesamt fünf Versuchsbedingungen für die erste Generation von Name-Matching-Verfahren:

1.   Levensthein Distance 1 (LD 1)

2.   Levensthein Distance 2 (LD 2)

3.   Levensthein Distance 3 (LD 3)

4.   Levensthein Distance 4 (LD 4)

5.   Soundex.

In der Gruppe der G2-Verfahren wurden Jaro-Winkler, Editex, die Kölner Phonetik, Metaphone und Double Metaphone ausgewählt. Jaro-Winkler und Editex wurden in jeweils vier verschiedenen Toleranzstufen untersucht[9]. Die zweite Generation von Name Matching Tools ist somit durch 11 Versuchsbedingungen vertreten:

6. Jaro-Winkler 0.6 (JW 0.6)

7. Jaro-Winkler 0.7 (JW 0.7)

8. Jaro-Winkler 0.8 (JW 0.8)

9. Jaro-Winkler 0.9 (JW 0.9)

10. Editex 2

11. Editex 3

12. Editex 4

13. Editex 5

14. Kölner Phonetik (Kölner Ph.)

15. Metaphone

16. Double Metaphone (Double MP)

Die Verfahren der ersten und zweiten Generation sind als Programmcode frei für jedermann verfügbar. Für die viel komplexeren Verfahren der dritten Generation gilt dies nicht, so dass hier auf ein kommerzielles Tool zurückgegriffen wurde. Die Wahl fiel auf das Produkt Traphoty (Rel. 1.0) der Linguistic Search Solutions AG. Traphoty erfüllt alle oben beschriebenen Kriterien an ein linguistisches Identity Matching Tool (s. 10.2). Darüber hinaus erlaubt sein modularer Aufbau, die vier uns interessierenden Komponenten sowohl separat als auch intergriert zu testen, wodurch es möglich wird, die im Fazit von Kapitel 10 dargestellten Zusammenhänge vollständig zu überprüfen (s. 10.7, insbesondere Abb. 10-1). Es ergeben sich die folgenden fünf Versuchsbedingungen:

17. Traphoty Transcriptions

18. Traphoty Phonetics

---

[9] Die Distanzwerte wurden pro Verfahren so gewählt, dass das optimale Verhältnis von Recall und Precision in der Mitte des Wertebereichs vermutet werden konnte. Bei Jaro-Winkler wurden die Distanzwerte 0.6, 0.7, 0.8 und 0.9 getestet, bei Editex die Werte 2, 3, 4 und 5. Bei der Festlegung weiterer Formelparameter wurden die Empfehlungen der Fachliteratur befolgt. Bei Jaro-Winkler wurden für den Parameter l (maximale Länge des übereinstimmenden Präfixes) der Wert 4, für den Parameter p (Skalierungsfaktor für das Gewicht bei übereinstimmendem Präfix) der Wert 0.1 gesetzt. Die Editex-Implementierung entspricht den Vorgaben der beiden Autoren Dart und Zobel in ihrem Artikel von 1996.

19. Traphoty Name Forms

20. Traphoty Typos

21. Traphoty Integriert

11.3 Vorgehen und Ergebnisse

Für jeden Testnamen wurde jedes Datenprofil der EU-Liste danach eingestuft, ob es als relevant oder als nicht relevant zu bewerten ist. Pro Versuchbedingung wurden alle 120 Testnamen als Suchabfragen gegen die EU-Liste abgesetzt. Somit wurden für jede der 21 Versuchsbedingungen 120 Resultatelisten erzeugt, deren Recall und Precision aufgrund der Relevanzeinstufung der Datenprofile bestimmt werden konnte.

Die Qualität der untersuchten Verfahren sollte für jede der vier Variationsquellen separat bestimmt werden, so dass also Recall- und Precision-Werte für Transkriptionen, Homophonie, Namensformen und Typos vorliegen. Gleichzeitig interessierte die Gesamtperformanz, also über alle vier Variationsquellen hinweg. Die aggregierten Recall- und Precision-Werte wurden auf Basis der aufsummierten Anzahlen von True Positives, False Positives und False Negatives ermittelt.[10]

Ergebnisse aus empirischen Studien im Bereich des Information Retrievals werden oftmals mittels der sogenannten *F-Metrik* dargestellt. In der *F-Metrik* werden der Recall und die Präzision miteinander verrechnet, wobei den beiden Maßen ein unterschiedliches Gewicht zugewiesen werden kann. In der F-Metrik können daher sehr gute Präzisionswerte Defizite im Recall-Bereich kompensieren. Dieses Phänomen entspricht nicht der Praxis des Name Matchings, wo ein hoher Recall-Wert in der Regel unverzichtbar ist und niedrige Recall-Werte selbst durch eine noch so gute Präzision nicht hingenommen werden können. Daher wurde auf die Darstellung der F-Metrik verzichtet. Interessierte können eine solche aber leicht aus den berichteten Recall- und Precision-Maßen berechnen.

11.3.1 G1-Verfahren

In der folgenden Tabelle sind die durchschnittlichen Trefferquoten und Präzisionswerte pro G1-Versuchsbedingung und Variationsquelle wiedergegeben:

---

[10] Diese Form der Aggregation erscheint in Hinblick auf die meisten Anwendungen praxisrelavanter als die Alternative, nach welcher erst Precision und Recall für jeden einzelnen Testnamen ermittelt und anschließend der Durchschnitt gebildet wird. Zur Kontrolle wurde auch diese zweite Aggregationsform berechnet. Das Befundmuster unterschied sich nur minimal.

Tabelle 11-2:   Recall- und Precision-Werte ausgewählter G1-Verfahren in Prozent, getrennt nach Variationsquelle sowie über alle Variationsquellen hinweg („Gesamt"). LD x: Levensthein Distance mit der Toleranzstufe x.

	Tran-skription		Homo-phonie		Namens-formen		Typos		**Gesamt**	
	Rec.	Prec.	Rec.	Prec.	Rec.	Prec.	Rec.	Prec.	**Rec.**	**Prec.**
LD 1	54	99	77	47	20	90	67	100	**50**	**91**
LD 2	77	85	94	37	43	21	100	91	**73**	**61**
LD 3	89	59	96	3	65	5	100	20	**85**	**16**
LD 4	91	23	96	0	85	2	100	2	**91**	**4**
Soundex	69	68	80	66	52	71	73	67	**77**	**37**

Erwartungsgemäß steigt der Recall mit zunehmender Levensthein Distance (von 50% auf 91%). Gleichzeitig fällt die Precision (von 91% auf 4%). Selbst wenn eine Levensthein Distance von 4 toleriert würde (und damit ca. 25 irrelevante Treffer pro relevanten), würden keineswegs alle relevanten Datenprofile gefunden. Der Recall der Levensthein Distance ist den Erwartungen entsprechend nur bei Typos zufriedenstellend (100% ab einer Distanz von 2).

Soundex scheidet bei Homophonie am besten ab, was in Anbetracht dessen, dass es sich um einen phonetischen Algorithmus handelt, nicht verwundert. Beim phonetischen Matching wurde ein Recall von 80% und eine Präzision von 66% ermittelt. Jedes fünfte homophone Datenprofil bleibt also im Durchschnitt unentdeckt, und auf zwei homophone Treffer kommt ein heterophoner.

11.3.2   G2-Verfahren

Die Zuverlässigkeits- und Genauigkeitswerte unter den 11 Versuchsbedingungen der zweiten Generation sind in der folgenden Tabelle aufgeführt:

Tabelle 11-3:   Recall- und Precision-Werte ausgewählter G2-Verfahren in Prozent, getrennt nach Variationsquelle sowie über alle Variationsquellen hinweg („Gesamt"). JW x: Jaro-Winkler Distance mit der Toleranzstufe x. Kölner Ph.: Kölner Phonetik. Double MP: Double Metaphone.

	Tran-skription		Homo-phonie		Namens-formen		Typos		**Gesamt**	
	Rec.	Prec.	Rec.	Prec.	Rec.	Prec.	Rec.	Prec.	**Rec.**	**Prec.**
JW 0.6	93	8	96	0	85	2	100	1	**92**	**3**
JW 0.7	93	21	96	3	74	9	100	5	**90**	**12**
JW 0.8	91	52	96	22	54	47	100	35	**85**	**46**
JW 0.9	73	93	85	98	30	84	94	88	**67**	**92**
Editex 2	83	83	94	85	28	41	78	94	**72**	**78**
Editex 3	88	47	94	24	42	23	78	79	**79**	**42**
Editex 4	88	37	96	5	57	10	100	32	**84**	**22**
Editex 5	89	28	96	1	84	5	100	9	**89**	**10**
Kölner Ph.	88	31	94	11	48	24	60	34	**78**	**28**
Metaphone	88	82	79	63	27	67	40	78	**72**	**79**
Double MP	88	81	90	39	36	32	33	38	**74**	**65**

Die unterschiedlichen Toleranzstufen von Jaro-Winkler und Editex zeigen die bekannte negative Beziehung von Precision und Recall: Um auch nur eine Trefferquote von ca. 90% zu erzielen, was in vielen Anwendungsfällen völlig unzureichend ist, müssen ca. 10 irrelevante Treffer pro relevanten Treffer in Kauf genommen werden. Einen 100%igen Recall erreichen beide Verfahren nur, wenn es sich bei den Variationen um Typos handelt (eine entsprechend hohe Toleranzstufe vorausgesetzt). Das Verhältnis von Recall und Precision ist bei Jaro-Winkler und Editex in etwa gleich und stellt eine graduelle Verbesserung gegenüber dem G1-Verfahren der Levenshtein Distance dar.

Die drei untersuchten phonetischen Verfahren der zweiten Generation, Kölner Phonetik, Metaphone und Double Metaphone, unterscheiden sich im Recall nur wenig untereinander (78%, 72% und 74% über alle Testnamen). In diesem Wertebereich liegt auch der Recall des G1-Verfahrens Soundex (77%). Die Präzision ist bei Metaphone und Double Metaphone mit 79% und 65% deutlich besser als bei der Kölner Phonetik (28%) und bei Soundex (37%). Die phonetischen Algorithmen matchen Transkriptionsvarianten und Homophone wesentlich zuverlässiger als unterschiedliche Namensformen und Namen mit Tippfehlern. Nur in einem Fall erreicht der Recall einen Wert von über 90%, nämlich beim phonetischen Matchen durch die Kölner Phonetik. Die 94%ige Trefferquote geht allerdings mit einer sehr schlechten Präzision von 11% einher.

11.3.3   G3-Verfahren

Die untenstehende Tabelle gibt Recall- und Precision-Werte der vier Traphoty-Komponenten Transcription, Phonetics, Name forms und Typos wieder, sowie die Performanz der integrierten Lösung.

Tabelle 11-4:   Recall- und Precision-Werte des G3-Tools Traphoty (Traphoty Integriert) und seiner Komponenten (Transcriptions, Phonetics, Name forms, Typos)

	Tran-skription		Homo-phonie		Namens-formen		Typos		**Gesamt**	
	Rec.	Prec.	Rec.	Prec.	Rec.	Prec.	Rec.	Prec.	**Rec**	**Prec.**
Traphoty Transcript.	100	100	40	100	17	97	2	100	**74**	**100**
Traphoty Phonetics	32	100	100	100	21	100	22	100	**32**	**100**
Traphoty Name forms	32	100	42	100	100	100	0	100	**42**	**100**
Traphoty Typos	59	99	79	100	18	100	100	100	**55**	**100**
Traphoty Intergriert	100	99	100	80	100	97	100	95	**100**	**98**

Einzeln untersucht erzielen die Traphoty-Komponenten nur bei jeweils einer Variationsquelle optimale Recall-Werte – bei der, für welche sie jeweils entwickelt wurden. Hier wird ein Recall von 100% erreicht. Die Präzisionswerte sind durchgehend sehr hoch, doch sollte dies nicht überbewertet werden. Ist der Recall niedrig, wie z.B. beim Matchen von Namen mit Tippfehlern durch die Komponente Transcriptions, kann ein hoher Präzisionswert von 100% kaum als Qualitätskriterium gelten.

Die Ergebnisse lassen einen Rückschluss auf den Zusammenhang von phonetischem Matchen und dem Matchen von Transkriptionsvarianten zu: Obwohl die Komponenten Phonetics 100% der Homophone matchen kann, gelingt dies nur bei 32% der Transkriptionsvarianten. Umgekehrt kann die Komponente Transcriptions nur 40% der Homophone matchen. Dies ist dem Umstand geschuldet, dass bei der Transkription eben noch andere Aspekte als die Phonetik eine Rolle spielen.

Eine Einzelkomponente ist nicht dafür gedacht, alle Variationsquellen abzudecken. Daher sind die Ergebnisse der Versuchbedingung „Traphoty Integriert" die eigentlich interessanten. Wir erkennen, dass ein 100%iger Recall über alle Variationsquellen hinweg realisiert wurde, ohne dass die Präzision merklich leidet. Sie ist mit 98% immer noch sehr hoch.

11.3.4 Limitationen

Das klare Befundmuster dieser Studie, das zudem den Erwartungen entspricht, welche in den vorangegangenen Kapiteln hergeleitet wurden, soll nicht den Blick auf Aspekte verstellen, welche die Aussagekraft der Befunde einschränken oder zumindest in Frage stellen.

So stellt sich die Frage, inwiefern die Befunde als repräsentativ gelten können. Die Datengrundlage ist mit 1'436 Datenprofilen nicht gerade umfangreich und nur begrenzt typisch für Sammlungen globaler Namensdaten. Die Testnamen selbst wurden nicht empirisch gewonnen, sondern von Experten mit dem Ziel erstellt, verschiedene Variationsquellen abzubilden. In vielen Anwendungsfällen dürften die zu überprüfenden Namen meist aus mehreren Namenselementen bestehen und zu einem geringeren Prozentsatz Variationsphänomene aufweisen. Von daher wäre mit insgesamt besseren Precision- und wahrscheinlich auch Recall-Werten zu rechnen, als sie in dieser Studie gefunden wurden.

Alle Testnamen lagen in lateinisch-schriftlicher Form vor und wurden auch nur auf Basis des lateinischen Alphabets gesucht. Die Fähigkeit, innerhalb nicht-lateinischer Alphabete oder sogar über Alphabetgrenzen hinweg Namen zu matchen, war somit nicht Untersuchungsgegenstand dieser Benchmarkstudie. Zahlreiche weitere Aspekte des Identity Matchings, wie z.B. die Wildcard-Suche, das Matchen von Initialen, die Suche mit variierenden Namensdatenstrukturen oder das Matchen von Nicht-Namens-Attributen blieben ebenfalls unberücksichtigt.

Bei den untersuchten Verfahren der ersten und zweiten Generation handelt es sich um weit verbreitete und damit repräsentativ ausgewählte Verfahren. Allerdings sind einige Verfahren flexibel in Bezug auf Parametrisierungen und sogar Implementierungsoptionen. Dem wurde teilweise dadurch Rechnung getragen, dass einige Verfahren mit verschiedenen Toleranzstufen getestet wurden (jeweils vier für Levensthein, Jaro-Winkler und Editex). Im Zweifelsfall wurde die in der Fachliteratur am häufigsten empfohlene Parametrisierung vorgenommen. Die Implementierung geschah durchweg auf relativ einfache Weise, was der gängigen Praxis entspricht. Allerdings sei darauf hingewiesen, dass durch eine raffiniertere Umsetzung gewisse Spezialphänomene besser behandelt werden könnten. Auf diese Art würden einige G1- und G2-Verfahren z.B. bessere Ergebnisse erzielen, wo Testnamen aus Unterelementen bestehen (wie z.B. bei *Nor Eldin*).

Auch in Hinblick auf die „Wissenschaftlichkeit" weist die Studie gewisse Limitationen auf. Zwar wurde im Rahmen der Zielsetzung dieser Studie hoher Wert auf Nachvollziehbarkeit, Objektivität und Repräsentativität gelegt. Hingegen wurden weder die Testnamen noch die Versuchsbedingungen unter wissenschaftlich kontrollierten Bedingungen ausgewählt. Die Befunde wurden rein deskriptiv gegenübergestellt; auf eine inferenzstatistische Absicherung der ermittelten Unterschiede wurde verzichtet. Wären die Ergebnisse nach den Gepflogenheiten der wissenschaftlichen Gemeinschaft berichtet worden, hätte dieses Kapitel ein Vielfaches seines Umfangs einnehmen müssen und wäre zudem einem Großteil der Leserschaft in Teilen nicht mehr zugänglich.

In Anbetracht dieser Limitationen bleibt zu hoffen, dass diese Benchmarkstudie unter kontrollierten wissenschaftlichen Bedingungen und in größerem Rahmen wiederholt werde. Von besonderem praktischen Interesse wäre dabei ein Vergleich verschiedener Verfahren der dritten Generation.

11.3.5 Schlussfolgerungen

Ungeachtet der genannten Limitationen vermittelt die Benchmarkstudie ein klares Befundmuster: Nicht-linguistische Name-Matching-Verfahren sind nicht in der Lage, zuverlässig Namen zu matchen, wenn diese gängige Variationen in ihrer Schreibung aufweisen. Insbesondere matcht kein einziges der untersuchten G1- und G2-Verfahren Transkriptionsvarianten, die nach Meinung vieler wichtigste Variationsart in globalen Namensdaten, auf überzeugende Weise.

Der Recall beim Matchen von Transkriptionsvarianten erreicht unter den Verfahren der ersten und zweiten Generation einen Maximalwert von 93% und zwar bei den Versuchsbedingungen Jaro-Winkler 0.6 und Jaro-Winkler 0.7. Unabhängig davon, dass diese Trefferquote mit schlechten Präzisionswerten einhergeht (3 beziehungsweise 12%), kann sie im Bereich der Banken-Compliance kaum als zufriedenstellend angesehen werden, zumal es sich bei den Transkriptionsphänomen in den Testnamen ausschließlich um gängige Phänomene handelt. Daher erscheint es nicht wahrscheinlich, dass eine intelligente Integration verschiedener G1- und G2-Verfahren zu einer überzeugenden Matching-Qualität führen würde. Dies wurde im Rahmen dieser Studie allerdings nicht auf direkte Weise überprüft.

Die gute Nachricht aus der Untersuchung besteht im Abschneiden von Traphoty als einem Repräsentanten eines linguistischen Identity Matching Tools der dritten Generation. Die Einzelkomponenten haben einen durchweg 100%igen Recall für die Variationsquelle, für die sie entwickelt wurden. Ein solcher Wert mag auf den ersten Blick erstaunen, doch erklärt er sich zum einen aus der Flexibilität linguistischer Regelsets im Vergleich zu mathematischen Algorithmen und zum anderen aus dem Umstand, dass nur gängige Variationsarten untersucht wurden. Es wurde nicht untersucht, ob ein 100%iger Recall mit den Traphoty-Komponenten auch dann erreicht werden kann, wenn die Testnamen ungewöhnliche Variationsarten aufweisen. Dazu zählen auch verschränkte Variationen innerhalb eines Namens (s. Abschnitt 10.6).

In der integrierten Lösung, dem eigentlichen Traphoty-Produkt, wurden die Einzelkomponenten so verbunden, dass der perfekte Recall bewahrt wurde, ohne dass die Präzision darunter stark gelitten hätte. Sie ist mit 98% immer noch sehr gut. Damit ist das Potenzial des linguistischen Name Matchings eindrucksvoll demonstriert.

Die folgende Abbildung zeigt in einer Übersicht das Abschneiden aller untersuchten Verfahren, welche einen Recall von mindestens 70% aufweisen:

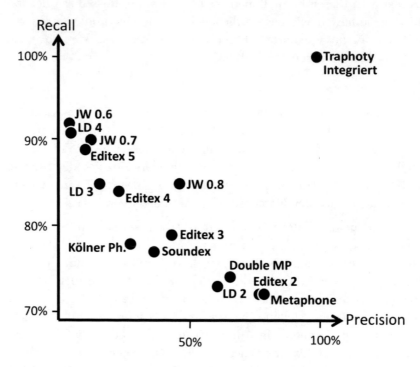

Abbildung 11-1:   Übersicht über Recall und Precision der untersuchten Verfahren Es wurden nur Verfahren mit einem Recall von mindestens 70% aufgeführt. JW: Jaro-Winkler; LD: Levensthein Distance; Kölner Ph.: Kölner Phonetik; Double MP: Double Metaphone.

Aus dieser Übersicht wird ersichtlich, dass tatsächlich das inkrementelle Verbessern der G1-Verfahren zu G2-Verfahren nur geringe Auswirkungen auf die Qualität der Ergebnisse hatte, noch geringere sogar, als es unsere in Kapitel 9 angestellten Überlegungen nahegelegt haben mögen. Die Positionierung von Traphoty Integriert in dieser Grafik veranschaulicht die quantensprungartige Qualitätsverbesserung, die durch den Paradigmenwechsel hin zum linguistischen Identity Matching möglich geworden ist.

Teil III: Bereit für den Paradigmenwechsel

Die ersten beiden Teile haben aufgezeigt, welche Konzepte, Methoden und vor allem welches Potenzial sich hinter dem Paradigma des linguistischen Identity Matching verbergen. Dabei sind die Konzepte zum einen der Linguistik und hier insbesondere der Onomastik (Namenskunde) entnommen, zum anderen dem Information Retrieval. In Bezug auf die Methoden haben wir gesehen, dass sich das neue Paradigma durch einen Methodenmix auszeichnet. Dadurch kommt für die verschiedenen Variations- und Fehlerquellen in Namensdaten das jeweils am besten geeignete Verfahren zur Anwendung. Das Potenzial des neuen Paradigmas liegt in dem enormen Qualitätssprung gegenüber Verfahren des alten Paradigmas, welches sich sowohl in der Trefferquote, als auch in der Präzision spürbar niederschlägt. Damit einher geht ein deutlich verringertes Risiko, relevante Datenprofile zu übersehen, sowie ein deutlich verringerter Aufwand in der Arbeit mit den Resultatelisten. Denn diese enthalten fast keine irrelevanten Treffer mehr.

Die Kapitel von Teil III sollen dabei helfen, das Potenzial von linguistischem Identity Matching in der Praxis auszuschöpfen. Kapitel 12 „G3 Name Matching und Identity Matching" zeigt auf, wie sich Methoden des linguistischen Name Matching mit Methoden für das Matchen anderer Identitätsattribute, wie z.B. der Adresse, dem Geburtsdatum oder dem Geschlecht kombinieren lassen. Anders ausgedrückt geht es darum, wie aus einer Name-Matching-Lösung eine Identity Matching Lösen werden kann. Kapitel 13 „Tipps für die Evaluation" gibt konkrete Unterstützung für die schwierige und oft unterschätzte Aufgabe, linguistische Identity-Matching-Lösungen zu testen und zu evaluieren. Kapitel 14 schließlich gibt mit „The Linguistic Search Standard" dem Leser ein praxiserprobtes und zukunftsweisendes Hilfsmittel für die Einstellung von Suchparametern in einer beliebigen linguistischen Identity-Matching-Lösung zur Hand.

12 G3 Name Matching und Identity Matching

Name Matching, also das Matchen von Personennamen, spielt fast immer die wichtigste Rolle im Identity Matching. Selten findet Identity Matching ganz ohne Namen statt, relativ häufig indes nur mit dem Namen. Name Matching ist auch jener Teil, in welchem sich der Paradigmenwechsel vom herkömmlichen zum linguistischen Identity Matching am stärksten auswirkt. Daher bildet das Matchen von (Personen-)Namen den Schwerpunkt in den meisten Kapiteln dieser Abhandlung. Den anderen Identitätsattributen, welche in der Suche nach und im Abgleich von Personendaten vorkommen, ist speziell dieses Kapitel gewidmet.

Identitätsattribute lassen sich in Merkmalsgruppen zusammenfassen. Die wichtigsten Merkmalsgruppen von Nicht-Namens-Attributen sind:

➢ Raumbezogene Merkmale, z.B. Geburtsort, Postanschrift, Steueradresse und Staatsangehörigkeit

➢ Zeitbezogene Merkmale, z.B. Geburtsdatum einer natürlichen oder das Gründungsdatum einer juristischen Person

➢ Klassifikatorische Merkmale, z.B. Geschlecht (bei natürlichen Personen) oder Rechtsform (bei juristischen Personen)

➢ Künstliche identifizierende Merkmale, z.B. Steuernummer, Passnummer und Sozialversicherungsnummer

Diese Merkmalsgruppen – es ließen sich noch weiter aufzählen – können alternativ oder ergänzend zu Personennamen im Matchingprozess Berücksichtigung finden. Die dafür geeigneten Matchmethoden unterscheiden sich teilweise erheblich von jenen, die sich für das Matchen von Personennamen bewähren. Wir werden jedoch sehen, dass wir beim Matchen einiger, vor allem raumbezogener Merkmale vielfach Anleihen beim linguistischen Matchen von Personennamen machen können.

Die für das Identity Matching relevantesten Aspekte der einzelnen Merkmalsgruppen werden in den folgenden Abschnitten geschildert. Zum Schluss des Kapitels wenden wir uns der Frage zu, wie die Matchergebnisse aus dem Vergleich der verschiedenen Merkmale zu einem Gesamtergebnis integriert werden können. Dabei wird das *Filtermodell* und das *Gewichtungsmodell* erläutert.

12.1 Raumbezogene Identitätsattribute

Die im Identity Matching wichtigsten raumbezogenen Merkmale oder Identitätsattribute natürlicher Personen sind die Nationalität, das Geburtsland, der Geburtsort (im Sinne einer Stadt oder einer Gemeinde) sowie Steuer-, Wohnsitz- und Korrespondenzadressen. Bei juristischen Personen sind es das Gründungsland sowie die Adressen von Hauptsitz und Niederlassungen. Bei all diesen Merkmalen können Variationen in der Art auftauchen, wie der gleiche Sachverhalt repräsentiert wird. Wie bei Personennamen ist auch bei raumbezogenen Merkmalen die Kenntnis dieser Variationsquellen und ihrer Auswirkungen Voraussetzung für die Bestimmung der am besten geeigneten Matchmethoden.

12.1.1 Länderdaten: Nationalität, Geburtsland, Gründungsland

Von Einträgen wie *staatenlos* oder *unbekannt* abgesehen, ist der Wertebereich der Nationalität, des Geburtslandes und des Gründungslandes grundsätzlich durch die Menge aller Nationalstaaten gegeben. Elektronische Formulare, welche sowohl bei der Datenerfassung als auch bei der Formulierung einer Suchabfrage Einsatz finden, unterstützen zumeist die Auswahl von Nationalstaaten mittels Dropdown-Listen. Deren Werte sind mit den Ländercodes standardisierter Tabellen ver-knüpft, z.B. der ISO-Tabelle 3166-1 für gegenwärtige Staaten und einige abhängige Gebiete. In dieser Tabelle ist für jeden aktuell existierenden Staat ein zwei- und ein dreistelliger Buchstabencode erfasst, z.B. *GB* und *GBR* für *Großbritannien*. Wenn derartige Codes es sind, die zur Feststellung von Identität oder Nicht-Identität beispielsweise der Nationalität herangezogen werden, sind zwar nicht alle, aber die meisten Variationsquellen in der Repräsentation von Ländern ausgeschaltet.

Wird hingegen die Eingabe von Daten in Suchformularen oder Erfassungsmasken nicht durch Auswahllisten mit definiertem Wertebereich gesteuert, öffnet sich der Raum für Schreibvariationen und Fehler. Bei der Schreibung des Namens eines Staates können ähnliche Variationen auftauchen wie bei der Schreibung eines Personennamens, z.B.:

➢ Namen in Übersetzung: *Deutschland, Germany, Allemagne*

➢ Mehrere austauschbare Ländernamen innerhalb einer Sprache: *Ceylon* und *Sri Lanka* oder *Birma, Burma* und *Myanmar*

➢ Abgekürzte Namen und Vollformen: *GB, G.B.* und *Großbritannien* oder *UK, U.K.* und *United Kingdom*

➢ Optionale Namenselemente: *Bundesrepublik Deutschland* und nur *Deutschland* oder *Volksrepublik China* und nur *China.*

➢ Durch Homophonie erklärbare Schreibfehler: *Kenja* statt *Kenia* oder *Tailand* statt *Thailand*

➢ Nicht-linguistische Tippfehler, wie z.B. Dreher: *Frankriech* statt *Frankreich.*

Eine Variationsquelle von Ländernamensdaten, die keine direkte Entsprechung bei Personennamensdaten hat, betrifft das Verschwinden und die Neuentstehung von Ländern. So haben z.B. die Sowjetunion, die DDR und Jugoslawien gegen Ende des 20. Jahrhunderts als Staaten(bünde) aufgehört zu existieren. Auf dem Gebiet der Sowjetunion und Jugoslawien entstanden Nachfolgestaaten, während die DDR Teil der Bundesrepublik Deutschland geworden ist. Ohne besondere Vorkehrungen können solche Konstellationen leicht zu Fehlern im Matchingprozess werden.

Drei Fallbeispiele dafür:

➢ In den 80er Jahren wurde als Geburtsland einer in Belgrad geborenen Person *YU* (für Jugoslawien) erfasst. Später, nach dem Zerfall Jugoslawiens, wird eine Suche mit dem Geburtsland *RS* (für Serbien) gegen diesen Datenbestand abgesetzt. Da Serbien und Jugoslawien als unterschiedliche Länder mit unterschiedlichen ISO-Codes repräsentiert werden, wird das betreffende Profil nicht als relevanter Treffer erkannt und so zum False Negative. Die mangelhafte Trefferquote erklärt sich aus dem Fehlen einer Heuristik im Matchingprozess, welche die Beziehung zwischen dem ehemaligen Jugoslawien und seinen Nachfolgestaaten speziell abbildet und so verhindern könnte, dass die Werte YU und RS als Mismatches fehlinterpretiert werden.

➢ In einer Datenbank befinden sich Profile von Personen, deren Staatsangehörigkeit teils mit DD (alter ISO-Code für die DDR) und teils mit DE (für Bundesrepublik Deutschland) angegeben ist. Im Such-Tool, welches auf den Datenpool aufgesetzt ist, kann das Land nur aus einer Liste mit aktuellen Ländern ausgewählt werden. Der Matchingprozess wurde daher so konfiguriert, dass das Suchkriterium Bundesrepublik Deutschland (DE) automatisch auch Profile mit dem Wert DDR (DD) findet. Eine solche Lösung stellt die Trefferquote sicher, allerdings auf Kosten der Präzision. Denn dem Suchenden wird keine Möglichkeit gegeben, seine Suche auf Profile einzuschränken, die in der Datenbank z.B. mit DDR (DD) erfasst wurden. Er würde immer auch Treffer mit bekommen, welche den Wert Bundesrepublik Deutschland (DE) aufweisen.

➢ Verschiedene personenbezogene Datenbestände aus dem Raum der ehemaligen Sowjetunion sollen mittels Identity Matching konsolidiert werden. In einem ersten Schritt sind Datenprofile zu ermitteln, welche dieselbe Person repräsentieren. Aufgrund der Problematik, dass die Daten zu unterschiedlichen Zeiten erfaßt wurden, spiegelt die in ihnen enthaltene Länderinformation verschiedene Stufen des Auflösungsprozesses der Sowjetunion wider. So finden sich in den Daten z.B. Einträge für die Sowjetunion neben Einträgen für verschiedene Nachfolgestaaten (z.B. Armenien, Russland, Usbekistan). Für den Matchingprozess wurden alle diese Werte zu einem einzigen Wert normiert (*SU und ihre Nachfolgestaaten*). Mit dieser Normierungsheuristik wurde zwar verhindert, dass Duplikate unentdeckt bleiben, nur weil die Länderinformation zu unterschiedlichen Zeiten erfasst wurde. Aufgrund fehlender Spezifität produziert diese Heuristik aber zahlreiche False Positives, z.B. indem sie Einträge unterschiedlicher Nachfolgestaaten miteinander matcht.

Dies sind drei Beispiele unvollständiger Lösungen für das Problem zerfallender und neu entstehender Länder. Dass dieses Problem in einem Identity Matching Tool nicht vollständig gelöst ist, ist eher die Regel als die Ausnahme. Die Ursache dafür ist weniger, dass eine vollständige Lösung konzeptionell oder technisch besonders aufwändig wäre. Vielmehr wird an das Problem meistens einfach nicht gedacht.

12.1.2   Oikonyme: Namen von Städten, Stadtteilen und Ortschaften

Der linguistische Fachbegriff für Ortsnamen oder auch Siedlungsnamen heißt *Oikonym*. Wie Ländernamen gehören *Oikonyme* zur Klasse der *Toponyme* (Namen von Örtlichkeiten i.w.S.). Einige recht häufig vorkommende Identitätsattribute werden durch Oikonmye wiedergegeben, z.B. der Geburtsort, der Wohnort oder der Ort einer Betriebsstätte. Werden Ortschaften zu einem Profil erfasst oder als Teil einer Suchabfrage spezifiziert, geschieht dies selten mittels einer Auswahl aus einer vordefinierten Werteliste. Zu hoch ist in der Regel die Zahl der in Frage kommenden Orte. Von den zahlreichen Schreibvariationen einzelner Orte ganz abgesehen. Solche Schreibvariationen decken sich weitgehend mit jenen, die wir oben bei Ländern besprochen haben:

➢ Namen in Übersetzung: *München, Munic* (französisch und englisch), *Munique* (portugiesisch), *Monaco di Baviera* (italienisch), *Minca* (rätoromanisch), *Münih* (türkisch)

➢ Mehrere Namen innerhalb einer Sprache: *Karl-Marx-Stadt* und *Chemnitz* oder *Sankt Petersburg* und *Leningrad* oder *Pressburg* und *Bratislava*

➢ Abgekürzte Namen und Vollformen: *LA, L.A.* und *Los Angeles*

➢ Optionale Namenselemente: *Sankt Petersburg* oder nur *Petersburg, Frankfurt am Main* oder *nur Frankfurt*

➢ Durch Homophonie erklärbare Schreibfehler: *Frankental* statt *Frankenthal* oder *Bankok* statt *Bangkok*

➢ Nicht-linguistische Tippfehler, wie z.B. Dreher: *Hmaburg* statt *Hamburg*

Die Auflistung von Variations- und Fehlerquellen zeigt, dass es in den meisten Anwendungsfällen unerlässlich ist, Ortsnamen unscharf zu suchen. Hinzu kommt, dass Ortsnamen weit weniger als Ländernamen nationalen oder internationalen

Normierungsbestrebungen unterliegen. Einheimische Ortsnamen (Endonyme, z.B. *Milano*) und die entsprechenden Fremdnamen (*Exonyme*, z.B. *Mailand*) werden oft unterschiedslos gebraucht.

Bei deutschen Ortsnamen kommt noch als zusätzliche Variationsquelle die teils inkonsequente Umsetzung der deutschen Rechtschreibreform von 1996 hinzu. Zwar hat der Ständige Ausschuss für geographische Namen, eine deutsche Normierungsstelle, die Anwendung der neuen Rechtschreibregeln auf Orte empfohlen. Dadurch wird z.B. *Haßberg* zu *Hassberg*, *Rauhkopf* zu *Raukopf* und *Gemsenberg* zu *Gämsenberg*. In der Praxis sind aber nach wie vor die älteren Schreibversionen stark verbreitet.

Wie Länder können sich auch Orte strukturell verändern, z.B. durch Eingemeindungen, Spaltungen und Vereinigungen von Städten oder Stadtteilen. Dafür sollten entsprechende Heuristiken im Matchingprozess vorgesehen werden. Darüber hinaus ist beim Matchen von Ortsangaben darauf zu achten, dass die Ortschaften in einer Hierarchie stehen können, die auf Teil-Ganzes-Beziehungen beruht. *Kreuzberg* ist Teil von *Berlin* und *Manhatten* Teil von *New York City*. Oben in dieser Hierarchie finden sich die Länder. Zuverlässiges Matchen von Ortsangaben ist nur denkbar, wenn die Möglichkeit besteht, Orte als Teile anderer Orte zu erkennen. Dies bedarf der Integration umfangreicher Sammlungen geographischer Daten in den Matchingprozess.

Erschwert wird dieses Unterfangen dadurch, dass Ortsnamen einen bestimmten Ort oft nicht eindeutig bezeichnen. Dies gilt zum einen für Standardbezeichnungen von Orten. So gibt es im deutschsprachigen Raum zahlreiche Ortschaften, die *Neustadt* heißen (auch in den Varianten *Neuenstadt* oder *Neustadtl*). Diese nahe liegende Benennung findet sich auch in anderen Sprachräumen z.B. als *Newtown* (auch *New Town*, *Newton*), *Villeneuve* (auch *Neuville*), *Villanova* (auch *Cittanova*) oder *Nowograd* (auch *Nowgorod*). Neben Standardbezeichnungen sind aber zum anderen Namen größerer Städte, deren Bedeutung etwas weiter in die Geschichte hineinreicht, oft uneindeutig. Denn neu gegründete Siedlungen wurden und werden oft nach solchen Städten benannt. Alleine in den USA tragen Dutzende von Ortschaften den Namen *Berlin* oder *Paris*.

Von einem guten Identity Matching Tool darf zudem erwartet werden, dass es nicht nur Namen von Ortschaften untereinander matchen kann, sondern auch Namen mit Postleitzahlen (oder besser: Postcodes). Sind die Postcodes bekannt, reduziert sich das Problem gleichnamiger Ortschaften erheblich.

12.1.3 Adressen

Die meisten Überlegungen und Feststellungen der beiden vorhergehenden Abschnitte treffen auch auf Adressen zu, denn Adressen beinhalten üblicherweise Angaben zu Ländern und Orten. Adressen haben eine komplexe Struktur. Sie bestehen aus mehreren heterogenen Elementen, neben der Bezeichnung für das Land

und den Ort z.B. auch aus Postcodes, Straßennamen, Hausnummern und Adress-
zusätzen (wie *c/o*, *zu Händen von*). Keines dieser Elemente ist fixer Bestandteil einer
jeden Adresse. Die Reihenfolge der Elemente variiert untereinander und zwar
sowohl innerhalb eines Landes als auch zwischen Ländern. Schließlich ist jedes
Adresselement durch ein spezifisches Set an Variationsphänomenen gekenn-
zeichnet.

Nehmen wir als Beispiel Straßennamen – der namenskundliche Fachbegriff hierfür
heißt *Hodonym*. Ein *Hodonym* besteht oft aus einem *Hauptwort* (dem „eigentlichen"
Namen, z.B. *Park-* *Lessing-* oder *Post-*) und einem *Grundwort*, z.B. *Straße, Weg, Gasse,
Rue, Boulevard, Avenue, Alley, Corner, Road, Gateway, Hills*. Schreibvariationen im
Hauptwort entsprechen grundsätzlich denen, die in Personennamen vorkommen,
zumal das Hauptwort eines Hodonyms oft Personen bezeichnet. Das Grundwort
wird oft abgekürzt, wobei es manchmal nur eine Standardabkürzung gibt (*Str.* für
Straße), manchmal aber auch mehrere (*B, BD, BVD* und *BLVD* für *Boulevard*).
Grundwörter werden leichter vertauscht als Hauptwörter, weswegen ein
Mismatch im Grundwort ein geringeres Gewicht haben sollte als ein Mismatch im
Hauptwort: Mit *Churchill Boulevard* mag die *Churchill Road* gemeint sein, aber wohl
kaum der *Yorkshire Boulevard*.

Die Verbindung von Hauptwort und Grundwort kann im Deutschen auf verschiedene Art realisiert werden: Zusammenschreibung (*Neuheimerweg*), Getrenntschreibung mit Bindestrich (*Neuheimer-Weg*) und Getrenntschreibung ohne Bindestrich (*Neuheimer Weg*) – eine Variationsquelle, welche im Matchen von
Hodonymen unbedingt berücksichtigt werden muss. Eine weitere ist der oft
variierende Gebrauch von Endungen und Partikeln an der Fuge zwischen Haupt-
und Grundwort (*Friedrichgasse* und *Friedrichsgasse* oder *Sonnweg* und *Sonnenweg*).
Schließlich kann der Straßennamen vor oder nach der Hausnummer stehen oder
auch ohne Hausnummer in der Adresse vorkommen.

Durch die vielen Elemente, aus denen Adressen bestehen können, finden sich in
Adressdaten nicht selten auch erläuternde Elementbezeichnungen, wie z.B. *PLZ:*
oder *Straße:*, welche natürlich nicht mit den eigentlichen Elementen gematcht
werden dürfen. Eine Besonderheit beim Matchen von Adressen besteht in der
Asymmetrie in der Bewertung von Matches und Mismatches. Ein Mismatch ist
nicht besonders aussagekräftig, da sich Adressen juristischer und natürlicher
Personen relativ häufig ändern. Hingegen ist ein Match relativ eindeutig, da
Adressen ein unterscheidungskräftiges Merkmal darstellen.

12.2   Zeitbezogene Identitätsattribute

Zeitbezogene Identitätsmerkmale oder -attribute sind z.B. das Geburtsdatum einer
natürlichen, oder das Gründungsdatum einer juristischen Person. Gelegentlich
kommt es auch vor, dass mit Zeitangaben andere Identitätsmerkmale genauer beschrieben werden, z.B. die zeitliche Gültigkeit eines Wohnsitzes oder eines Eigen-

tumsverhältnisses oder die Zeitdauer, in welcher eine Person einer bestimmten beruflichen Tätigkeit nachgegangen ist.

Datumsangaben werden üblicherweise mit einem Datums-Datentyp abgespeichert. Allein dieser Umstand stellt schon eine sehr häufige Fehlerquelle dar, denn viele Systeme lassen das Abspeichern unvollständiger Daten im Datumsformat nicht zu. Ist nur das Geburtsjahr bekannt (z.B. *1972*), wird dann oft ein willkürlich komplettiertes Datum abgespeichert (z.B. *01.01.1972*). Wird mit dem vollständigen Datum gesucht (z.B. *11.07.1972*) kann es ohne besondere Vorkehrungen zum Fehlschluss eines Mismatches kommen.

Dass im amerikanischen Datumsformat der Monat dem Tag vorangeht, in den meisten anderen Datumsformaten hingegen der Tag an erster Stelle steht, ist eine weitere Variationsquelle. Der *12.07.1972* und der *07.12.1972* können also durchaus identische Tage repräsentieren.

Gelegentlich ist das Geburtsjahr nur ungefähr bekannt. Steht in einem Zeitungsartikel z.B. das Alter einer Person („die 52-jährige Vorsitzende"), lässt dies stets zwei mögliche Geburtsjahre zu (im Beispiel: *1957* und *1958*, wenn der Artikel im Jahre 2010 erschienen ist). Manchmal werden in solchen Fällen zwei Datumswerte zu einem Profil erfasst, manchmal nur eines, ggf. mit einem entsprechenden Hinweis (z.B. „ca.").

Zeitbezogene Daten werden gelegentlich auch unstrukturiert, z.B. in einem Freitextfeld erfasst. Ist dies der Fall, muss mit der Möglichkeit von Tippfehlern (z.B. *Jannuar*), Übersetzungsvarianten (z.B. *Januar, January* und *Janvier*) und Varianten im Gebrauch von Ziffern und Symbolen (z.B. *5.1., Fifth January* und *January 5th*) gerechnet werden.

Unterschiedliche Datumsformate lassen sich zu einem Standardformat normieren. Aber auch danach besteht oft noch Anlass, zeitbezogene Daten unscharf zu suchen. Dabei lassen sich zwei grundsätzlich verschiedene Auffassungen von Unschärfe unterscheiden.

Die Zeitspanne als Unschärfemaß

Die *zeitspannenbezogene Unschärfe* bestimmt sich aus dem zeitlichen Abstand der zu vergleichenden Daten. Wird diese Unschärfe zugrunde gelegt, sind beispielsweise die Daten *31.12.1999* und *01.01.2000* (ein Tag Differenz) näher beisammen, als etwa *01.01.2000* und *03.01.2000* (zwei Tage Differenz). Ein anderes Beispiel: Die in ihren Einzelementen recht kongruenten Daten *12.05.1947* und *12.05.1974* würden als untereinander weniger ähnlich bewertet werden, als die Daten *12.05.1947* und *07.07.1950*, obwohl letztere in jedem Element divergieren.

Die Übereinstimmung der Datumselemente als Unschärfemaß

Die *elementbezogene Unschärfe* bestimmt sich aus dem Grad der Kongruenz der einzelnen Datumselemente. Die beiden Daten *31.12.1999* und *01.01.2000* sind in keinem einzigen Datumselement kongruent. Die Daten *01.01.2000* und *03.01.2000* immerhin in zweien, dem Monat und dem Jahr. Auch die Daten *12.05.1947* und *12.05.1974* würden bei der elementbezogenen Unschärfe als ähnlich bewertet werden, denn die Zeitspanne von 27 Jahren, die zwischen ihnen liegt, geht auf einen einzigen Dreher im Jahresdatumselement zurück.

In den meisten Anwendungsfällen erscheint die elementbezogene Unschärfe als das geeignetere Konzept. Es lässt sich verfeinern, indem z.B. Vertauschungen von Datumselementen (*12.07.1972* und *07.12.1972*) oder Dreher innerhalb eines Datumselements (*12.07.1972* und *21.07.1972*) besonders niedrig gewichtet werden. Bei Bedarf lassen sich beide genannten Unschärfe-Definitionen mit relativ geringem konzeptionellen und technischen Aufwand verschränken.

12.3 Klassifikatorische Identitätsattribute

Unter klassifikatorischen Identitätsattributen oder Merkmalen verstehen wir Identitätsattribute, die weder unmittelbar raum- oder zeitbezogen sind, noch einer Person zu dem einzigen Zweck der eindeutigen technischen Identifizierbarkeit künstlich zugewiesen wurde (wie es bei den noch zu besprechenden Identifikationscodes der Fall ist). In unserem Zusammenhang relevante klassifikatorische Merkmale bei natürlichen Personen sind z.B. das Geschlecht, die Augenfarbe, der (Hoch-)Schulabschluss oder die Berufsgruppe. Bei juristischen Personen sind dies typischerweise die Rechtsform und die Branchenzugehörigkeit.

Damit solche Merkmale im Identity Matching ihren Zweck voll erfüllen können, ist es hilfreich, wenn die Klassifizierung bei der Profildatenerfassung oder der Formulierung einer Suchabfrage mittels Auswahllisten mit fest definiertem Wertebereich vorgenommen wird. Selbstredend sollten die Klassifikationssysteme für alle Anwendungsfälle eine einfache, eindeutige und damit fehlerfreie Auswahl ermöglichen. Beim Merkmal Geschlecht ist dies leicht zu realisieren. Hingegen ist es kaum möglich, ein Klassifikationssystem für die Branchenzugehörigkeit aufzustellen, das gleichzeitig vollständig, detailliert, eindeutig und übersichtlich ist. Auch Klassifikationen von Rechtsformen eines Unternehmens können kompliziert und fehleranfällig werden, vor allem im globalen Kontext. Eine Ursache dafür liegt darin, dass die Rechtsformen in verschiedenen Jurisdiktionen oder Ländern nach unterschiedlichen Kriterien definiert und voneinander abgegrenzt werden. Daher kann es keine gleichzeitig systematische und praxistaugliche Klassifikation geben, der jede Rechtsform eines jeden Landes zweifelsfrei zugeordnet werden könnte.

Ungeachtet solcher klassifikatorischen Probleme erhöhen fortgeschrittene Identity Matching Tools die Präzision, indem sie aus dem Namen Informationen zur Rechtsform oder zum Geschlecht ableiten. Stehen im Namensfeld Begriffe wie

Limited, Inc., GmbH oder *Stiftung*, erscheint der Schluss gerechtfertigt, dass es sich bei dem betreffenden Datenprofil um eine juristische Person in der entsprechenden Rechtsform handelt.

Um das Geschlecht mit ausreichender Zuverlässigkeit aus dem Namen bestimmen zu können, müssen namenskundliche Besonderheiten aller bedeutenden Sprach- und Kulturräume berücksichtigt werden:

➢ Im westlichen Personennamensystem (s. Abschnitt 3.3.1) ist der Vorname sehr häufig geschlechtsindikativ. Eine Ausnahme ist z.B. der angelsächsische Name *Ashley*, den Frauen wie Männer tragen. Das Geschlecht, das mit einem Namen assoziiert ist, muss über die Sprachgrenzen hinweg keinesfalls das gleiche sein: Im Deutschen sind *Andrea, Simone* und *Nicola* Frauennamen, im Italienischen Männernamen. Männer aus Ländern mit spanischer oder portugiesischer Tradition tragen nicht selten den (eigentlich weiblichen) Vornamen *Maria*, während dort bei einigen Frauen der (eigentlich männliche) Name *Jesus* vorkommt, zumeist in Verbindung mit *Maria*. Nach dem, was in Abschnitt 3.3.1 über die Vielgestaltigkeit des amerikanischen Middle Name festgestellt wurde, verwundert es nicht, dass im westlichen Personennamensystem US-amerikanischer Prägung der Middle Name einer Frau auch ein männlicher Vorname sein kann. So ist *Alicia Christian Foster* der bürgerliche Name der Schauspielerin *Jodie Foster*. Es ist wichtig, die Identifikation des Geschlechts auf Basis namenskundlich abgestützter Personennamensysteme vorzunehmen.

➢ Im russischen Personennamensystem (s. Abschnitt 3.3.2) ist der Vorname in ähnlichem Grade geschlechtsindikativ wie der westliche Vorname. Zudem weisen das Patronym und der Familienname das Geschlecht aus: Ивановна Кузнецова *(Ivanovna Kuznetsova)* sind Namenselemente einer Frau; Иванович Кузнецов *(Ivanovich Kuznetsov)* die entsprechenden Elemente beim Mann. Die Geschlechtsindikativität russischer Namen wird dadurch eingeschränkt, dass ein russischer weiblicher Familienname seine weibliche Endung verlieren kann, wenn er im Westen verwendet wird. Mit *Kuznetsova* ist demnach immer eine Frau gemeint *(Кузнецова)*, mit *Kuznetsov* kann sowohl eine Frau als auch ein Mann gemeint sein (Кузнецова oder Кузнецов).

➢ Im arabischen Personennamensystem (s. Abschnitt 3.3.3) weist grundsätzlich der Ism (analog dem westlichen Vornamen), die Kunya (*Abu*: männlich, *Umm*: weiblich), die Nasab (*Bin*: männlich, *Bint*: weiblich) und oft sogar die *Laqab* das Geschlecht des Träger aus (*Abdullah*: männlich; *Amatullah*: weiblich). Eine gewisse Uneindeutigkeit ist dadurch gegeben, dass die einzelnen Namenselemente, vor allem in ihrer männlichen Form, auch als Familiennamen vorkommen können, analog dem westlichen Personennamensystem. Zudem wird gelegentlich das Partikel *Bin* oder *Bint* ignoriert: Aus der eindeutig weiblichen Kombination *Bint Hassan* wird so das vermeintlich männliche Namenselement *Hassan*. In solchen Fällen geben aber stets andere Namenselemente das

Geschlecht eindeutig an: *Fatima Hassan Hussni* lässt sich eindeutig als Frau (und als Tochter von *Hassan*) identifizieren. Diese Überlegungen verdeutlichen, warum die namensbasierte Geschlechtererkennung stets den Namen als Ganzes betrachten muss und sich nicht mit der isolierten Betrachtung einzelner Namenselemente begnügen darf.

Die Liste ließe sich noch um etliche weitere Personennamensysteme erweitern. Diesen Abschnitt zusammenfassend stellen wir fest, dass es zahlreiche Ansatzpunkte zur Erkennung des Geschlechts aus dem Namen gibt. Vor allem wenn der Namenselementtyp bekannt ist, lässt sich die Präzision signifikant steigern. Allerdings bedarf es spezialisierter, namenskundlich abgesicherter Algorithmen, um sicherzustellen, dass die Präzisionssteigerung nicht auf Kosten der Trefferquote erfolgt.

12.4   Identifikationscodes

Identifikationscodes, wie z.B. die Passnummer, Sozialversicherungsnummer, Steuernummer oder Kundennummer, sind die unterscheidungskräftigsten Identitätsattribute (s. Abschnitt 3.1). Zu diesem Zweck wurden sie eigens eingeführt. Dass sie beim Identity Matching keine größere Rolle spielen, liegt an ihrer relativ geringen Verbreitung.

Die Struktur von Identifikationscodes ist vergleichsweise einfach und oft für die Datenverarbeitung optimiert. Weil sie Buchstaben, Ziffern und nicht selten auch Sonderzeichen enthalten, sollte man von *Codes* und nicht von Identitäts*nummern* sprechen. Sie weisen andere Variationsquellen als Namen auf: Sie werden nicht transkribiert und werden praktisch nie aus dem (phonetischen) Gedächtnis eingegeben. Methoden zum Matchen von Transkriptionsvarianten oder von Homophonen sind daher obsolet.

Nicht-linguistische Tippfehler sind hingegen ein Thema. Dabei ist zu beachten, dass die Häufigkeit von Vertauschungen von Ziffern u.a. davon abhängt, ob die Ziffern über einen Nummernblock oder über den oberen Rand des Tastaturfeldes eingegeben werden. Zu beachten ist auch, dass Sonderzeichen oft durch andere ersetzt oder sogar ganz weggelassen werden. Bei aus unterschiedlichen Bestandteilen zusammengesetzten Identifikationscodes sollte eine Toleranz gegenüber dem Fehlen einzelner Bestandteile realisiert werden.

Der Matchingprozess muss zudem sicherstellen, dass Identifikationscodes desselben Typs verglichen werden (also nicht Passnummern mit Sozialversicherungsnummern). Ist der Typ des Identifikationscodes in der Suchabfrage oder im Datenprofil nicht bekannt, darf eine Nichtübereinstimmung von Werten nicht als Mismatch interpretiert werden. Eine Übereinstimmung hingegen ist wegen der starken Unterscheidungskraft der meisten Identifikationscodes immer ein aussagekräftiger Befund.

12.5 Integration der Einzelvergleiche

In einem Identity-Matching-Prozess mit verschiedenen Merkmalen stellt sich die Frage, wie die Einzelergebnisse der Matchprozesse mit den verschiedenen Merkmalen zu einem Gesamtergebnis konsolidiert werden. Die Antwort auf diese Frage hängt einmal mehr vom konkreten Anwendungsfall ab. Sie kann je nach Qualität der Daten, Expertise der Anwender oder Verwendungszusammenhang der Ergebnisse unterschiedlich ausfallen. Grundsätzlich bieten sich zwei Ansätze an, welche auch gut miteinander kombiniert werden können: das *Filtermodell* und das *Gewichtungsmodell*.

12.5.1 Das Filtermodell

Im reinen Filtermodell wird für jedes Merkmal ein Schwellenwert dafür definiert, ab wann in Hinblick auf das betreffende Merkmal von einem Match oder von einem Mismatch gesprochen werden soll. Nur wenn der Vergleich von Suchabfrage und Datenprofil bei keinem einzigen der verglichenen Merkmale unter dem jeweiligen Schwellenwert bleibt, kommt das Datenprofil als Treffer in Frage. Entsprechend niedrig müssen die Schwellenwerte gewählt werden und entsprechend unscharf muss die Matchmethode eingestellt sein. Denn selbst eine perfekte Übereinstimmung in verschiedenen Merkmalen kann im Filternodell nicht verhindern, dass ein Datenprofil wegen fehlender Übereinstimmung in einem einzigen Attribut als irrelevant bewertet wird. So formuliert klingt das Filtermodell als von begrenztem praktischen Wert. Doch in gewisser Hinsicht gehen die meisten Anwender von Identity-Matching-Tools implizit vom Filtermodell aus. Denn viele erwarten, dass sich bei jeder zusätzlichen Eingabe eines Suchkriteriums in einer Abfrage die Trefferzahl reduziert oder zumindest gleich bleibt, also auf jeden Fall nicht erhöht. Dieser Effekt lässt sich mit einem Filtermodell erzielen.

Das Grundprinzip des Filtermodells soll an einem einfachen Beispiel veranschaulicht werden. Eine Suche mit den drei Kriterien Name, Geburtsdatum und Nationalität wird gestartet. Der Schwellenwert pro Merkmal wurde dabei auf 60% festgelegt. D.h. dass nur Datenprofile als Treffer bewertet werden, die in keinem Merkmal eine Übereinstimmung von weniger als 60% mit dem entsprechenden Suchkriterium aufweisen.

Der Vergleich der Suchabfrage

Name = *Jelzin*, Geburtsdatum = *2.1.1930*, Nationalität = *Russisch*

mit dem Datenprofil

Name = *Yeltsin*, Geburtsdatum = *1.2.1931*, Nationalität = *Russisch* würde in unserem Beispiel eine Übereinstimmung von 90% in Namen, von 50% im Geburtsdatum und von 100% in der Nationalität ergeben. Wegen der Unterschreitung des 60%-Schwellenwerts im Geburtsdatum wird das Datenprofil als Mismatch gewertet. Selbst eine vollkommene Namensübereinstimmung hätte daran nichts geändert, sondern lediglich eine Senkung des Schwellenwertes auf z.B. 50%.

12.5.2 Das Gewichtungsmodell

Im reinen Gewichtungsmodell werden den einzelnen Merkmalen keine Schwellenwerte, sondern *Gewichtungsfaktoren* zugewiesen. Das Gesamtergebnis des Vergleichs einer Suchabfrage mit einem Datenprofil ergibt sich aus der Aggregation der gewichteten Einzelvergleiche.

In der folgenden Formel geschieht dies mittels Durchschnittsbildung:

$$Matchscore = \frac{G_{Name} \times T_{Name} + G_{Geb.} \times T_{Geb.} + G_{Nat.} \times T_{Nat.}}{G_{Name} + G_{Geb.} + G_{Nat.}}$$

In dieser einfachen Beispielformel zur Berechnung eines Matchscores im Rahmen eines Gewichtungsmodells stehen G_{Name}, $G_{Geb.}$ und $G_{Nat.}$ für die Gewichtungsfaktoren der Merkmale Name, Geburtsdatum und Nationalität. T_{Name}, $T_{Geb.}$ und $T_{Nat.}$ stehen für die Treffergüte dieser Merkmale in Prozent.

Werden die Gewichtungsfaktoren für Name, Geburtsdatum und Nationalität mit 10, 5 und 3 festgelegt, ergibt sich in unserem Beispiel ein Matchscore von

$$Matchscore = \frac{10 \times 90\% + 5 \times 50\% + 3 \times 100\%}{10 + 5 + 3} \approx 80{,}56\%$$

Im reinen Gewichtungsmodell wird im Gegensatz zum Filtermodell nicht für einzelne Merkmale ein Schwellenwert definiert, sondern für den (Gesamt-) Matchscore. Beträgt der Schwellenwert für diesen 80% oder weniger, wird das Beispieldatenprofil als relevant bewertet und angezeigt. Wird er z.B. auf 90% festgelegt, erscheint das Datenprofil nicht auf der Resultateliste.

Dass eine hohe Übereinstimmung in einem Merkmal eine niedrige Übereinstimmung in einem anderen Merkmal ausgleichen kann, wird als Vorteil des Gewichtungsmodells gegenüber einem Filtermodell angesehen. Allerdings geschieht dies auf Kosten des oben erwähnten Effekts bei Filtermodellen, demzufolge zusätzliche Suchkriterien die Treffermenge nie erweitern können. Genau dies kann im Gewichtungsmodell passieren.

Zur Illustration dessen folgender Fall: Eine Suchabfrage, in welcher nur der Name und das Geburtsdatum angegeben wurde, erzeugt eine sehr hohe Treffermenge. Der Anwender will die Treffermenge einschränken, indem er ein weiteres Suchkriterium angibt, z.B. die Nationalität. Statt der erwarteten Reduktion der Treffermenge wird die Treffermenge größer. Zwar sind jene Profile von der Resultateliste verschwunden, welche eine abweichende Nationalität haben und den Schwellenwert bei der ersten Suche nur knapp überschritten haben. Im Gegenzug wurden aber zusätzliche Treffer durch Datenprofile produziert, die in den ersten beiden Suchkriterien knapp unter dem Schwellenwert geblieben sind, und durch eine hohe Übereinstimmung in dem dritten, neu hinzugekommenen Suchkriterium nun die Hürde nehmen.

Dieser Effekt kann anhand des obigen Beispiels nachvollzogen werden. Wir erhalten mit den beiden Suchkriterien

Name = *Jelzin* und Geburtsdatum = *2.1.1930*

für das Beispielprofil

Name = *Yeltsin*, Geburtsdatum = *1.2.1931* und Nationalität = *Russisch*

einen Matchscore von ca. 76,67%:

$$Matchscore = \frac{10 \times 90\% + 5 \times 50\%}{10 + 5} \approx 76,67\%$$

Liegt der Schwellenwert bei 80%, würde das Profil für diese Suchabfrage also nicht angezeigt werden. Durch Hinzunahme eines weiteren Suchkriteriums, nämlich der (mit dem entsprechenden Profilmerkmal übereinstimmenden) Nationalität, würde das Profil über den Schwellenwert kommen. Denn unter dieser Bedingung liegt der Matchscore wie oben berechnet bei ca. 80,56%.

12.5.3 Kombinierte Modelle

Die Erwartungen der Anwender an die Trefferbewertung können durch kombinierte Modelle oft am besten erfüllt werden. In einem kombinierten Modell werden einige Attribute nach dem Filtermodell gematcht, andere nach dem Gewichtungsmodell. Eine hinreichende Datenqualität vorausgesetzt, kann es sich z.B. als sinnvoll erweisen, das Geschlecht und die Staatsangehörigkeit als Filter, den Namen hingegen als gewichtetes Kriterium zu behandeln.

Der Name selbst besteht aus Namenselementen unterschiedlicher Typen. Auch innerhalb einer solchen Namens-Merkmalsgruppe mag es sich lohnen, Aspekte des Filtermodells mit Aspekten des Gewichtungsmodells zu kombinieren. Z.B. kann im Sinne des Filtermodells ein Match im Familiennamensfeld als notwendige

Voraussetzung, Matches im Vornamen oder im Zwischennamen hingegen als nicht notwendige gewichtete Beiträge zum Matchscore behandelt werden.

Unabhängig davon, ob die Modelle in Reinform oder in kombinierter Form eingesetzt werden, müssen merkmalsspezifische Lösungen für jene Fälle entwickelt werden, in denen Werte fehlen. Die optimale Lösung hängt auch hier von der Datenqualität ab: Bedeutet ein fehlender Zwischenname, dass die Person tatsächlich keinen hat? Eine fehlende Nationalität, dass der Betreffende staatenlos ist? Damit verbunden: Wenn eine Nationalität eingetragen wurde, bedeutet dies, dass der Betreffende keine weitere Staatsangehörigkeit besitzt? Von der Beantwortung dieser Fragen hängt es ab, wie die Formel aussieht, mit welcher Einzelvergleiche auf Merkmalsbasis zu einem Gesamt-Matchscore integriert werden.

Mit einem weiteren Zuwachs an Komplexität ist zu rechnen, wenn die Aktualität von Suchkriterien und Profilmerkmalen voneinander abweichen kann. In diesem Fall besteht eine Asymmetrie in der Unterscheidungsstärke von Matches und Mismatches, denn Übereinstimmungen haben z.B. in Bezug auf das relativ instabile Merkmal Adresse eine weit größere Aussagekraft als Diskrepanzen. Eine analoge Situation ist beim Vergleich der unterscheidungskräftigen Identifikationscodes gegeben, wenn der Typ des Codes nicht bekannt ist. Wie oben geschildert ist unter dieser Bedingung die Übereinstimmung in den Identifikationscodes von Suchabfrage und Datenprofil ein deutlicher Hinweis darauf, dass es sich beim Datenprofil um eine Repräsentation der gesuchten Person handelt. Eine Nichtübereinstimmung kann hingegen dadurch verursacht sein, dass unterschiedliche Typen verglichen wurden. Derartige Querbezüge zwischen Merkmalen sollten in das Gesamtmodell zur Trefferbewertung einfließen.

12.6   Fazit

In diesem Kapitel wurde das Name Matching, der Themenschwerpunkt der vorangehenden Kapitel, in den Kontext des Identity Matching gestellt. Der (Personen-) Name stellt vor allem wegen seiner Verbreitung und Unterscheidungskraft das wichtigste Merkmal in der Suche nach und im Matchen von Personendaten dar. Sind aber noch weitere Identitätsmerkmale bekannt, so kann mit diesen vor allem die Präzision noch deutlich gesteigert werden.

Einiges von dem, was wir für das Matchen von Namensattributen empfohlen haben, lässt sich auf die anderen Merkmalsgruppen übertragen. Auch für Nicht-Namens-Attribute gilt, dass sich die jeweils am besten geeigneten Matchmethoden durch eine Analyse der Quellen von Variationen in der Repräsentation von Merkmalsausprägungen ermitteln lassen. Teilweise lassen sich die Verfahren für das Name Matching auch auf Nicht-Namens-Merkmale übertragen. Z.B. spielen bei Ortsnamen Transkriptionsvariationen und Homophonie eine ähnlich große Rolle wie bei Personennamen. Teilweise, wie etwa bei zeitbezogenen Merkmalen, kommen jedoch gänzlich neue Verfahren zum Einsatz.

Viel Potenzial zur Präzisionssteigerung, welches bisher erst von einigen wenigen Identity Matching Tools genutzt wird, liegt in der Verwendung von Namensinformation für andere Merkmale. Ein Name kann z.B. Informationen über die Rechtsform und die Branche eines Unternehmens oder über das Geschlecht einer natürlichen Person enthalten. Mit Hilfe einer namensbasierte Geschlechtserkennung können z.B. Matches mit Initialen an Präzision gewinnen: *Friederike S. Müller* und *F. Sigmund Müller* werden dann trotz der Übereinstimmung in den Anfangsbuchstaben der Vornamen als Mismatches erkannt. Namensbasierten Geschlechtserkennung bedarf einer globalen Perspektive. Welche Namenselemente geschlechtsindikativ sind, hängt von dem jeweils gültigen Personennamensystem ab.

Es wurde auch das Thema der Integration von Einzelvergleichen angesprochen. Dabei wurde gezeigt, worin sich die Matchscore-Berechnung in einem Filtermodell von jener in einem Gewichtungsmodell unterscheidet. Es hat sich angeboten, die Aggregation von Ergebnissen aus Einzelvergleichen zu einem Gesamt-Matchscore in einem Kapitel zu diskutieren, welches sich mit unterschiedlichen Merkmalsgruppen befasst. Allerdings stellt sich die Frage nach der Aggregation auch dann, wenn es nicht um Identity Matching, sondern nur um Name Matching geht, wo es also gilt, Einzelvergleiche auf der Ebene Namenselement oder Namenstyp zu einem Gesamtnamens-Matchscore zusammenzuführen.

Die in diesem Kapitel vorgestellte Formel zur Berechnung eines Matchscores stellt einen geeigneten Ausgangspunkt für sophistiziertere Berechnungsmodelle dar. In dieser Formel sind die beiden oben (s. Abschnitt 10.2.2) eingeführten Hauptkonzepte des Matchscores integriert, nämlich die *Relevanz* der Einzelvergleiche (in Form der Gewichtungsfaktoren) sowie die *Kongruenz* der im Einzelvergleich gematchten Werte (in Form der Parameter für die Treffergüte). Auf dieser Basis sind relativ leicht Erweiterungen möglich. Es lassen sich z.B. weitere Relevanzmerkmale als Faktoren einfügen, wie der Informationswert der verglichenen Werte. Damit könnte abgebildet werden, dass Übereinstimmungen in häufigen Namenselementen wie *Muhammad, S., Wong, Limited* oder *Bank* eine geringere Aussagekraft haben, als Übereinstimmungen in selteneren Eigennamen. Auch die Integration von merkmalsspezifischen Heuristiken für den Matchingprozess, die asymmetrische Behandlung von Matches und Nicht-Matches sowie die Behandlung von fehlenden Werten lässt sich auf Basis der Grundformel abbilden. Durch derartige Erweiterungen erreicht die Formel freilich ein Komplexitätsgrad, der es Nicht-Mathematikern sehr schwer machen dürfte, sie noch nachzuvollziehen.

13 Tipps zur Tool-Evaluation

13.1 Einleitung

Die Qualität von Tools oder Modulen zum Identity Matching festzustellen, ist alles andere als ein triviales Unterfangen. Es sind dazu Spezialkenntnisse notwendig, die in den wenigsten privatwirtschaftlichen oder behördlichen Organisationen vorhanden sind. Dies unterscheidet Evaluationen im Bereich des Identity Matching von den meisten anderen Tool-Evaluationen.

Normalerweise werden Evaluationen mit dem Ziel durchgeführt, zu überprüfen, wie gut das zu evaluierende Tool oder Modul einen bekannten und bereits eingeführten Geschäftsprozess zu unterstützen in der Lage ist. Ist dies die Ausgangssituation, können grundsätzlich jene Personen, die den Geschäftsprozess bis anhin abgewickelt haben, als Experten in der Evaluation fungieren. Sofern sie als *Power User*, also erfahrene Hauptnutzer, mit den abzulösenden Vorgänger-Tools gearbeitet haben, können sie fachliche Anforderungen stellen und den Erfüllungsgrad dieser Anforderungen zumindest näherungsweise bestimmen.

In Bezug auf die Evaluation von Tools oder Komponenten für das Identity Matching ist die Erfahrung von Power Usern oft nicht hinreichend. Denn auch eine sehr umfassende Nutzungserfahrung mit Vorgänger-Tools befähigt allenfalls dazu, Anforderungen aus Bereichen wie Bedienungsfreundlichkeit, Funktionsumfang oder Performanz zu stellen. Linguistische und namenskundliche Expertise baut sich indes nicht alleine durch Nutzung solcher Tools auf. Genau diese Expertise ist es aber, welche dazu befähigt, die Qualität von Resultatelisten zu bewerten. Und genau auf diese Qualität kommt es an; sie sollte im Zentrum einer jeden Evaluation im Bereich des Identity Matching stehen. Unbrauchbare Such- oder Match-Resultate können auch durch noch so beeindruckende funktionale und nicht-funktionale Stärken nicht ausgeglichen werden.

Wir haben bereits in Abschnitt 8.6.3 darauf hingewiesen, dass man nur von hoch spezialisierten Fachkräften erwarten kann, dass sie Transkriptionsvarianten desselben Namens identifizieren. Ein weniger spezialisierter Mitarbeiter kann nicht erkennen, dass z.B. *I, Lee, Yi, Rey* und *Rhee* als untereinander gute Matches anzusehen sind (da allesamt Transkriptionsvarianten desselben Namens) und *Zou, Zhou, Zhuo* und *Zhu* hingegen als untereinander schlechte Matches (da Transkriptionen unterschiedlicher Namen). Entsprechendes Know-how kann auch für die anderen Variationsquellen, wie Ableitungen von Vornamensformen oder Homophonie, nicht vorausgesetzt werden – schon gar nicht, wenn es um internationale Namensdaten geht.

Was ist nun zu erwarten, wenn Mitarbeiter, welche nicht über derartige Spezialkenntnisse verfügen, Resultatelisten bewerten, wie es gängige Praxis ist? Mit
großer Wahrscheinlichkeit werden sie Lösungen favorisieren, die sehr exakt
suchen. Durch eine exakte Suche hervorgegangene Resultatelisten haben eine
scheinbar gute Qualität, da jeder Treffer relevant erscheint (und es auch meistens
ist). Wirklich gut ist allerdings lediglich die Präzision. Das Manko bei exakten
Suchen besteht in dem hohen Risiko von False Negatives, also in einer schlechten
Trefferquote. Bedauerlicherweise lässt sich dieses Risiko der Resultateliste nicht
unmittelbar ansehen. Der Suchende weiß in der Regel nicht, welche eigentlich
relevanten Datenprofile die Resultateliste ihm vorenthält. Eine unzuverlässige
Suche ist aber das, was in den meisten Anwendungsfällen, z.B. bei Compliance-
Checks durch Banken oder Anfragen durch Polizeibehörden, am wenigsten
akzeptiert werden kann.

Was es zur Planung, Vorbereitung, Durchführung und Auswertung von Tool-
Evaluationen im Allgemeinen zu wissen gilt, kann nicht in einem Kapitel abgehandelt werden, sondern beansprucht den Umfang eines ganzen Buches. Im
Rahmen dieses Kapitels müssen wir uns daher auf jene Aspekte beschränken, die
bei der Evaluation von Identity Matching speziell zu beachten sind. Diese Ein-
schränkung ist der Grund dafür, dass wichtige Bewertungskriterien nicht näher
erläutert werden, wenn sie nicht spezifisch für das Identity Matching sind. Dazu
gehören:

➢ *Technische Kriterien* wie Systemanforderungen, Performanz, Integrierbarkeit,
  Wartbarkeit oder Ausfallsicherheit

➢ *Anwender-orientierte Kriterien* wie Bedienungsfreundlichkeit, Selbsterlernbar-
  keit, Umfang und Kontextspezifität der Online-Hilfe oder Brauchbarkeit der
  Benutzerdokumentation

➢ *Anbieter-orientierte Kriterien* wie Marktpositionierung, Überlebenssicherheit,
  mittelfristige Strategie, Vorort-Präsenz oder die Qualität des Supports.

Dieses Kapitel wurde mit dem Anspruch geschrieben, auch für Leser ohne Vorkenntnisse im Bereich der Software-Evaluation eingängig und gut verständlich zu
sein. Allerdings befähigt die Aneignung der in diesem Kapitel enthaltenen Kenntnisse alleine noch nicht zur Durchführung oder Planung einer Software-
Evaluation. Verfügen Sie jedoch bereits über gute Vorkenntnisse in diesem Bereich
und haben Sie alle vorangegangenen Kapitel gelesen, so sollten Sie nach der
Lektüre dieses Kapitels in der Lage sein, erfolgreich Evaluationen von Identity
Matching Tools zu planen und durchzuführen.

13.2 Erhebung der Anforderungen

Als Verantwortlicher einer Tool-Evaluation werden Sie sich mit verschiedenen Interessengruppen innerhalb Ihrer Organisation abstimmen wollen. Dabei ist es besonders wichtig herauszufinden, wer im Unternehmen das zu evaluierende Tool für welche Zwecke und auf welche Art einzusetzen gedenkt. In der Regel werden dazu Anforderungsdokumente erstellt, die eine gute Basis für weitere Abklärungen abgeben. In der Praxis weisen sie aber zumeist bedeutende Lücken auf. Das heißt, dass sie nur einen Teil der Anforderungen enthalten – zumindest in der Fassung, die zu Beginn der Evaluation vorliegt.

Wie oben erwähnt, stellen sich meist Power User der bestehenden und abzulösenden Applikation als eine besonders ergiebige Informationsquelle heraus. Power User sind besonders anspruchsvolle und versierte Anwender, die ein breites Funktionsspektrum eines Tools nutzen. Diese Mitarbeiter, die zumeist auch als Anwender der neuen Lösung vorgesehen sind, können oft die wertvollsten Hinweise auf funktionale und nicht-funktionale Anforderungen sowie auf deren jeweilige Priorität geben. Freilich ist nicht jeder Power User im gleichen Maße dazu in der Lage, von seinen gewohnten Arbeitsabläufen zu abstrahieren. Wesentlich ist eine solche Abstraktionsfähigkeit dann, wenn der Status quo nicht einfach nur repliziert werden soll, sondern Verbesserungen angestrebt werden.

Einleitend wurde darauf aufmerksam gemacht, dass auch erfahrene Nutzer des abzulösenden Tools üblicherweise nicht in der Lage sind, die Anforderungen in der von Ihnen benötigten Präzision zu formulieren, da sie die dazu erforderliche linguistische und namenskundliche Expertise nicht aufweisen. Doch können Sie die Power User bei der Formulierung ihrer Erwartungshaltung unterstützen, indem Sie mit konkreten Datenbeispielen arbeiten. Einige Power User können auf abstraktem Niveau nicht viel mehr sagen, als dass sie auf der Resultateliste nur relevante Treffer sehen wollen. Eine solche allgemeine und selbstverständliche Aussage hilft Ihnen bei der Erhebung von Testanforderungen natürlich nicht weiter. Anhand von konkreten Datenbeispielen dürfte Ihr Gesprächspartner indes meistens in der Lage sein, nicht nur anzugeben, ob zwei Beispiel-Datenprofile matchen sollen oder nicht. Er kann darüber hinaus seine Erwartungshaltung begründen. Aus einer solchen Begründung ergeben sich dann oft Anforderungen auf dem für die Evaluation benötigten Detaillierungsgrad.

Ihr Ziel bei solchen Abklärungen ist das Erkennen von Prinzipien, nach welchen Ihr Gesprächspartner den Übereinstimmungsgrad von Datenprofilen bewertet. Wichtig ist es, dass Sie ihm rückmelden, welche Prinzipien Sie seinen Bewertungen und Begründungen entnehmen, so dass er die Gelegenheit bekommt, diese zu bestätigen oder zu korrigieren. Insbesondere sollten Sie auf die Konsequenzen hinweisen, die eine Implementierung der identifizierten Prinzipien hätte. Dazu bietet es sich an, mit *Corner Cases* (Grenzfällen) zu argumentieren. Denn die Umsetzung von Anforderungen, welche in Standardfällen angemessen erscheinen, bewirken bei Vorliegen von Corner Cases oftmals unerwünschte Nebeneffekte.

Die Anforderungserhebung anhand von Datenbeispielen und Corner Cases soll in folgendem Beispieldialog illustriert werden:

Interviewer (Evaluationsverantwortlicher): *Wenn Sie nach Schmidt, geboren im Jahre 1941, suchen, möchten Sie dann, dass das Profil von Schmidt, geboren 1970, auf der Resultateliste erscheint.*

Power User: *Nein.*

Interviewer: *Warum nicht?*

Power User: *Das Geburtsdatum muss immer 100%ig übereinstimmen.*

Interviewer: *Würde dies auch in folgendem Extrembeispiel gelten? Sie suchen nach Ursine Katharina Lippspringe, geb. am 12.11.1975; in der Datenbank findet sich Ursine Katharina Lippspringe, geb. am 11.12.1975. D.h. Tag und Monat sind vertauscht, aber der Rest stimmt voll überein.*

Power User: *Nein, in diesem Fall würde ich den Dateneintrag sehen wollen und zwar weil der Name so eindeutig ist, dass eine Vertauschung von Tag und Monat toleriert werden sollte.*

In dem Dialog hat es der Interviewer durch Hervorbringen eines konstruierten Corner Cases geschafft, wichtige Anforderungen an das Identity Matching Tool zu erheben: Erstens die Anforderung, dass die Unterscheidungskraft eines Namens (und damit sein Informationswert) in die Bestimmung der Trefferbewertung einfließen muss und zum zweiten, dass nach dem Geburtsdatum unscharf zu suchen ist. Die Anforderung an die Bestimmung des Informationswertes von Namen, der z.B. bei *Ursine Katharina Lippspringe* größer ist als bei *Schmidt*, müsste noch weiter abgeklärt werden, ebenso wie die Art und der Grad der Unschärfe, mit denen zeitbezogenen Daten gesucht werden sollen.

13.3   Long List, Short List und Request for Information

Zur Tool-Evaluation gehört üblicherweise die Erstellung einer *Long List* von Firmen oder Produkten, welche als Teilnehmer an der eigentlichen Evaluation in Frage kommen. Zur Erstellung einer Long List sollte immer ein gewisses Maß an Forschung betrieben werden. Die Geschwindigkeit, mit welcher neue Firmen in den Markt eintreten, aber auch bestehende Firmen ihr Produktportfolio anpassen, macht dies notwendig. Im Normalfall dürfte es kaum ausreichend sein, sich auf Studien zu verlassen, die auf Forschung zurückgehen, welche älter als 12 Monate ist. Die Notwendigkeit, sich aktuellere Informationen zu besorgen, gilt natürlich insbesonderen für ein hoch dynamisches Gebiet wie das Identity Matching, in welchem gerade ein neues Paradigma dabei ist, die Oberhand zu gewinnen und neue Marktteilnehmer alt eingesessenen den Rang streitig machen.

Bei der Erstellung der Long List spielen nicht nur Anforderungen eine Rolle, die mit Identity Matching zu tun haben, sondern auch die vorher erwähnten allgemeinen Anforderungen – seien sie technischer, anbieter-orientierter oder anwender-orientierter Natur. Sie spielen auch eine Rolle, wenn die Long List in eine *erste Short List* überführt wird. Die *erste Short List* enthält nur noch einen engeren Kreis von Kandidaten, nämlich jene, welche nach Auswertung aller bereits vorliegenden Informationen in Frage kommen.

Den Kandidaten der ersten Short List wird üblicherweise ein *Request for Information (RFI)* zugesandt. Es handelt sich um einen Katalog von Fragen, deren Beantwortung endgültig Aufschluss darüber geben soll, welcher Kandidat sinnvollerweise zu einer Tool-Evaluation eingeladen werden soll.

Um aussagekräftige Antworten zu erhalten, ist eine präzise Formulierung unverzichtbar. Eine Frage wie *„Kann Ihr Tool die Funktion x erfüllen?"* dürfte praktisch von jedem Anbieter positiv beschieden werden und ist damit wertlos. Die Frage *„Ist die Erfüllung von Funktion x im Standardumfang Ihres Tools enthalten?"* ist da schon sinnvoller. Es hat sich bewährt, Anbietern bei der Beantwortung von Fragen nach dem Vorhandensein gewisser Funktionen grundsätzlich drei Antwortalternativen anzubieten:

➢ Ist im Standardfunktionsumfang enthalten.

➢ Ist im Standardfunktionsumfang nicht enthalten, kann aber mit geringem Aufwand hinzugefügt werden. Bitte erklären Sie Vorgehen und Aufwand.

➢ Ist nicht im Standardfunktionsumfang enthalten und könnte auch nur mit größerem Aufwand hinzugefügt werden.

Präzise Formulierungen sind insbesondere beim Thema des linguistischen Identity Matchings gefragt, denn hier hat sich noch keine Terminologie etabliert, welche Missverständnisse ausschließt. Die meisten Anbieter einer einfachen unscharfen Suche würden die Frage bejahen, dass ihre Lösung linguistisch matchen kann, auch wenn dies nur in einem sehr begrenzten Umfang und auf unsystematische Weise zutrifft. Es bietet sich daher an, mit konkreten Beispielen zu arbeiten:

➢ Matcht die Lösung im Standardfunktionsumfang Transkriptionsvarianten zuverlässig, also z.B. *Abd Al-Rahman* mit *Abdurrahman, Jelzin* mit *Yeltsin* oder *Xu Diezhan* und *Hsu Chihchan?*

➢ Matcht die Lösung im Standardfunktionsumfang Vornamensderivate zuverlässig, also z.B. *Sacha* mit *Alexander, Paco* mit *Fransciso* und *Bob* mit *Robert?*

➢ Matcht die Lösung im Standardfunktionsumfang Homophone zuverlässig, also z.B. *Stuart* mit *Stewart, Maier* mit *Meyer* und *Bodin* mit *Baudaint?*

➢ Matcht die Lösung im Standardfunktionsumfang Namen mit gewönlichen Typos zuverlässig, also z.B. *Clinton* mit *Clibton* oder mit *Clitnon?*

Viele Fragen eines RFI beziehen sich typischerweise direkt auf Anforderungen. Diese werden nicht selten in Muss- und Soll-Anforderungen unterteilt, wobei letztere, die Soll-Anforderungen, oftmals einem Bewertungsgewicht zugeordnet werden. Es empfiehlt sich normalerweise, Muss-Anforderungen eher sparsam zu verwenden. Auch der Ausschluss von Anbietern auf Basis eines nicht erreichten Mindestscores der gewichteten Kriterien ist fragwürdig, vor allem dann, wenn die Option besteht, Elemente mehrerer Lösungen zu kombinieren (*Best-of-Breed-Ansatz*).

13.4   Testgegenstand und Testdesign

Nach der Auswertung des Requests for Information wissen Sie in der Regel, welche Lösungen für Sie in Frage kommen. Bei der eigentlichen Evaluation kommt es nun darauf an, zu überprüfen, ob die vom Hersteller gemachten Angaben sich im konkreten Test auch bewahrheiten.

Somit gilt es also festzulegen, welche Aspekte Sie im Rahmen der Evaluation zu testen beabsichtigen, also den *Testgegenstand*. Abhängig vom Testgegenstand entscheiden Sie sich dann für ein *Testdesign*, d.h. für die Struktur der Testumgebung, für die Art der Tests und der Testdaten und für den Ablauf der verschiedenen Testphasen . Es würde den Rahmen dieser Darstellung sprengen, mehrere Szenarien mit unterschiedlichen Testgegenständen durchzuexerzieren. Der Einfachheit halber gehen wir davon aus, dass der Testgegenstand durch jene vier Merkmale festgelegt ist, welche beim Identity Matching wohl immer eine Rolle spielen, nämlich

> ➤ die Trefferquote

> ➤ die Präzision

> ➤ die Trefferbewertung

> ➤ die Konfigurierbarkeit.

Diese vier Merkmale machen sozusagen den kleinsten gemeinsamen Nenner aller Evaluationen im Bereich des Identity Matching aus. Testdaten sollen internationale Personendaten sein, welche in lateinisch-schriftlicher Form vorliegen. Bei einem solchen Testgegenstand bietet sich als Testdesign eine multiple Personensuche im *Vorher-Nachher-Test* bei gleichbleibender Datenbasis an. Konkret wird also ein Set von Suchabfragen gegen die Datenbank abgesetzt (*Vorher-Test*). Basierend auf den Testbefunden dieses Vorher-Tests werden konfigurative Änderungen im Tool vorgenommen. Nach dieser Re-Konfiguration wird das identische Set von Suchabfragen erneut abgeschickt (*Nachher-Test*).

Ein Testdesign mit einer fixen Datenbasis bei gleichzeitig frei wählbaren Queries gewährleistet eine hohe Flexibilität. So können Sie durch gezielte Zusatzabfragen bestimmte Befunde analysieren, ohne dass die Datenbasis verändert und der Suchindex aktualisiert werden müsste. Dies spart Zeit und Resourcen. Das Vorgehen hat auch den Vorteil, dass Sie die Test-Queries bis zur eigentlichen Testdurchführung dem Anbieter nicht offenlegen müssen. Dieser benötigt zur Vorbereitung nur die Datenbasis. Dadurch verhindern Sie, dass der Anbieter, möglicherweise ohne Ihr Wissen, Zusatzaufwände speziell für Ihre Testfälle betreibt. Solche Zusatzaufwände könnten z.B. in dem Recherchieren von Namensvarianten aus den Test-Queries und dem Eintragen derselben in einen Thesaurus bestehen. Dadurch würden die Ergebnisse geschönt und die Befunde könnten nicht mehr als repräsentativ angesehen werden. Bedenken Sie in diesem Zusammenhang, dass beim Identity Matching die Datenkomponenten (linguistische Regeln und Thesauri) nicht weniger wichtig als die Funktionen sind. Von einer ausgereiften Lösung zur Personensuche ist zu erwarten, dass sie nicht nur ein funktional-technisches Gerüst bietet, in welches Datenkomponenten abgelegt werden können, sondern dass umfangreiche und in der Qualität gesicherte Datenkomponenten mitgeliefert werden.

Durch den Vergleich der Ergebnisse aus den beiden Testphasen kann der Effekt der konfigurativen Änderungen bestimmt werden. Zusätzlich erhalten Sie einen Eindruck davon, wie einfach das zu evaluierende Tool zu konfigurieren ist – ein vermutlich nicht ganz unwichtiges Bewertungskriterium. Das Vorgehen erlaubt es dem Anbieter zudem, Korrektur-Konfigurationen vorzunehmen. Dies ist hilfreich, z.B. wenn sich im Rahmen der Diskussion der Zwischenergebnisse herausstellen sollte, dass es Missverständnisse bzgl. der Anforderungen zwischen Ihnen und dem Anbieter gegeben hat. Dies kommt bei dem komplexen Thema Identity Matching relativ häufig vor.

13.5   Auswahl der Testdaten und der Test-Queries

Die Datenbasis sollte in Hinblick auf die wichtigsten Anwendungsfälle möglichst repräsentativ sein. Auch die Anzahl der Datensätze sollte gut gewählt sein. Durch einen zu geringen Datenumfang reduziert sich die Aussagekraft der Testergebnisse: Die Treffermenge ist dann bei exakten und unscharfen Suchen oft dieselbe. Grundsätzlich ist also eine umfangreiche Datenbasis mit mehreren 10'000 oder auch einer Million Datensätze vorzuziehen. Ist allerdings der Umfang zu groß, müssen Sie je nach Suchabfragen mit sehr großen Treffermengen rechnen, die zu analysieren sich als sehr zeitraubend erweisen kann.

Das Set an Suchabfragen sollte die wichtigsten Variations- und Fehlerquellen abbilden. Ergiebige Testbefunde erhalten Sie, wenn Sie einzelne Profile aus der Datenbasis auswählen. Für jedes dieser Kernprofile definieren Sie ein Cluster von Suchabfragen, welches die Datenelemente des jeweiligen Kernprofils teils in originaler und teils in variierter Form enthält.

Dazu das folgende Beispiel:

➢ Kernprofil:

Familienname:	*Zhang*
Vorname:	*Chendiao*
Zwischenname:	*Thomas*
Geburtsjahr:	*1956*

➢ Cluster von Suchabfragen:

Tabelle 13-1:   Beispielcluster von Suchabfragen um ein Kernprofil.

	Familien-name	Vorname	Zwischen-name	Geburts-jahr	Bemerkung zur Variation
1	*Zhang*	*Chendiao*	*Thomas*	*1956*	Keine Variation
2	*Zhang*	*Chen Diao*	*Thomas*	*1956*	Generations- und persönlicher Name separiert
3	*Zhang*	*Chendiao*	*Tom*	*1956*	Zwischenname in Kurzform
4	*Chang*	*Chenchao*	*Thomas*	*1956*	Wade-Giles-Transkription anstelle von Hanyu Pinyin
5	*Zhang*	*Chenchao*	*Thomas*	*1956*	Mischung aus Wade-Giles-Transkription und Hanyu Pinyin
6	*Zhangf*	*Chendiao*	*Thomas*	*1956*	Hinzufügungs-Tippfehler im Familiennamen
7	*Zhag*	*Chendiao*	*Thomas*	*1956*	Auslassungs-Tippfehler im Familiennamen
8	*Zjang*	*Chendiao*	*Thomas*	*1956*	Vertauschungs-Tippfehler im Familiennamen
9	*Zhang*	*Chendiao*	*Tomas*	*1956*	Homophone Variation von Thomas
10		*Chendiao*	*Thomas*	*1956*	Familienname fehlt
11	*Zhang*	*Diao*	*Thomas*	*1956*	Generationsname fehlt
12	*Zhang*	*Chen*	*Thomas*	*1956*	Persönlicher Name fehlt
13	*Zhang*		*Thomas*	*1956*	Vorname fehlt komplett
14	*Zhang*	*Chendiao*		*1956*	Zwischenname fehlt
15	*Chendiao*	*Zhang*	*Thomas*	*1956*	Familienname und Vorname vertauscht
16	*Zhang*	*Diaochen*	*Thomas*	*1956*	Generations- und persönlicher Name vertauscht
17	*Thomas*	*Chendiao*	*Zhang*	*1956*	Familienname und Zwischenname vertauscht
18	*Zhang*	*Thomas*	*Chendiao*	*1956*	Vorname und Zwischenname vertauscht
19	*Zhang Chendiao*		*Thomas*	*1956*	Vor- und Familienname im selben Feld
20	*Zhang Chendiao Thomas*			*1956*	Alle Namen im selben Feld
21	*Xiao*	*Chendiao*	*Thomas*	*1956*	Falscher Familenname

22	Zhang	Chenlau	Thomas	1956	Falscher persönlicher Name
23	Zhang	Chendiao	Christian	1956	Falscher Zwischenname
24	Zhang	Chendiao	T	1956	Zwischenname als Einbuchstaben-Initial
25	Zhang	Chendiao	Th	1956	Zwischenname als Zweibuchstaben-Initial
26	Zhang	Chendiao	Thomas	1955	Kleine Datumsabweichung
27	Zhang	Chendiao	Thomas	1982	Große Datumsabweichung
28	Zhang	Chendiao	Thomas	1965	Transposition im Datum

Dieses Beispielcluster von 28 Suchabfragen enthält einige Variationen in den Bereichen Transkription, Vornamensformen, Homophonie, Feldstruktur, Tippfehler, Initialbildung und Datumsabweichungen. Ein solches Cluster enthält für jedes einzelne dieser Phänomene nur sehr wenige Testfälle. Diese Schwäche kann durch eine entsprechend hohe Anzahl von Clustern kompensiert werden. Dabei sollten Sie darauf achten, dass Sie die Variationsphänomene ihrerseits variieren, also z.B. nicht in jedem Cluster dieselben Tippfehlerarten oder dieselben Variationen für Homophonie verwenden. Ein weiterer wichtiger Variationsaspekt ist die Häufigkeit der Namenselemente. D.h., dass Sie sicherstellen sollten, dass Ihre Suchabfragen sowohl häufige als auch seltene Namenselemente bzw. Varianten beinhalten. Tests mit seltenen Varianten geben Ihnen Aufschluss über die Zuverlässigkeit der Suche bei Namen, zu denen sich keine Thesauruseinträge finden. Tests mit häufigen Namenselementen lassen Präzisionsmängeln besonders deutlich in Erscheinung treten.

Es ist sehr wichtig, dass die Kernprofile selbst unterschiedliche Phänomene abdecken. In erster Linie gehört dazu die Namensherkunft. Achten Sie darauf, dass die Namen Ihrer Kernprofile alle bedeutenden Sprachregionen der Welt abdecken, also zumindest China, Japan, Korea, Indien, den Mittleren Osten und Nordafrika, Russland und Ost-Europa, die anglophone, frankophone und hispanische Welt, sowie Deutschland und Italien. In Anbetracht der Globalisierung von Geschäftsprozessen und der Mobilität von Kunden und Mitarbeitern kann die Nichtbeachtung großer Sprachregionen im Allgemeinen kaum gerechtfertigt werden. Es mögen sich aber regionale Schwerpunktsetzungen anbieten, je nach der geographischen Ausrichtung der Organisation, für die Sie evaluieren. Für viele der Sprachregionen werden Sie selbst keine linguistische und namenskundliche Expertise besitzen. Bis zu einem gewissen Grad können Internet-Recherchen helfen, Namensvariationen zu finden und deren Verbreitung zu überprüfen. Effizienter und zuverlässiger ist es oft, sich von Muttersprachlern bei der Erstellung von Suchabfragen für die verschiedenen Sprachregionen helfen zu lassen.

Das obige Beispielcluster enthält die verschiedenen Variationsquellen in isolierter Form. D.h., dass jede Suchabfrage genau ein Variationsphänomen abdeckt. Dies erleichtert die Ergebnisinterpretation. Allerdings sollten einige Testfälle mit verschränkten Variationen vorgesehen werden, da diese in der Praxis durchaus vorkommen (s. dazu auch Abschnitt 10.6).

Auch wenn Sie, wie hier vorgeschlagen, die Suchabfragen anhand eines Kernprofils definieren, sollten Sie auch mit Treffern in anderen Profilen rechnen, ein entsprechender Umfang der Datenbasis vorausgesetzt. Das gilt natürlich vor allem bei Suchabfragen, welche häufige Namenselemente erhalten. Dieser Effekt ist durchaus erwünscht. Er ergänzt das zielgerichtete Suchen nach dem Kernprofil mit einem explorativen Vorgehen, welches unter Umständen unvorhergesehene Ergebnisse zu Tage fördert. Sollte sich herausstellen, dass dieser Effekt ausbleibt, d.h., dass Sie mit allen Queries eines Clusters stets entweder keine Treffer oder nur genau einen Treffer, nämlich das Kernprofil, bekommen, sollten Sie die Suchabfragen, die Suchgenauigkeit oder die Datenbasis anpassen.

13.6   Vorabstimmung mit dem Anbieter

Die Durchführung der Tests werden Sie mit dem Anbieter abstimmen wollen. Teilen Sie ihm möglichst genau den Testgegenstand und das Testdesign mit. Stimmen Sie mit ihm auch ab, ob die Suchabfragen als Batch-Job (Stapelverarbeitung) oder interaktiv mittels eines Suchformulars abgesetzt werden sollen. Für den Fall der interaktiven Suche sollte das vollständige Abspeichern der Testergebnisse sichergestellt werden. Nur dann können Sie die Befunde ohne allzu viel Aufwand analysieren.

Der Anbieter wird von Ihnen auch erfahren wollen, welche Datennormierungen er im Zuge des Aufbaus des Suchindexes durchführen soll. Dabei geht es vor allem um mögliche Anomalien in der Testdatenbank. Es ist möglich, diese Anomalien beim Aufbau des Suchindex zu bereinigen. Alternativ können sie durch eine entsprechende Konfiguration im Matchingprozess Berücksichtigung finden. Erfahrene Anbieter von Identity-Matching-Lösungen kennen die verschiedenen Arten von Datenqualitätsproblemen, die auftreten können. Welche aber in einem konkreten Einzelfall vorkommen, ist abhängig von Datenbewirtschaftungsprozessen und vorgängigen Datenbereinigungsinitiativen.

Von besonderer Wichtigkeit ist, dass Sie dem Anbieter möglichst genau mitteilen, worin für Sie gutes Identity Matching besteht. Die Detailvorstellungen darüber variieren so stark, dass selbst von einem auf dem Gebiet erfahrenen Anbieter nicht erwartet werden sollte, dass er die in Ihrem Unternehmen bestehenden Anforderungen errät. Allein für den Bereich des Name Matching sollten Sie gemäß dem oben festgelegten Testgegenstand dem Anbieter also mitteilen,

1. welche Variationsphänomene Sie abgedeckt wissen möchten,

2. wie Sie im Rahmen der Evaluation False Negatives und False Positives definieren und wie hoch die Toleranz für beide ist,

3. welche Anforderungen die Trefferbewertung erfüllen muss und

4. welche Aspekte auf welche Art konfigurierbar sein müssen.

Eine solche Anforderungsbeschreibung könnte sich etwa folgendermaßen lesen:

1. Variationsphänomene:

Die Suche soll lateinisch-schriftliche Namen unbekannter Herkunft matchen können, und zwar auch dann, wenn die Namen hinsichtlich der verwendeten Transkriptionen (*Abdurrahman* und *Abd al-Rahman*), der verwendeten Vornamensformen (*Francisco* und *Paco*) oder der Verwendung von Initialen (*P* oder *Ph* für *Philipp*) variieren. Sie soll auch Namen matchen können, die in ihrem sprachlichen Herkunftsgebiet homophon sind (*Stuart* und *Stewart*). Die Suche soll bei Variationen in der Feldstruktur und in der Reihenfolge der Namenselemente tolerant sein. Von gängigen Separatoren abgesehen (Leerzeichen, Bindestrich, Komma etc.), sollen Zeichen in der Suchabfrage, die weder Buchstaben noch Ziffern sind, das Ergebnis unbeeinflusst lassen.

2. Definition von Precision und Recall:

Es kann davon ausgegangen werden, dass sowohl in der Suchabfrage, als auch in den Datenprofilen alle kennzeichnungsstarken Namenselemente enthalten sind. Nur wenn alle kennzeichnungsstarken Namenselemente der Suchabfrage matchen und alle kennzeichnungsstarken Namenselemente des Datenprofils gematcht werden, gilt das Datenprofil in Hinblick auf die Suchabfrage als relevant. Ausgenommen hiervon sind lediglich Datenprofile, welche aus mehreren Gruppen von Namenselementen bestehen (z.B. aus einem bürgerlichen Namen und einem Künstlernamen).

Es kann vorkommen, dass optionale Elemente, wie Titel, Rechtsformen und zweite Vornamen, nur in der Suchabfrage oder nur im Datenprofil vorkommen. Eine Nichtübereinstimmung in solchen optionalen Elementen soll den Matchscore reduzieren, ohne aber den Treffer zu verhindern. Das Datenprofil bleibt also relevant.

Es besteht eine Null-Toleranz gegenüber False Negatives in Hinblick auf Transkriptionsvarianten und dem Matchen von Initialen mit der Vollform. Beim phonetischen Matchen und beim Matchen von unterschiedlichen Vornamensformen besteht eine etwas höhere Toleranz (90% Recall). Die Genauigkeit sollte in allen Fällen mindestens 50% betragen.

3. Trefferbewertung:

Jeder Treffer soll mittels eines Scores bewertet werden, welcher sich zum Ranking der Resultateliste eignet und auf ihr angezeigt wird. Gleich hohe Übereinstimmungen zwischen Suchabfrage und Datenprofil müssen sich in einem gleich hohen Score niederschlagen. Der Score variiert in Abhängigkeit

von der Anzahl und dem Übereinstimmungsgrad matchender Namenselemente.

4. Konfigurierbarkeit:
    Es soll möglich sein, bis zu fünf verschiedene Suchgenauigkeitsstufen zu
    konfigurieren. Diese unterscheiden sich in der Abdeckung der oben ge-
    nannten Variationsphänomene. Die Suchgenauigkeitsstufen stehen dem
    End-Anwender beim Absetzen der Abfrage als Auswahl zur Verfügung. Der
    End-Anwender soll zudem wählen können, ob er alle Namenselemente in
    einem einzigen Suchfeld absetzt, oder ob er für Familien-, Zwischen- und
    Vornamen jeweils unterschiedliche Eingabefelder verwendet. Auch die
    Trefferbewertung soll konfigurierbar sein. Allen oben genannten
    Variationsphänomenen soll jeweils ein eigener Score-Abschlag zugewiesen
    werden können.

13.7   Auswertung

Was bei der Auswertung zählt, ist durch den Testgegenstand bereits vorgegeben:
Trefferquote, Präzision, Trefferbewertung und Konfigurierbarkeit. Diese Aspekte
spielen in beiden Auswertungsphasen eines Vorher-Nachher-Testdesigns eine
Rolle.

13.7.1   Trefferquote und Präzision

Wenn es der Umfang der Resultatelisten zulässt, sollten alle Treffer aller
Resultatelisten aller Suchabfragen daraufhin überprüft werden, ob es sich um False
oder um True Positives handelt. Dasselbe Datenprofil kann dabei selbstredend bei
verschiedenen Suchabfragen einmal als False Positive und einmal als True Positive
bewertet werden. Sind False und True Positives identifiziert, lässt sich durch einfache Division der True-Positives-Anzahl durch die Gesamttrefferzahl bereits die
Präzision errechnen (s. Abschnitt 1.4). Die Präzision können Sie für jede Suchabfrage, für jedes Cluster und für den Gesamttest bestimmen. Neben solchen
numerischen Werten interessieren aber auch Ausreißer. Präzisionsausreißer sind
Resultatelisten mit einer so geringen Genauigkeit, dass sie in einem konkreten
Anwendungsfall nicht mit vertretbarem Aufwand überprüft werden können. In
solchen Fällen erfüllt die Suche ihren Zweck nicht.

Schwieriger als die Präzision ist die Trefferquote zu bestimmen, denn hierzu ist es
notwendig, alle relevanten Datenprofile pro Suchabfrage in der Datenbasis zu
kennen. Den Resultatelisten alleine ist die Trefferquote nicht anzusehen. Wenn es
sich um eine synthetische Datenbasis handelt, deren Profile Sie selbst zu Test-
zwecken erzeugt haben, können Sie mit vergleichsweise geringem Aufwand die
relevanten Datenprofile identifizieren, auch jene, die nicht auf einer Resultateliste
als Treffer erscheinen. Im Allgemeinen werden Evaluationen aber mit Hilfe einer
authentischen, d.h. nicht künstlich erzeugten Datenbasis durchgeführt. Dies bringt

etliche Vorteile mit sich, auch wenn sich die Bestimmung der Trefferquote schwieriger gestaltet. Sie können sich zweier Hilfsmittel bedienen:

➢ Sehen Sie pro Cluster eine oder mehrere sehr unscharfe Suchen vor. Die umfangreichen Resultatelisten dieser Abfragen enthalten potenzielle False Negatives anderer, exaktere Suchen desselben Query-Clusters.

➢ Verschaffen Sie sich mit einem alternativen Abfrage-Tool Zugriff auf die Test-datenbasis. Setzen Sie Hilfs-Queries ab, mit denen Sie gezielt nach False Negatives suchen. Beispiel: Wenn Sie nach Abdurrahman gesucht haben, und nur diese Transkriptionsvariante, aber keine andere gefunden haben, formulieren Sie Hilfs-Queries mit Transkriptionsvarianten, z.B. mit *Abd al-Rahman, Abdourahmane, Abdul Rahman, Abdar Rahman*. Finden Sie mit diesen Hilfs-Queries neue Varianten, handelt es sich mit hoher Wahrscheinlichkeit um False Negatives der ursprünglichen Suchabfrage.

13.7.2 Trefferbewertung

Um die Korrektheit der Trefferbewertung zu bestimmen, empfiehlt es sich, den Relevanz- oder Matchscore konkret nachzurechnen. Dazu ist es in der Regel er-forderlich, alle Namenselemente der Suchabfrage allen Namenselementen im ge-matchten Datenprofil gegenüberzustellen. Wenn die Nachrechnung exemplarisch anhand einzelner Suchabfragen erfolgt, sollten diese ein möglichst breites Variationsspektrum abbilden. Je nach Konfiguration und Komplexität der be-teiligten Matchverfahren kann die Nachrechnung so aufwändig werden, dass es sich lohnt, Hilfsroutinen zu programmieren oder programmieren zu lassen, die Ihnen einen wesentlichen Teil der Rechenarbeit abnehmen. Leider ist ein "Match-Analyser", welcher für jeden Treffer die Bewertung detailliert darlegt, heute noch nicht im Funktionsumfang der meisten Identity Matching Tools enthalten.

Mit etwas weniger Aufwand ist es möglich, die Trefferbewertung lediglich daran zu messen, ob das Ranking Ihren Erwartungen entspricht, also die Sortierung der Trefferliste nach dem Übereinstimmungsgrad von Suchanfrage und Datenprofil. Diese Methode ist weniger genau als das Nachrechnen des Matchscores. Um mit ihr zu einer sicheren Einschätzung zu kommen, müssen daher wesentlich mehr Resultatelisten untersucht werden, als bei der exakten Nachberechnung des Scores.

13.7.3 Konfiguration

Identity Matching Tools sollten hoch konfigurierbar sein. Denn dies ist Voraus-setzung dafür, dass sie einen breiten Einsatz im Unternehmen finden können, also von verschiedenen Benutzergruppen zu unterschiedlichen Zwecken und mit unterschiedlichen Datenbasen genutzt werden können.

Die Konfiguration kann auf zwei Ebenen realisiert werden und beide sind aus den oben genannten Gründen wichtig: auf der Systemebene und auf der Ebene der Suchabfrage. Die Konfiguration auf der Systemebene wird von einer Person durchgeführt, deren Rolle als „Such-Administrator" bezeichnet werden kann. Der Such-Administrator legt eine oder mehrere Standardeinstellungen der Suche fest und bestimmt in diesem Zuge auch, welche Suchparameter unveränderlich sind und welche im Zuge der Suchabfrage noch verändert werden können.

Die Anzahl von Konfigurationsparametern auf Systemebene kann durchaus im dreistelligen Bereich liegen. Einige wichtige Aspekte, die auf Systemebene konfigurierbar sein sollten, sind:

➢   Die Attribute, mit denen gesucht werden kann

➢   Die Attribute der Profile in der Datenbank, gegen die gesucht wird

➢   Die Match-Methoden, mit welchen Suchattribute und Datenbankattribute verglichen werden, incl. der zahlreichen Optionen einer Match-Methode

➢   Das Gewicht der Suchattribute zueinander sowie das Gewicht von Suchattribut zu assoziierten Datenbankattributen

➢   Anzahl und Definition der Suchgenauigkeitsstufen

➢   Die Definition eines Treffers, also die Bedingungen dafür, dass ein Datenprofil auf der Resultateliste erscheint

➢   Die Berechnung der Trefferbewertung.

Es ist ratsam, sich vom Anbieter die "Philosophie" hinter der Systemkonfiguration erläutern zu lassen, bevor man sie konkret testet. Vor dem ersten Test sollten die Parameter dann so eingestellt werden, dass optimale Testergebnisse zu erwarten sind. Im Normalfall geben die Zwischenergebnisse, die man mit dem Vorher-Test erzielt, Anlass, einige Parameter zu korrigieren, um die Suchabfragen im Anschluss daran erneut abzusetzen. Die Ergebnisse dieses Nachher-Tests mit den Zwischenergebnissen zu vergleichen, offenbart, ob die Konfigurationsparameter in der erwarteten Weise funktionieren.

Es sollte aber nicht nur das System als Ganzes konfiguriert werden können. Auch dem Anwender sollte in gewissem Rahmen beim Absetzen einer Suche Flexibilität eingeräumt werden, z.B. hinsichtlich der Art, in welcher Namen erfasst werden oder in der Auswahl unterschiedlicher Suchgenauigkeitsstufen (für einzelne Namenselemente, für einzelne Suchfelder oder für die gesamte Suchabfrage). Dabei ist es wichtig, dass die Benutzerfreundlichkeit nicht gemindert wird. Ein probates Mittel ist die Bereitstellung verschiedener Suchformulare, z.B. für eine Standard- und für eine Expertensuche.

13.8   Schlussbetrachtung

Tool-Evaluationen im Identity Matching werden recht häufig durchgeführt, handelt es sich doch um eine kritische Komponente in der Personensuche und im Personendatenabgleich. Mit ihnen sind einige besondere Herausforderungen verbunden, welche in den obigen Abschnitten aufgegriffen wurden. Um die Darstellung einfach zu halten, wurden diese Aspekte am Beispiel der Personensuche dargestellt. Die getroffenen Aussagen lassen sich aber zum überwiegenden Teil leicht auf andere Evaluationsszenarien übertragen, z.B. wenn Identity Matching Tools für das Master Data Management oder für das Transaction Screening evaluiert werden (s. Kapitel 2).

Dem Streben nach einer einfachen Darstellung ist auch die Entscheidung geschuldet, auf die Besprechung eines größeren Spektrums an möglichen Testgegenständen und Testdesigns zu verzichten. Beide wurden nur exemplarisch abgehandelt, in der Hoffnung, dass die genannten Beispiele für viele Anwendungsfälle zu einem gewissen Grade repräsentativ sind. Allerdings sind sie in keiner Weise erschöpfend. Gerade der Testgegenstand dürfte in der Praxis noch weit mehr als die genannten vier Aspekte umfassen. Die Fähigkeit, über verschiedene Alphabete hinweg zu matchen, ist dabei nur ein Zusatzaspekt unter vielen.

Steht am Ende der Evaluation die Entscheidung zu einem Tool, welches Sie geschäftsprozessübergreifend einsetzen können, haben Sie einen wichtigen Schritt hin zur organisationsweiten Standardisierung von Such- und Matchprozessen genommen. Von den Umsetzungschancen und Vorteilen einer solchen Standardisierung handelt das nächste Kapitel.

14 The Linguistic Search Standard

14.1 Die Notwendigkeit eines Suchstandards

Im Jahr 2010 steckt die Identity-Matching-Industrie mitten im Paradigmenwechsel. Herkömmliche Verfahren dominieren nach wie vor den Markt, doch ist der Qualitätsvorsprung durch linguistisches Identity Matching bereits in etlichen Anwendungen deutlich zu Tage getreten. Die Zahl der Kunden, die auf die möglich gewordene Steigerung an Zuverlässigkeit und Präzision nicht mehr verzichten wollen, wächst rapide an. Um mit diesen gestiegenen Erwartungen des Marktes schritthalten zu können, sind Anbieter von Identity Matching Tools dabei, ihre Lösungen um linguistische Komponenten zu erweitern.

Die Finanzdienstleistungsbranche, also Banken und Versicherungen, nimmt im Prozess des Paradigmenwechsels eine Vorreiterrolle ein. Das hat mehrere Ursachen: Viele Finanzinstitute bewirtschaften große Kundendatenbanken mit globalen Namen, und da Finanzdienstleistungen recht personalintensiv sind, sind auch die Mitarbeiterkarteien oft sehr umfangreich. Ein weites Anwendungsfeld für linguistisches Identity Matching also. Der Hauptgrund für das starke Interesse, welche Finanzdienstleister dem linguistischen Identity Matching entgegenbringen, liegt jedoch in den zahlreichen regulatorischen Bestimmungen, welchen Banken unterliegen. Dazu gehört die Sorgfaltspflicht, nach der jede Bank ihre Kunden und die an den verwalteten Vermögen wirtschaftlich Berechtigten identifizieren müssen. In diesem Rahmen findet auch der regelmäßige Abgleich von Personendaten der Kunden und wirtschaftlich Berechtigten mit Listen von politisch exponierten Personen und sanktionierten Parteien statt. Wenn dieser Abgleich Lücken aufweist, drohen empfindliche Strafen. Im Extremfall kann es zum Verlust der Banklizenz kommen.

Die Einhaltung der Sorgfaltspflicht und der damit in Beziehungen stehenden regulatorischen Anforderungen und Gesetze ist von enormer gesellschaftlicher und wirtschaftlicher Bedeutung. Sie gelingt oft aber nur teilweise, und dies muss keineswegs an fehlendem guten Willen auf Seiten der Finanzinstitute liegen. Das Problem, das sich diesen heute vor allem stellt, ist das Fehlen eines etablierten *Suchstandards*. Ohne einen solchen können sich Compliance-Verantwortliche in Banken nie sicher sein, dass sie die Sorgfaltspflicht im Bereich des Personendatenabgleichs auch wirklich voll erfüllen. Zwar ist heute allgemein anerkannt, dass eine exakte Matching-Funktion nicht als ausreichend angesehen wird, dass also unscharf gesucht werden muss. Aber welcher Grad an Unschärfe anzuwenden ist und wie überhaupt Unschärfe zu definieren ist, bleibt vollkommen unbestimmt.

Zum Vergleich: Während ein etablierter, d.h. allgemein anerkannter *Suchstandard* noch fehlt, ist ein *Datenstandard* praktisch überall vorhanden. Eine Bank kann sich meist mühelos komplette Namenslisten von Personen oder Organisationen besorgen, die mit Sanktionen und Meldepflicht belegt sind, und zwar für jede Jurisdiktion, in welcher die betreffende Bank geschäftlich tätig ist. Die weltweit wichtigsten Namenslisten sind die sogenannte *UN-Liste* (herausgegeben vom Sanktionskommitte des UN-Sicherheitsrats), die *EU-Liste* (herausgegeben von der Europäischen Union), die *OFAC-Liste* (herausgegeben vom US-amerikanischen Finanzministerium) und die *HM Treasury List* (herausgegeben vom britischen Finanzministerium). Darüber hinaus existieren etliche nationale Versionen, die aber allesamt leicht zugänglich sind und deren Status und Relevanz durch entsprechende Verordnungen relativ klar geregelt ist. Zwar geben die Behörden, die diese Listen erstellen und publizieren, keine Listen *politisch exponierter Personen (PEP)* heraus. Doch hat sich – ungeachtet eines gewissen Spielraums bei der Definition dessen, was einen PEP ausmacht – auch in diesem Bereich ein Quasi-Datenstandard entwickelt. Dies dadurch, dass es auf diesem Gebiet eine kleine Gruppe kommerzieller Datenanbieter mit sehr hoher Marktdurchdringung gibt. Bezieht der Compliance-Verantwortliche PEP-Daten von einem dieser führenden Anbieter, kann er sicher sein, in Bezug auf die Personendaten, gegen die er Kundendaten abgleicht, den regulatorischen Anforderungen zu genügen.

Ein Suchstandard, der den Datenstandard ergänzt, könnte also Sicherheit in einem zunehmend wichtigen Bereich bringen. Das würde nicht nur bei Anwendern deutlich Kosten senken. Auch Software-Anbieter und Informationsdienstleister könnten sich viel Forschungs- und Entwicklungsaufwand ersparen, wenn sie wüßten, welchen Suchstandard sie umzusetzen hätten. Solange die Suche nicht durch einen Standard reglementiert ist, müssen diese Anbieter bei jedem neuen Kunden darauf gefasst sein, dass neue Anforderungen an die Suche gestellt werden. Orientieren sich Kunden, Daten- und Software-Anbieter jedoch an demselben Suchstandard, spart dies auf Seiten aller Beteiligten Zeit und Geld.

Nicht zuletzt würden Finanzaufsichtsbehörden von einem etablierten Suchstandard enorm profitieren. Zum einen würde sich die Effizienz und Zuverlässigkeit, mit der die Sorgfaltspflicht umgesetzt wird, bei den der Behörde unterstehenden Finanzinstituten stark erhöhen – eine entsprechende Qualität des Suchstandards natürlich vorausgesetzt. Zum anderen wäre es der Behörde durch einen Suchstandard überhaupt erst möglich, diese Umsetzung nach klar operationalisierten Kriterien wirklich zu überprüfen. Die gegenwärtige Überprüfungspraxis lässt es oft mit einer Überprüfung der implementierten Geschäftsprozesse und einer oberflächlichen Bewertung der eingesetzten Tools bewenden. Ob die vorhandene Identity Matching Software tatsächlich in der Lage ist, zuverlässig globale Namensdaten zu matchen, wird dabei oft nur unzureichend überprüft.

Auf Initiatative der Linguistic Search Solutions AG wurde unter Beteiligung führender Softwarehersteller, Informationsdienstleister und Experten ein linguistischer Suchstandard für das Matchen globaler Namensdaten erstellt, der sogenannte *Linguistic Search Standard*. Er liegt in englischer Sprache vor. Die in ihm formulierten Prinzipien für das Matchen globaler Namen sind drei Suchgenauigkeitsstufen (engl. *Match Levels*) zugeordnet. Dies ermöglicht eine flexible Umsetzung des Suchstandards: Für unterschiedliche Geschäftsprozesse können unterschiedliche Match Levels als Mindestsuchstandard bestimmt werden. So kann der Suchstandard organisationsweit und über alle Geschäftsprozesse hinweg eingesetzt werden. Die dadurch erreichbare Standardisierung von Suchprozessen über die Organisationseinheiten hinweg birgt ein großes Kostensparpotenzial.

Eine wichtige Eigenschaft des Suchstandards ist Neutralität in Hinblick auf die Technologie. Er beschreibt also lediglich die auf jedem Match Level erforderliche Suchfunktionalität, ohne aber Vorgaben zu machen, durch welche Technologie (Algorithmen, Verfahren, Software-Komponenten) diese Funktionalität sichergestellt wird. Damit ist die Voraussetzung für eine breite und nachhaltige Akzeptanz auch unter Software-Anbietern gegeben.

14.2 Die Prinzipien

Der *Linguistic Search Standard* besteht aus insgesamt 13 Prinzipien, die den drei Match Levels *Precise, Close* und *Broad* zugeordnet sind. Diese drei Match Levels unterscheiden sich in ihrer Unschärfe: *Precise* ist die exakteste Suchgenauigkeitsstufe, *Broad* die unschärfste. Ein Match Level enthält immer auch die Prinzipien der exakteren Match Levels. Damit ist in der Anwendung sichergestellt, dass eine unschärfere Suche immer auch alle Treffer der exakteren Suche hervorbringt.

Die ersten 6 Prinzipien beschreiben den Match Level *Precise*. Werden zusätzlich die Prinzipien 7 bis 10 umgesetzt, so entspricht dies dem Match-Level *Close*. Um den Match Level *Broad* zu realisieren, müssen alle 13 Prinzipien umgesetzt werden. In diesem Abschnitt werden alle Prinzipien in (freier) deutscher Übersetzung und einigen illustrativen Beispielen aufgelistet. Der darauf folgende Abschnitt enthält die Prinzipien mit ausführlichen Erläuterungen ihrer Anwendungsbedingungen und ihrer Beziehungen untereinander im englischen Original-Wortlaut.

14.2.1   Prinzipien 1-6 (Match Level Precise)

Prinzip 1: Unterschiedliche Transkriptionsvarianten desselben Namens nicht-lateinisch-schriftlicher Herkunft müssen matchen.

Beispiele:

> Original: Ельцин. Die Transkriptionsvarianten *Jelzin, Yeltsin, Eltsine* und *Ieltsin* müssen untereinander matchen.

> Original: عبد الرحمن. Die Transkriptionsvarianten *Abdurrahman, Abd al-Rahman* und *Abdool Rachman* müssen untereinander matchen.

> Original: 徐至展. Die Transkriptionsvarianten *Xu Diezhan, Syu Diejhan* und *Ceoi Zizin* müssen untereinander matchen

Prinzip 2: Namen, die aus den gleichen Namenselementen bestehen, müssen matchen unabhängig davon, ob diese Namenselemente zusammen oder getrennt geschrieben wurden.

Beispiele:

> Hanspeter muss mit *Hans Peter, Zizin* mit *Zi Zin* und *Alinezhad* mt *Ali Nezhad* matchen.

Prinzip 3: Namen, die aus identischen Namenselementen bestehen, müssen unabhängig von der Reihenfolge, in der sie stehen, matchen, es sei denn, die Reihenfolge stellt ein identifizierendes Merkmal dar.

Beispiele:

> *Xu Diezhan* muss mit *Diezhan Xu* matchen, da bei chinesischen Namen die Position des Familiennamens oft variiert. Bei spanischen, portugiesischen oder lateinamerikanischen Nachnamen ist die Reihenfolge der Elemente hingegen festgelegt. D.h., dass *Juan Sanchez-Gomez* nicht mit *Juan Gomez-Sanchez* matchen muss.

Prinzip 4: Identische Namen nicht-westlichen Ursprungs müssen matchen, auch wenn sie in einer unterschiedlichen Datenfeldstruktur abgespeichert wurden.

Beispiele:

> Die Struktur „Vorname: *Saddam* - Nachname: *Hussein*" muss mit der Struktur „Vorname: *Saddam Hussein*" und mit der Struktur „Vorname: *Saddam* - Zwischennamen: *Hussein*" matchen.

Prinzip 5: Etablierte Koseformen und standardisierte Abkürzungen müssen mit der jeweiligen Vollform matchen.

Beispiele:

➢ *Jack* muss *mit John, Paco* mit *Francisco* und *Plc* mit *Public limited company* matchen.

Prinzip 6: Das Fehlen peripherer Namenselemente, wie Titel oder Rechtsformen, darf einen Match nicht verhindern.

Beispiele:

➢ *Dr. Franz Müller* muss mit *Franz Müller, Jack Johnson Jr.* mit *Jack Johnson* und *Middle Eastern Trading Plc* mit *Middle Eastern Trading* matchen.

14.2.2 Zusatzprinzipien 7-10 (Match Level Close)

Prinzip 7: Schreibvariationen von Namen, die sich in Aussprache und im Schriftbild gleichen, sollen matchen.

Beispiele:

➢ *Thompson* und *Thomson, Meier* und *Maier, Dupond* und *Dupont.*

Prinzip 8: Identische Namen gleich welchen Ursprungs müssen matchen, auch wenn sie in einer unterschiedlichen Datenfeldstruktur abgespeichert wurden.

Beispiele:

➢ Die Struktur „Vorname: *Alexander* – Nachname: *Thomas*" und die Struktur „Vorname: *Thomas* – Nachname: *Alexander*" müssen matchen.

Prinzip 9: Namen sollen matchen, wenn sie sich nur durch sehr häufig vorkommende Schreibfehler (z.B. Transpostionen, Nachbartastenfehler) unterscheiden.

Beispiele:

➢ *Clinton, Climton* und *Clitnon* sollen untereinander matchen.

Prinzip 10: Namen sollen matchen, wenn sie sich nur durch das Hinzufügen oder Weglassen von kennzeichnungsschwachen Namenselementen unterscheiden.

Beispiele:

➢ *Van Berg, Van de Berg* und *Berg* sollen untereinander matchen.

14.2.3   Zusatzprinzipien 11-13 (Match Level Broad)

Prinzip 11: Namen sollen matchen, wenn sie sich nur durch geringfügige Schreibfehler unterscheiden.

Beispiele:

➢ *Clinton, Clixton* und *Clinaton* sollen untereinander matchen.

Prinzip 12: Namen sollen matchen, die phonetisch ähnlich sind, unabhängig von ihrer Schreibung.

Beispiele:

➢ *Renault und Reno* oder *Chroyts* und *Kreuz* sollen untereinander matchen.

Prinzip 13: Übersetzungsvarianten von Vornamen sollten matchen, auch wenn diese nicht phonetisch ähnlich sind.

Beispiele:

➢ *Ivan, John* und *Hans* sollen untereinander matchen.

14.3   Der Linguistic Search Standard im Original-Wortlaut

The Linguistic Search Standard

Bringing clarity to the global name matching process

The Linguistic Search Standard for global name matching defines the principle requirements for searching for proper names within international data sets. These principles represent the standard requirements for searching for names presented in a Latin script, regardless of their cultural origin or original language script.

The standard has been formulated in three parts: the principles for determining a near exact match - the Precise Match Level - the additional principles which should be followed to determine very similar matches - the Close Match Level - and the final principles which combine to determine a wider range of matches - the Broad Match Level.

The principles apply to each name element, or part, of the full name. In most cases, name parts are separated from each other by a space in the name, so that the name John Robert Smith contains three distinct name parts. However, principles 1 and 2 require a more flexible approach to be adopted when identifying individual name parts in order to account for the matching of transcription variants and names where individual parts can be merged.

The Precise Match Level

The Precise Match Level defines the requirements for identifying name parts which are essentially the same. There are six guiding principles which set the minimum requirements for meeting the Precise Match Level.

Principle 1: Different transcriptions of the same names originating from Non-Latin scripts should be considered a Precise Match.

The application of this principle ensures that identical names from Non-Latin script languages will always be matched, provided that a prominent transcription standard has been followed.

Names which originate from a non-Latin script language may be presented differently when transcribed into the Latin script, depending on the transcription standard applied. For example, the Russian name "Ельцин" is commonly presented as "Yeltsin" in English texts, as "Jelzin" in German texts, and as "Eltsine" in French. This principle also requires that, where a name is presented in Latin characters with diacritics, any loss of these should not prevent a Precise Match from being identified.

For the purposes of this principle, a flexible definition of name parts must be adopted so that transcription variants for names like عبد الرحمن, for example Abd al-Rahman, Abdul Rahman and Abdurrachman, can be identified as such.

There are often very many different transcription standards which can be applied to each original script. This principle requires that variants formed using one of the most prominent transcription standards should be matched. Typically, these will include those used in English, French, German, Italian, Spanish and Portuguese text, though each of these languages may employ several different transcription standards for each script.

There are over 40 non-Latin script based languages that are spoken by communities of over 10 million people. This principle requires that transliterations from each of these major source languages into the 6 target languages listed above are identified as Precise Matches. However, it should be noted that the Standard has been defined to be used with matching systems based on a Latin script. For this reason, it does not require that cross-script matches (e.g. from Cyrillic to Arabic) be identified.

Principle 2: Names composed of identical name parts should be matched regardless of whether any of the parts have been merged.

The application of this principle ensures that the optional merging or hyphenation of name parts does not prevent a match from being identified.

In some languages, distinct name parts can be presented separately, hyphenated or merged. This is most importantly a consideration when matching names of Eastern origin (for example "Jiangtao", "Jiang-Tao" or "Jiang Tao") or Middle-Eastern origin (such as the Arabic name "Abdal Karim" or "Abd al-Karim" or the Persian name "Alinezhad" or "Ali Nezhad"). However, the merging of given names is also common in some Western cultures, for example the German name "Hanspeter" or "Hans-Peter", and this principle also requires that these Precise Matches should be recognised.

Principle 3: Names composed of identical name parts should be matched regardless of the order in which the parts are presented unless the order contributes to identification.

The application of this principle ensures that a change in the order in which name parts are presented does not prevent a match from being identified, unless the order of the name parts is culturally or linguistically significant.

The order in which name parts are presented is often altered, particularly when the original name comes from a culture which places the family name first. For example, the Chinese name "Wang Jianhua" may be incorrectly presented as "Jianhua Wang" because "Wang" is the family name. However, it should be noted that this principle does not apply where identity is bound to a particular order of name parts, for example in compound Spanish surnames such as "González Lopez" and "Lopez González".

Principle 4: Identical names from Non-Western backgrounds should be matched regardless of the way in which they have been aligned to a Western name structure.

The application of this principle ensures that Precise Matches cannot be overlooked as a result of data structure and storage practices.

Many global identity data stores have rigid data structures, frequently based on the Western naming convention of first, middle and last names. In many societies, identity data does not readily fit this pattern and names from such cultures may be entered to the data store in more than one way. For example, "Saddam Hussein Al-Tikriti" may be stored in the database with "Hussein" as a middle name, but should still match if "Hussein" is included in the search name as the surname. However, this principle only applies to names from cultures where ambiguity may occur when the names are stored in a Westernised data format. A record with the first name "James" and last name "Martin" should not match a record with first name "Martin" and last name "James" at the Precise level, because Western names are less likely to be erroneously recorded in this way.

Principle 5: Established nick names and abbreviations should match to their corresponding full name parts.

The application of this principle ensures that the use of common nick names or standard abbreviations of common name parts cannot prevent a Precise Match from being identified.

Many names may be presented in diminutive versions, such as "Bill" for "William", or "Ted" for "Edward", and the abbreviation of common words in the names of groups and organisations, such as "Ltd." or "Corp." is standard practice. The use of such standard diminutives or abbreviations should not prevent a Precise Match from being recognised.

Principle 6: The omission of peripheral name parts should not prevent a match from being identified.

The application of this principle ensures that the omission of a peripheral name part, such as a title, should not prevent the identification of a Precise Match.

Many data sources may include peripheral name parts such as professional titles and post-nominals, such as academic qualifications and generation indicators. In the case of legal entities, these peripheral name parts may include the legal form of the entity, or the geographical location of a branch. This principle requires that the omission of one such name part will not prevent a name from matching.

The Close Match Level

The Close Match Level defines the requirements for identifying name parts which are very similar. The following four principles are additionally required in order to complete the minimum requirements for the Close Match Level.

Principle 7: Name parts which are both spelt and pronounced in similar ways should be identified as a Close Match.

The application of this principle ensures that similar sounding variants which are also spelt in a similar way are correctly identified as potential matches.

There are many examples of similar names which are hard to tell apart phonetically. These include the forenames "Markus" and "Marcus" or "Steven" and "Stephen", or the family names "Meier" and "Meyer" or "Thomson" and "Thompson". The level of similarity in the pronunciation of different syllables may vary from language to language, so that "Setzer" and "Sezer" sound the same in German, despite their apparent dissimilarity to native English speakers.

Principle 8: All identical names should be matched regardless of the way they have been parsed for storage.

The application of this principle ensures that name parts being stored as different elements of a Western name should not prevent a Close Match from being detected.

This principle expands on Principle 4 to include names from Western cultures, and other backgrounds where ambiguity in parsing names into a Westernised structure would not normally be expected. The name "James Martin" would, therefore, match the name "Martin James" at the Close Level.

Principle 9: Common spelling mistakes should not prevent a Close Match from being identified.

The application of this principle ensures that Close Matches are not overlooked as a result of the most common minor spelling mistakes.

In many global name matching processes, data quality issues and the potential for human error can lead to the introduction of minor spelling variations in identity data. The most common errors include the transposition of two characters, the replacement of a character by one that is positioned close to it on a keyboard, or the introduction of an erroneous additional character by hitting an adjacent key on a keyboard. By matching only these more common errors, this principle requires that "Jordan" would match with "Jordam" but not with "Jordas".

However, the Standard does not require that this principle be applied to names of 5 characters or fewer, in order to balance the risk of generating excessive false positive hits.

Principle 10: The inclusion or omission of less significant name parts should be ignored.

The application of this principle ensures that the omission of less significant name parts should not be considered a mismatch.

This principle requires that the omission of common or otherwise less significant name parts, such as "Der", "Von" or "De La" should be ignored rather than considered as a mismatch. For example, "de Winters" compared with "Winters" should be considered as one matching name element at the Close Level rather than one matched and one mismatched name element.

The Broad Match Level

The Broad Match Level builds on the Close Match Level to include the final principles that allow the additional identification of name parts which match at a broader level.

Principle 11: Other minor spelling mistakes should not prevent a Broad Match from being identified.

The application of this principle ensures that matches are not overlooked as a result of less common, but still minor, spelling mistakes.

This principle expands on Principle 9 to allow for less common, but still relatively minor spelling mistakes. Under this principle "Capelli" would match with "Capella" on the Broad Match Level, despite the replacement of an "i" with an "a" being a relatively less common spelling mistake. Again, to avoid excessive false-positive matches, this principle is not applied to names consisting of 5 or fewer characters.

Principle 12: All phonetically similar name parts should match, regardless of the way in which they are spelt.

The application of this principle ensures that names which are pronounced the same way should be matched, regardless of how differently they are spelt.

This principle expands on principle 7 to include matches between phonetically similar names which are spelt in more substantially different ways, such as Leicester and Lester. Again, the phonetic characteristics of each language must be taken into account so that, under this principle, the French name parts "Baudaint" and "Bodin" should be identified as a potential match although they may be pronounced differently by an English speaker.

Principle 13: All translations of the same name part should match, regardless of their phonetic similarity.

The application of this principle ensures that, where appropriate, names which have been translated from one culture to another will match at the Broad Match Level, even if they have no other similarity.

This principle has been defined to ensure that names which have been translated by individuals moving between cultural regions are still identified as a Broad Match. Under this principle, for example, "Ivan" would match with "John", to account for Eastern Europeans named "Ivan" who might use the name "John" in Western regions. However, the principle does not apply to family names, as Mr Smith should not match M. Lefèvre, Herr Schmied, Sig. Ferrari or Gosp. Kuznetsov. This principle does, however, apply to terms used in the names of legal entities, so that ABC (Deutschland) should match ABC (Germany).

Calculating the Match Level of a Full Name

The principles described above define the way in which matches between individual name parts should be assessed. In determining the closeness of the match of a name as a whole, the strength of the matches between each individual name part should be taken into consideration. The Standard recommends that the following limits should be set for distinguishing between Precise, Close and Broad matches of full names.

Precise Full Name Matches

At least 80% of the component name parts match at the Precise Level.

Close Full Name Matches

At least 75% of the component name parts match at the Close or Precise Level; or

The name has more than two component name parts, all of which match on at least the Broad Level.

Broad Full Name Matches

At least 66% of the component name parts match on at least the Broad Level.

The allowance for the inclusion of additional name parts provides for more flexible matching of full names. It is common that official records may not hold an individual's complete name, particularly where the full name contains many parts. For this reason, it is important to allow for the apparent mismatch of some parts of a multi-part name. For example, "Claire Anne MacDonald" should match at the Broad Level with "Claire Louise MacDonald", to account for an individual whose full name was "Claire Anne Louise MacDonald".

Applying the Linguistic Search Standard

The Linguistic Search Standard is a set of guiding principles. As such it is independent of specific software applications and can be implemented using a number of different technical approaches.

The application of the standard is a comprehensive means of ensuring that relevant identity matches are not overlooked. When implemented correctly, the introduction of excessive low quality matches to search results can be avoided.

The Linguistic Search Standard defines the conditions under which a full name match should be generated. The way in which these matches could be prioritised is not set by the standard, and in practice can be realised in many different ways, depending on the context of the matching process.

Literatur

Brendler A, Brendler S (Eds). Namensarten und ihre Erforschung. Ein Lehrbuch für das Studium der Onomastik. Hamburg: Baar. 2004

Brendler A, Brendler S (Eds). Europäische Personennamensysteme. Ein Handbuch von Abasisch bis Zentralladinisch. Hamburg: Baar. 2007

Haarmann H. Geschichte der Schrift. München: C. H. Beck. 2004

Haarman H. Weltgeschichte der Sprachen. Von der Frühzeit des Menschen bis zur Gegenwart. München: C. H. Beck. 2006

Janson T. Speak. A Short History of Languages. Oxford: Oxford University Press. 2002

Needleman S B, Wunsch C D. 1970. A general method applicable to the search for similarities in the amino acid sequence of two proteins. Journal of Molecular Biology. 48: 443–453

Phillips L. 1990. Hanging on the Metaphone. Computer Language Magazine, 7. 39-49

Phillips L. 2000. The double metaphone search algorithm. C/C++ Users Journal, 18

Pieth M, Thelesklaf D, Ivory R (Eds). Countering Terrorist Financing. The Practitioner's Point of View. Bern: Peter Lang. 2009

Postel H J. 1969. Die Kölner Phonetik. Ein Verfahren zur Identifizierung von Personennamen auf der Grundlage der Gestaltanalyse. IBM-Nachrichten, 19. 925-931

Siska, J. Geldwäsche und ihre Bekämpfung in Österreich, Deutschland, der Schweiz und Liechtenstein. Wien: Linde. 2007

Smith T F, Waterman M S. 1981. Identification of common molecular subsequences. Journal of Molecular Biology. 147: 195–197

Störig, H J. Abenteuer Sprache. München: dtv. 2002

Winkler W E. The State of Record Linkage and Current Research Problems. Technical Report. Statistical Research Report Series RR99/04, US Bureau of the Census, Washington, D.C. 1999

Zobel J, Dart P. 1996. Phonetic string matching: lessons from information retrieval. Proceedings of the 19th annual international ACM SIGIR conference on research and development in information retrieval. August 18-22, Zurich, Switzerland. 166-172

Sachwortverzeichnis

Printed in the United States
By Bookmasters